KB265946

집중력 조절의 기술

산만한 뇌를 길들이는

집중력 조절의 기술

엘케 헤라르츠 지음 | 최유경 옮김

보누스

차례

일러두기 ———

• 역주는 [   ]로 표기했다.

• 도서와 학술지는 《   》, 저널, 팟캐스트, 다큐멘터리는 〈   〉, 노래 제목은 '   '로 표기했다.

• 국내에 출간된 책은 국내도서 제목과 영문 제목을 병기했고, 국내에 출간되지 않은 책은 영문 제목만 표기했다.

프롤로그

"늦었어, 늦었다고! 엄청 중요한 날인데! 인사할 시간도 없어!" 이는 루이스 캐럴Lewis Carroll의 어린이 동화 《이상한 나라의 앨리스Alice's Adventures in Wonderland》에 나오는 흰토끼의 말이다. 1865년에 쓰인 문장이지만 오늘날 우리에게도 와닿는 표현이다. 캐럴이 빠르다고 느꼈던 19세기 중반의 세상은, 매일 쫓기듯 살아가는 21세기에 비하면 아무것도 아니지만 말이다. 우리는 빠르게, 더 빠르게 속도를 계속 높여 왔고, 심지어 가속을 멈출 스위치가 어디에 있는지도 잊어버렸다.

인간의 똑똑한 뇌는 우리가 감당하기 힘들 만큼 빠른 세상을 만들어 냈다. 하지만 그 결과는 어떠한가? 스트레스, 그것도 아주 엄청난 스트레스다. 우리는 매일 끊임없는 연결로 둘러싸인 일상에서 깨어난다. 스마트폰, 소셜미디어, 계속 울려대는 알림은 우리가 중요한 일에 집중하는 능력을 점점 더 어렵게 만들고 있다. 정보의 폭격은 우리의 주의력을 흐트러뜨리고 끝없이 산만하게 만든다. 이제 산만함은 어디에나 있다. 한 가지 일에 집중하는 것조차 힘들어진 이유다.

확인해 보라. 당신의 스케줄은 얼마나 빼곡히 차 있는가? 완료하지 못하고 미뤄둔 일은 얼마나 많은가? 심지어 해야 할 일 목록에 진짜로 끝내야 할 일이라는 또 다른 목록을 만들고 있진 않은가? 이는 우리 머릿속의 혼돈을 그대로 보여준다. 대부분의 현대인은 쏟아지는 할 일에 치여 집중력을 잃은 채 살아간다. 이런 세상 속에서, 당신은 얼마나 잘 버텨내고 있는가?

멈추지 말고
→ 한 페이지라도 ←
쭉 읽어볼 것!

오늘날 스트레스와 번아웃이 최고조에 달했다는 사실은 더 이상 놀랍지 않다. 오히려 놀라운 건, 사실 우리 모두 뇌 건강의 위기를 멈추는 방법이 무엇인지 알고 있다는 점이다. 문제는 너무 많은 자극에 노출된 뇌가 그 사실을 깨닫지 못하고, 실천도 못하고 있는 것이다. 우리는 충분히 자고, 규칙적으로 운동하고, 쉬면서 긴장을 푸는 게 건강과 회복탄력성에 필수적이라는 것을 알고 있다. 그러나 현대의 삶은 우리가 좋은 습관을 시도할 때마다 실패하게 만든다. 언제 어디서나 연락 가능하고 생산적·효율적이어야 한다는 사회적 압박이 우리의 정신건강을 갉아먹고 있는 것이다. 우리는 알림이나 메시지에 바로 반응하지 않거나 잠깐이라노 사신만의 시간을 가지면 죄책감을 느끼곤 하는데, 이야말로 우리의 정신과 감정 건강에는 안 좋은 습관이다.

결과적으로 우리는 인생의 대부분을 '자동 조종 모드(무의식적으로 습관적인 행동을 반복하는 상태)'로 흘려보내고 있다. 날마다 의문을 갖지 않은 채 같은 행동을 반복하며 사는 것이다. 예측 가능한 시대라면 모르지만 현재 우리는 예측 불가능한 복합적인 위기를 겪고 있다. 팬데믹, 우크라이나와 가자지구에서의 전쟁, 에너지 위기, 인플레이션, 기후 변화를 생각해 보라. 우리는 더 이상 과거에 매달릴 여유가 없다. 20세기의 음유시인 밥 딜런의 노래 제목 'The Times They Are a-Changin'' 처럼 시대는 변하고 있다. 수동적인 사람들은 뒤처지고, 스스로 삶을 주도하는 사람들이 승리할 것이다.

이제 무엇보다 중요한 것은 집중력focus과 회복탄력성resilience이다. 다행히 우리는 잃어버린 능력을 되찾을 수 있다. 뇌는 우리가 생각하는 것보다 훨씬 더 회복력이 강하다. 그렇다면 해결책은 무엇일까? 바로 뇌가 어떻게 작동하는지 이해하고 그에 맞게 목표를 조정하는 것이다. 그러면 삶에 끌려다니는 수동적인 느낌에서 벗어나 어디에, 어떻게 집중할지 스스로 선택할 수 있게 될 것이다.

이것이 바로 내가 이 책을 쓴 이유다. 당신의 집중력을 빼앗아 가는 요인이 무엇인지, 그리고 소중한 집중력을 되찾으려면 어떻게 해야 하는지 실용적인 방법들을 알려줄 것이다. 자, 준비되었는가?

1장

산만한 세상에서
살아남기

일상에서 만나는 집중과 몰입의 순간

2024년 봄, 강의로 꽤 분주했던 어느 주간, 런던 코벤트 가든에서 기분 좋게 야외 점심을 즐길 기회가 있었다. 코벤트 가든에 가본 적이 있는가? 이곳은 매력적인 캐노피 아래 감각적인 음식점들과 트렌디한 작은 부티크들이 어우러진 공간이다. 다양한 연령대와 여러 배경의 사람들이 자연스럽게 모여들어 활기와 에너지가 넘치는 런던의 중심지라 할 수 있다.

광장 중앙 무대에서는 버스킹이 펼쳐진다. 한 공연자의 카리스마 넘치는 모습에 몇몇 행인들이 가던 걸음을 멈추었다. 공연은 아주 매끄럽게 시작되었고 몇 없던 구경꾼이 불어나 곧 작은 군중이 되었다. 그들은 마치 약속이라도 하고 온 것처럼 보였다. 우연히 모였을 텐데도 말이다.

대부분의 사람들이 정말 꼼짝도 하지 않고 서 있었기 때문에, 내 눈앞에서 펼쳐지는 그 장면이 너무도 흥미로웠다. 그들은 정말 단 한 순간도 놓치고 싶지 않은 것 같았다. 마치 잠시라도 한눈을 팔면 자신만 소외될지도 모른다는 불안감, 말하자면 '포모 증후군FOMO(Fear Of Missing Out)'을 눈앞에서 실시간으로 확인하는 듯했다.

"준비되었나요?" 공연자의 멋진 목소리가 사람들을 사로잡았다. 공연이 진행될수록 군중은 더욱 몰입했다. 공연자는 수백 명의 목소리와 악기 연주를 조화롭게 이끄는 지휘자 같았다. 공연의 열기가 최고조를 지나고 공연자가 마지막 인사를 건네자, 사람들은 바닥에 놓인 모자로 모여들며 팁을 넣기 시작했다.

그의 뒤를 잇는 다른 공연자들도 관객의 관심을 끄는 데 성공했다. 20분이라는 시간이 주어지는 동안 그들은 관객의 마음을 사로잡고 있었다. 아무도 딴 데다 정신을 팔지 않았다. 물론 몇 대의 스마트폰이 등장하긴 했다. 그러나 그건 이 특별한 순간을 담기 위해서였지, 뉴스 속보나 알림에 관심을 빼앗긴 것이 아니었다.

공연을 보면서 문득 이런 생각이 들었다. 어쩌면 이런 공연이야말로, 끊임없는 방해 요소 속에 살아가는 현대인의 삶과는 정반대에 있는 '집중'과 '몰입'의 순간이 아닐까. 지금 우리는 어떻게 살고 있는가. 해야 할 일이 있는데도 "다른 거부터 할까?", "잠깐 쉴까?" 하는 유혹에 둘러싸여 있다. 수많은 방해 요소를 끈질기게 이겨내야 하는 삶을 살고 있는 것이다.

모두가 완벽한 하루를 꿈꾸지만

이런 하루를 상상해 보자. 아침에 눈을 떴는데 몸과 머리가 개운하다. 지난밤 푹 잘 잔 덕분에 오늘 하루를 활기차게 시작했다. 열중해 일을 하다 보니 어느덧 점심시간이 되었다. 그러고 보니 오전에 처리한 일이 평소라면 이틀 정도는 걸렸을 양이었다. 그런데 오늘은? 진도가 거침없이 나간다. 심지어 퇴근하고 저녁이 되어도 여전히 에너지가 넘친다. 5킬로미터 러닝을 뛰고 나서는 맛있는 저녁을 해 먹고 여유롭게 쉬기로 한다. 자기 전 오늘 하루를 되돌아보며 완벽했다고 생각한다.

정말 멋진 하루가 아닌가? 물론 많은 사람에게 이는 상상하기조차 힘든 시나리오다. 100% 집중해서 일을 했다고 느끼는 때가 얼마나 자주 있겠는가? 우리는 집중력이 끊임없이 위협받는 시대에 살고 있다. 방해 요소들이 날마다 새롭게 등장하며 사방에 도사리고 있다. 그 결과는? 하루가 끝날 무렵, 우리는 딱히 뭔가를 이루어낸 것 같지 않으면서도 몸과 마음은 지쳐 있다. 완전히 녹초가 되어 잠들곤 한다.

어쩌다 우리의 집중력과 주의력은 이렇게 약해진 걸까? 이제는 스마트폰에 정신 팔리지 않고 책 한 페이지를 온전히 읽기 어려운 지경까지 이르렀다. 지난 20년 동안 우리도 모르는 사이에 뇌는 온갖 내적·외적 충동에 끊임없이 굴복하도록 훈련되었다. 그리고 산만함은 나날이 커져가고 있다. 마치 산비탈을 굴러 내려오는 눈덩이처럼 말이다.

산만한 세상에서 살아남기

이스라엘계 미국 작가 니르 이얄Nir Eyal은 자신의 베스트셀러 《훅: 일상을 사로잡는 제품의 비밀Hooked: How to Build Habit-Forming Products》에서, 기업이 습관의 심리를 활용해 제품과 서비스를 만드는 기법을 소개했다. 소비자들이 자사 제품에 중독되게 만들 수 있다면 고객을 훨씬 더 쉽게 붙잡아둘 수 있다는 것이다. 이는 곧 더 빠른 사업 확장과 높은 수익으로 이어질 수 있다. 예를 들어 가격 책정에 있어서도 더 과감하고 유연한 전략을 시도할 수 있다. 왜 그럴까? 이미 제품에 깊이 익숙해진 고객은 가격 변동에 민감하게 반응하지 않기 때문이다.

오늘날 우리가 스마트폰을 구매하는 것만 봐도 알 수 있다. 유명 스마트폰 브랜드에서 새 모델을 출시할 때마다 많은 사람이 주저 없이 거액을 지불하는 모습을 흔히 볼 수 있다. 앱 개발자들 역시 사용자들을 최대한 오래 머물게 하려고 온갖 수단을 동원한다. 그리고 그 전략은 통한다. 우리는 습관적으로 화면을 스크롤하고, 개인정보도 별다른 고민 없이 넘겨준다. 그 결과 기업들은 이미 치밀하게 만든 앱을 지속적으로 업그레이드하며 우리의 행동을 더욱 세밀하게 조작한다.

우리는 언제부턴가 최신 앱이 만들어내는 환상에 맞춰 삶의 리듬을 조정하며 살아가고 있다. 모두가 연결되어 있다고 하지만, 정작 사람과 사람 사이의 유대는 점점 약해지고 있다.

이얄의 이야기가 놀라운 점은 그가 다음 책으로 《초집중 : 집중력을 지배하고 원하는 인생을 사는 비결 Indistractable : How to Control Your Attention and Choose Your Life》을 썼다는 사실이다. 아이러니하게도 이 책에서 그는 사람들이 중독된 수많은 방해 요소에서 벗어나 다시 삶의 주도권을 되찾는 데 초점을 맞추고 있다. 처음엔 기업들이 소비자들을 더 쉽게 사로잡는 법에 대해 이야기하고, 그다음엔 소비자들이 자신의 주의력과 산만함의 싸움에서 이기는 방법에 관한 책을 쓴다? 과연 그가 하려는 이야기는 뭘까? 니르 이얄은 스마트폰, 앱, 소셜미디어가 우리의 집중력에 얼마나 큰 타격을 주고 있는지에 대해 진심으로 우려하고 있다. 5분마다 알림을 울리며 끊임없이 주의를 빼앗는 기기들 사이에서, 우리가 점점 통제력을 잃어가는 건 어찌 보면 당연한 일이다. '무의식적으로 스크롤하고 나서 더 생산적인 일을 할걸' 하고 후회도 해봤을 것이다.

다행히 이얄은 우리가 무력하기만 한 존재는 아니라고 말한다. 이 주의력 전쟁에서 우리가 쓸 수 있는 가장 강력한 무기는 바로 '빅테크 기업들이 우리 뇌를 어떻게 이용하는지'를 이해하는 것이다. 페이스북 같은 기업들은 우리가 지루하거나 스트레스를 받거나 불편한 감정을 느낄 때 얼마나 쉽게 먹잇감이 되는지 너무나 잘 알고 있다. 우리는 본능적으로 '딴생각할 거리'를 찾는다. 끝없는 틱톡, 릴스 영상? 우리 뇌가 아주 좋아하는 것이다. 복잡한 생각을 하지 않아도 되게 만들어주기 때문이다.

이얄에 따르면, 우리가 가장 먼저 해야 할 일은 자신의 '내적 트리거internal triggers'가 무엇인지 아는 것이다. 당신은 언제 딴짓을 하고 싶어지는가? 언제 지루함을 느끼는가? 무엇이 스트레스받게 하는가? 이러한 내적 트리거를 제대로 알아야만 그 원인을 해결할 전략을 찾을 수 있다.

이것이 바로 이 책의 목표다. 먼저 뇌가 어떻게 작동하는지 메커니즘을 설명한 다음, '주의력'이라는 근육을 어떻게 훈련할 수 있는지 함께 탐구하고자 한다. 이 산만한 세상 속에서 삶의 주도권을 되찾고 잃어버린 집중력을 회복할 수 있도록 말이다.

스키너의 비둘기 실험

나는 강의에서 산만함에 대해, 또 인간이 얼마나 끊임없이 새로운 자극을 찾아 헤매는 존재인지에 대해 설명할 때면 종종 미국의 행동주의 심리학자 스키너B.F. Skinner의 비둘기 실험을 인용한다. 확실히 알아야 할 건 우리도 이것저것 쪼아대는 비둘기와 다를 바 없다는 것이다.

스키너는 버튼이 들어 있는 상자에 비둘기 한 마리를 가두고 비둘기가 버튼을 누를 때마다 보상을 주었다. 이를 '조작적 조건화operant conditioning' 혹은 '긍정적 강화positive reinforcement'라고 한다. 즉 무언가를 주고 무언가를 받는 것, 맞교환이다. 그런데 흥미로운 사실은 주는 보상이 다양하고 예측이 불가할 때 비둘기가 버튼을 더 자주 눌렀다는 것이다. 어떤 새로운 보상이 주어질지 모르기 때문이다. 마치 우리가 소셜미디어에서 단 하나의 게시물도 놓치지 않으려 악착같이 스크롤하고, 뉴스 화면을 계속 새로고침하는 것과 같다.

알고리즘의 시대

＊＊＊

당신도 아마 이런 경험을 한 적 있을 것이다. 인스타그램에서 재미있는 릴스를 하나 보기 시작했는데, 어느새 한 시간이 훌쩍 지나간 경험 말이다. 우리는 왜, 어떻게, 콘텐츠의 소용돌이에 빠지고 마는 걸까? 바로 알고리즘 때문이다.

- **알림:** 알고리즘은 당신의 스마트폰이 끊임없이 알림을 보내게 한다. 새 메시지가 왔거나 누군가가 당신 사진에 '좋아요'를 눌렀거나 커뮤니티 앱에 새 글이 올라왔을 때, 심지어 속보까지. 띵! 하고 화면에 알림이 네 개나 뜬다. 소리를 꺼도 마찬가지다.
- **콘텐츠 맞춤화:** 인스타그램은 어떻게 당신이 보고 싶어 하는 콘텐츠를 알고 있을까? 검색하면 왜 늘 비슷한 사이트만 나올까? 바로 알고리즘 때문이다. 알고리즘은 마치 스파이처럼 당신이 선호하는 것, 관심 있는 것, 그리고 당신의 행동을 학습한 다음 보여줄 콘텐츠를 맞춤 설정한다. 그렇다. 이 덕분에 우리가 원하는 정보를 쉽게 찾을 수 있다. 하지만 동시에 내게 당장 필요한 내용이 아님에도 '꼭 읽어야 할 글', '지금 당장 봐야 할 영상', '귀여운 게시물' 같은 흥미 위주의 콘텐츠에 쉽게 주의를 빼앗긴다. 결국 생각보다 훨씬 오래 소셜미디어에 머무르게 되는 것이다. 넷플릭스나 다른 스트리밍 서비스도 마찬가지다. 시리즈를 연속으로 몰아 보고 나면, 바로 다음 추천 콘텐츠가 뜬다.
- **사회적 상호작용:** 알고리즘은 소셜미디어나 메시지 앱에서 관심 가질 만한 댓글과 반응은 맨 위에 혹은 앞에 눈에 띄게 보여주고, 그렇지 않

우리도 그저 스크롤하는 비둘기일 뿐

우리는 스키너가 실험한 비둘기보다 똑똑하지 않다. 우리 뇌는 비둘기 뇌처럼 벌punishments과 상rewards에 의해 이끌린다. 앱의 게임화 요소는 조작적 조건화의 원칙을 이용해 사용자들이 점점 더 많이, 특정한 행동을 하게 만든다. 게임에서 스테이지 클리어 후 다음 단계가 잠금 해제되는 것, 듀오링고Duolingo[외국어 학습 앱] 부엉이가 한 번 더 공부하라고 독려하는 것, 앱에서 다양한 코인이나 포인트를 모으는 것, 이 모든 건 '보상'으로 우리가 앱이나 게임에 더 오래 머물게 만든다. 물론 보상이 전부 나쁜 건 아니다. 요즘은 더 건강한 삶을 살도록 도와주는 앱들도 많기 때문이다. 예를 들어 정해진 거리를 걸었거나 일정한 양의 물을 마셨을 때 보상을 주는 피트니스 앱들이 있다. 확실히 당신의 적극적이고 건강한 삶에 도움이 된다.

하지만 이런 앱들 대부분이 중독성이 강한 건 사실이다. 그래서 의식적으로 사용하는 것이 중요하다. 작은 듀오링고 부엉이가 당신이 프랑스 리비에라에 놀러 갔을 때 프랑스어를 유창하게 말할 수 있게 도와

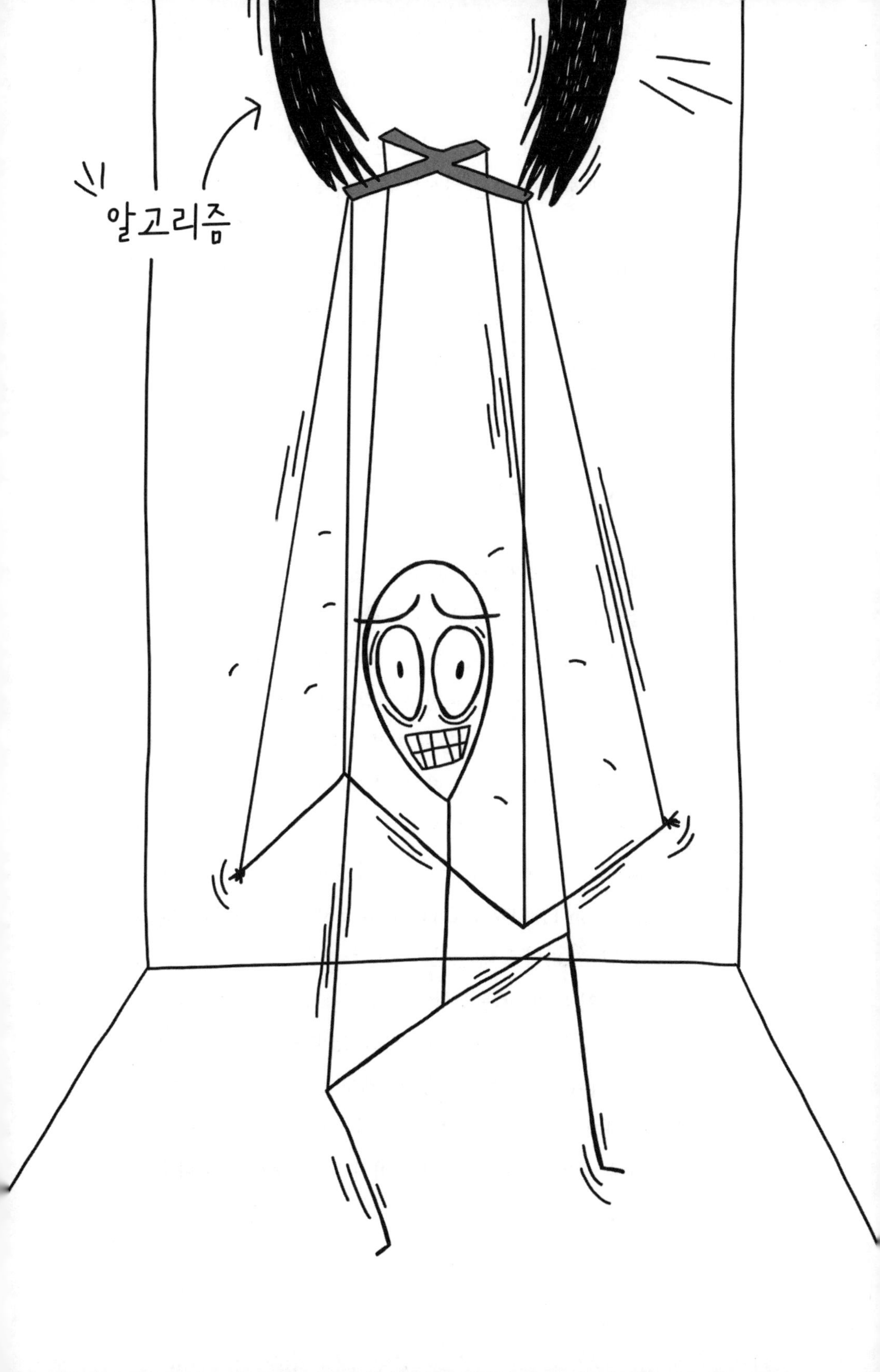

알고리즘

준다면 당연히 좋을 것이다. 하지만 매일 한 시간씩이나 그 앱에 빠져 있다는 사실을 알게 된다면 다른 방식으로 언어를 배우는 게 더 나을 수도 있다.

웃기게도 우리는 모두 소셜미디어가 얼마나 중독적인지 알고 있다. 그럼에도 여전히 앱이 놓은 덫에 걸리고, 훨씬 유용하게 쓸 수 있었던 시간을 한참 허비한 후에야 뒤늦게 아까워한다.

도파민은 어떻게 우리가 집중하지 못하게 하는가

왜 우리는 제대로 판단하지 못하고 계속 스크롤하는 걸까? 좋아요와 공유하기, 댓글 등이 우리에게 보상으로 도파민을 주기 때문이다. 도파민은 즉시 기분이 좋아지는 효과를 주는 일종의 행복 특효약이다. 그러나 완전히 맞는 얘기는 아니다. 도파민은 신경전달물질로, 실제로 쾌락을 준다고 전해지지만 이는 그 기능의 일부일 뿐이다. 도파민의 주요 역할은 우리가 쾌락을 느끼게 하는 것이 아니라 우리가 무엇에 집중할지 결정하게 하는 것이다. 즉 도파민은 우리가 주의를 어디로 돌릴지를 알려준다. 스웨덴의 정신과 의사 안데르스 한센Anders Hansen은 자신의 저서《The Attention Fix: How to Focus in a World that Wants to Distract You》에서 도파민에 대한 깊은 통찰을 제공한다.

예를 들어 당신이 배가 고픈 상황에서 누군가가 당신 앞에 음식을 놓아둔다면 당신 뇌의 도파민 수치는 올라갈 것이다. 도파민은 당신에게 '당장 음식을 먹어.'라고 말한다. 흥미롭게도 도파민은 확실하지 않은 보상을 좋아한다. 그도 그럴 것이 자연계의 보상 대부분은 변동성이 강하기 때문이다. 초기 인류의 생활로 돌아가 보자. 배가 고파 나무에 올랐지만 어떤 보상을 얻을지 아무도 모른다. 잘 익은 과일을 발견할 수도, 아무것도 발견하지 못할 수도 있다. 사냥도 마찬가지다. 먹잇감을 찾으리라는 확신도 없고, 찾았다 해도 그것을 잡을 수 있을지 불확실했다. 이것이 우리 뇌가 불확실한 보상을 좋아하는 이유일 수 있다.

나는 앞서 소셜미디어 플랫폼이 우리에게 계속 미끼를 던지는 방식에 대해 말했다. 이 시스템은 도파민 분비에 기반한다. 페이스북 친구들이 내 사진에 '좋아요'를 눌렀을 때, '좋아요'가 한꺼번에 다 보이지 않는다. 열 개를 받았어도 페이스북은 '좋아요' 횟수를 세 개, 다섯 개, 열 개씩 시간차를 두고 보여줌으로써 당신이 계속 확인하러 오게 만든다. 기본적으로 스마트폰은 얼마나 많은 '좋아요'를 받았는지 가끔씩 보여주는 일종의 도박장이다. 이것은 테크 기업들이 우리의 주의를 사로잡는 수많은 방법 중 하나일 뿐이다. 특히 메타Meta를 포함한 여러 회사에 우리의 관심은 귀중한 자원이다.

우리의 주의력을 독점하는 스마트폰은 뇌의 도파민 수치를 굉장히 효율적으로 올려준다. 더 이상 외부 세계(오프라인)는 스마트폰과 경쟁이 되지 않는다. 스마트폰만큼 도파민을 주지 못한다. 미국의 심리학자 래리 로젠Larry Rosen은 현대인의 뇌가 미디어 및 기술과 어떻게 상호작용하는지 깊이 연구하고 있다. 그의 연구에 따르면, 스마트폰을 끊임없이 들여다보고 여러 미디어 활동을 오가는 행동은 뇌의 보상 체계를 자극하는데, 이는 마치 약물을 사용했을 때 나타나는 반응과 유사하다고 한다. 이러한 현상은 일종의 '기술 중독'으로 이어질 수 있다. 특히 젊은 세대가 지속적인 자극에 점점 더 의존하고, 집중하는 데 어려움을 보이는 원인일 수도 있다.

그 결과를 가볍게 생각해선 안 된다. 우리가 스마트폰을 실제로 쓰지 않을 때도, 스마트폰은 여전히 집중력을 떨어뜨린다. 흥미로운 실험이 있다. 학생들에게 집중력과 기억력을 측정하는 시험을 치르게 했다. 시험 시간에 학생 중 절반은 스마트폰을 소지하고, 나머지 절반은 스마트폰을 방 밖에 두었다. 결과는 어땠을까? 스마트폰을 밖에 둔 학생들이 더 좋은 점수를 받았다. 그렇다고 방 안의 학생들이 스마트폰을 만질 수 있던 것도 아니었다. 소지한 것만으로도 영향을 준 것이다. 아마도 스마트폰이 너무 중독성이 강하고 많은 도파민을 전달하기 때문에, 스마트폰을 집어 들고 싶은 마음을 계속 억누르려고 하는 것 자체가 우리의 뇌 능력을 저하시키기 때문일 것이다. 그래서 아무리 도파민이 우리를 기분 좋게 만들더라도, 스마트폰과 애증의 관계가 된 것이 놀랄 일이 아니다.

또 다른 실험도 있다. 낯선 사람과 10분 동안 대화하는 실험에서, 참가자들은 테이블에 스마트폰이 있으면 대화에 흥미가 떨어진다고 응답했다. 그리고 대화 상대의 신뢰도를 낮게 평가했다. 노트북도 방해는 되었으나 스마트폰보다는 덜했다. 이 실험은 디지털 기기가 우리가 다른 사람들에게 갖는 관심을 줄이고 심지어 그들을 의심하게 만들 수도 있다는 것을 잘 보여준다.

불확실성에 중독된 현대인의 뇌

스키너가 실험한 비둘기처럼 우리 인간도 하나의 보상에서 다른 보상으로 끊임없이 옮겨 다닌다. 하지만 어떤 보상들은 다른 보상보다 훨씬 더 중독성이 강하다. 우리가 왜 그렇게 집단적으로 중독되어 있는지 이해하기 위해, 행동을 강화시키는 네 가지 유형의 보상 체계를 살펴보자.

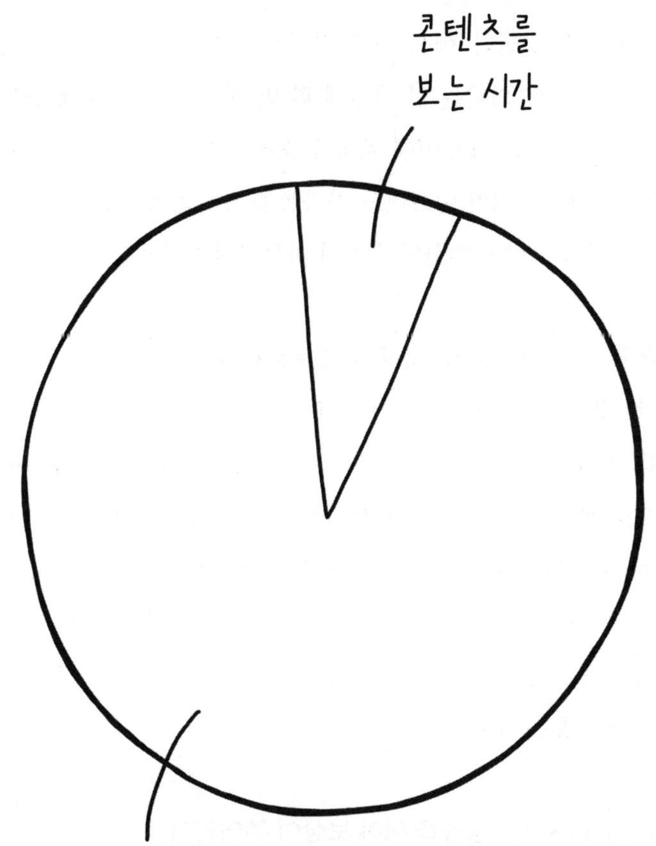

콘텐츠를
보는 시간
새로운 콘텐츠를 보려고
계속해서
새로고침! 새로고침! 새로고침!
하는 시간

1 정해진 시간이 지난 후에 보상이 주어진다
(고정 간격 강화 fixed interval reinforcement)

고정 간격 강화는 특정 시간이 지난 후에 행동에 대한 보상이 주어지는 방식을 말한다. 예를 들어, 피터는 수술 후 통증 완화가 필요한 상태다. 하지만 의사는 한 시간에 한 번 정맥 주사를 통해 진통제를 투여하도록 제한했다. 이때 보상(통증 완화)이 정해진 간격으로 주어지기 때문에, 피터가 아프다고 자가통증 조절장치의 버튼을 계속 누르더라도 투여량은 제한되어 있어 아무 소용이 없다.

2 예측할 수 없는 시간이 지난 후에 보상이 주어진다
(변동 간격 강화 variable interval reinforcement)

변동 간격 강화는 보상의 내용이 다양하고 예측할 수 없는 시간 간격으로 보상이 주어지는 방식이다. 패스트푸드 식당 매니저인 칼라를 예로 들어보자. 그곳에는 비정기적으로 품질 검사관이 방문한다. 검사관이 방문했을 때 식당이 깨끗하고 서비스가 좋으면 모든 직원이 보너스를 받는다. 칼라는 언제 검사를 받을지 모르기 때문에 팀이 일관되게 좋은 서비스를 제공하도록 계속 동기를 부여한다.

3 정해진 횟수만큼 행동을 해야 보상이 주어진다
(고정 비율 강화 fixed-ratio reinforcement)

고정 비율 강화는 정해진 횟수만큼 행동을 하면 보상이 주어지는 방식이다. 안경 가게에서 일하는 하킴은 안경 하나를 팔 때마다 수수료를 받는다. 그래서 그의 목표는 고객이 안경이 필요한지와 상관없이 안경을 많이 파는 것이다. 판매한 안경의 품질은 중요하지 않다. 그가 받는 수수료는 안경 판매 수량에 따라 결정되기 때문이다.

4 보상이 언제 주어질지 모르고 매번 해야 할 행동의 횟수가 다르다 (변동 비율 강화 variable-ratio reinforcement)

변동 비율 강화는 보상이 주어지는 행동 횟수가 매번 달라진다. 그래서 이 유형의 보상은 중독성이 가장 강하다. 예를 들어보자. 미국 서부 여행을 떠난 사라는 지금 라스베이거스에서 저녁을 보내고 있다. 사라는 도박을 해본 적이 없지만, 이 도시에서 사람들이 왜 그렇게 도박에 빠지는지 궁금해졌다. 그래서 슬롯머신에 25센트짜리 동전을 넣어봤다. 넣고 또 넣었다. 아무 일도 일어나지 않았다. 2달러를 잃은 후에는 '도대체 뭐가 재밌다는 거지?' 하고 생각한다. 지루해져 그만두려다가 '마지막으로 한 번만 더 해봐야지.'라고 생각하며 동전을 넣는다. 그런데 갑자기 기계에 불이 켜지고 종소리가 울리며 동전이 쏟아져 나온다. '오, 이게 되네? 재미있는데?'라고 생각하며 다시 흥미를 느끼고, 계속 동전을 넣는다. 몇 분 뒤, 그녀는 벌써 5달러를 잃었고 '지금 그만두는 게 낫겠지?' 하고 잠깐 고민한다. 하지만 또다시 생각한다. '한 번만 더 하면 잃은 걸 만회할 수 있을지도 몰라. 대박이 터질 수도 있잖아?' 이렇게 그녀는 계속해서 슬롯머신에 돈을 넣는다.

우리가 소셜미디어에 빠진 이유

도박은 언제 보상이 나올지 알 수 없는 방식, 즉 '변동 비율 강화 방식'에 기반하고 있어서 중독성이 아주 강하다. 도박을 하는 사람들은 매번 '이번엔 이길 수 있을지도 몰라!'라는 기대감으로 계속 시도한다. 보통은 지기 마련인데, 우리 뇌는 그 사실을 잘 잊어버린다.

눈치챘겠지만 스마트폰 속 앱들도 이와 같은 시스템을 교묘하게 이용하고 있다. 페이스북이나 인스타그램 같은 소셜미디어는 예측할 수 없는 방식으로 보상을 준다. 물론 짤랑거리는 동전 대신 도파민이라는 쾌감을 보상으로 주는 셈이다.

이런 불확실성에서 오는 짜릿함이 소셜미디어를 더욱 매력적으로 만든다. 슬롯머신에서 언제 잭팟이 터질지 모르는 것처럼, 내 게시물이 언제 '좋아요' 세례를 받을지 정확히 알 수 없다. 그래서 우리 뇌는 계속해서 '다음 인정'을 갈망하고, 끊임없이 스크롤하고 클릭하며 또 다른 보상을 기다린다.

이건 마치 스크린을 손으로 한 번 쓸어 넘길 때마다 보상을 기대하는 모험과 같다. 언제 터질지 모르는 그 한 방이 우리를 계속해서 붙잡아두는 것이다. 이런 변동 비율 강화 방식이 우리가 소셜미디어에 빠져드는 근본적인 이유다.

스크롤이 뇌에 미치는 영향

이제는 스마트폰과 소셜미디어가 우리 뇌와 생활에 어떤 영향을 주는지 정확히 짚고 넘어가야 할 때다. 특히 어릴 때부터 디지털 기기의 화면을 넘기고 '좋아요'를 눌러온 어린이와 청소년을 생각하면 더욱 그렇다. 양육자를 비난하려는 마음은 아니지만, 어린이와 청소년을 지키는 것이 신경심리학자로서 내게도 책임이 있다고 생각한다. 그런데 새로운 기술에 대해서 오랜 시간에 걸친 연구가 나오기 전까지는 정확한 결론을 내릴 수 없다. 스마트폰과 소셜미디어는 나온 지 얼마 되지 않아서 참고할 만한 연구가 많지 않다. 그래서 어린이와 청소년의 뇌와 발달에 어떤 영향을 주는지 딱 잘라 말하기 어려운 상황이지만 점점 걱정할 만한 일들이 많아지고 있다.

전 세계적으로 청소년 사이에서 자살, 우울, 불안 장애, 자해 행동이 늘고 있다. 이런 문제들이 언제부터 시작되었는지 살펴보면, 2012년까지 거슬러 올라간다. 바로 스마트폰이 본격적으로 널리 퍼진 해다. 이것이 우연일까? 미국의 심리학자 조너선 하이트Jonathan Haidt는 우연이 아니라고 본다. 그는 자신의 저서《불안 세대 : 디지털 세계는 우리 아이들을 어떻게 병들게 하는가The Anxious Generation》에서 스마트폰이 청소년의 일상생활과 성장에 어떤 영향을 끼쳤는지 자세히 분석했다. 그는 언제든지 인터넷에 접속할 수 있는 환경이 친구 관계, 연애, 성적 취향, 학교생활, 정체성 등 여러 면에서 경험하는 방식과 성장하는 과정을 완전히 바꿔놓았다고 주장한다. 11세에서 18세 사이의 청소년 중 무려 20%가 일주일에 여러 번 '행복하지 않다'고 느낀다. 당장이라도 자녀의 스마트폰을 빼앗고 싶은 마음이 들 정도다. 그리고 그렇게 느끼는 건 당신만이 아니다. 다큐멘터리 〈소셜 딜레마The Social Dilemma〉를 보면 알 수 있다. 구글에서 제품 매니저로 일하다가 퇴사 후 비영리단체 '센터 포 휴메인 테크놀로지Center for Humane Technology'를 설립한 트리스탄 해리스Tristan Harris는 테크 기업에서 일하는 사람 중 많은 이가 자신의 아이들에게는 스마트폰을 멀리하게 한다고 말한다. 자신들이 만든 기술이 얼마나 빠져나오기 어렵고 해로운지 누구보다 잘 알고 있기 때문이다. X(구 트위터)의 전 부사장 알렉스 로터Alex Roetter는 자신의 아이들이 소셜미디어를 아예 사용하지 못하게 한다. "그건 우리 집의 절대 규칙이에요." 페이스북과 핀터레스트Pinterest의 전 임원 팀 켄달Tim Kendall은 더 단호하다. "우리에게는 거의 종교적 신념 수준이에요. 그래서 아이들에게는 아예 화면을 보는 시간 자체를 허용하지 않아요." 최근 누군가 내게 이렇게 말했다. "이건 지금까지 인류가 청소년의 뇌를 대상으로 해온 실험 중 통제되지 않은 가장 큰 규모의 실험이에요." 물론 소셜미디어가 뇌에 미치는 영향에 대해선 더 많은 연구가 필요하다. 하지만 그 말이 우리가 그저 지켜보기만 하다가 나중에 행동하겠다는 뜻이어서는 안 된다. 우리는 아이들을 소셜미디어로부터 안전하게 지킬 방법을 이미 알고 있다. 이제는 우리 모두 그리고 테크 기업들도 그 지식을 실제 행동으로 옮겨야 할 때다. 우리 아이들의 몸과 마음의 건강이 달려 있다.

심리학자나 정신과 전문의를 찾는 청소년들의 대기 줄이 이 정도로 긴 적은 없었다. 물론 스마트폰 하나만이 원인이라고 단정하는 것은 지나치게 단순한 분석일 것이다. 현재는 여러 측면에서 청소년들의 회복 탄력성이 동시다발적으로 위협받고 있는 복잡한 상황이다. 높은 이혼율과 전통적인 가족 형태의 붕괴는 아이들에게서 안정적이고 따뜻한 가정의 토대를 앗아갔다. 코로나 팬데믹이 남긴 깊은 트라우마는 여전히 치유되지 않은 상태다. 더불어 현재 진행형인 가자지구 분쟁, 우크라이나 전쟁, 기후 위기 등은 많은 사람에게 내일에 대한 기대감을 무너뜨리고 있다. 폴란드의 사회학자 지그문트 바우만Zygmunt Bauman이 정확히 진단했듯이, 우리는 지금 '액체 문명Liquid Times[기존 질서와 규범이 해체되고, 모든 것이 빠르게 유동하는 사회]' 시대를 통과하고 있다. 최근 수십 년간 우리는 소비와 마케팅 중심의 문화 속에서 살아왔다. 모든 경험이 독특하고 특별해야 하며, 일상적인 것은 따분하고 가치 없는 것으로 치부된다. 말차라테를 마시며 팝업스토어를 구경하고, 트렌디한 패션 브랜드를 둘러보고, 유기농 제품을 구매하거나 틈틈이 마사지를 받는 생활… 솔직히 이런 삶을 마다할 사람이 있을까? 하지만 중요한 문제는 이런 특별한 순간만을 추구하다 보면, 평범한 일상에서 찾는 소소한 기쁨을 놓친다는 것이다. 또한 조금이라도 권태로움을 느끼면 어떻게 벗어나야 할지 당황한다. 지루함은 뇌가 건강하려면 필요한 자연스러운 상태인데도 현재는 지루해할 여유조차 허락하지 않는 시대가 되었다. 우리는 끊임없이 즉각적인 만족감을 갈구한다. 모든 것이 바로 지금 이 순간에 충족되어야만 한다는 압박감 속에서 살고 있는 것이다.

아이들과 부모는 엄청난 도전에 직면해 있다. 새로운 기술을 대할 때 더 현명하고 비판적인 태도를 갖는 것이 유일한 해결책은 아니지만, 문제 해결을 위한 아주 중요한 열쇠라고 믿는다.

금지가 답일까

***

학교에서 스마트폰 사용을 막아야 할까? 간단히 답하면 그렇다! 실제 연구 결과를 보면 이를 뒷받침하는 증거들이 있다. 노르웨이 공중보건 연구소의 연구 결과, 학교에서 스마트폰 사용을 금지했을 때 긍정적인 변화가 나타났다. 특히 여학생에게서 그 효과가 더욱 뚜렷했다. 스마트폰 사용을 제한한 결과 학업 성취도가 높아졌고, 정신건강 지표도 개선되었다. 남녀 학생 모두에게서 집단 따돌림과 괴롭힘 현상도 현저히 줄어들었다.

성장 중인 어린이와 청소년의 뇌에 스마트폰이 끼치는 영향을 결코 가볍게 여겨서는 안 된다. 교육 현장에서도 이런 인식이 확산되고 있다. 이미 상당수 학교에서 수업 중 휴대폰 사용을 제한하고 있으며, 일부 학교들은 이 정책을 쉬는 시간이나 학교생활 전체로 확장하고 있다. 물론 다른 관점도 존재한다. '스마트폰은 이미 아이들 일상의 필수품인데, 억지로 금지하는 게 과연 효과적일까?', '학교에서 올바른 스마트폰 사용법을 교육하는 것이 더 현실적이지 않을까?'라는 의견이다. 실제로 학교에서 아무리 사용을 제한해도 수업이 끝나면 다시 스마트폰을 사용하니 헛수고라는 지적도 있다.

신경심리학자인 나의 입장은 분명하다. 스마트폰과 효과적인 학습은 양립할 수 없다. 교실에서 휴대폰 사용을 금지하는 학교들의 결정을 전면적으로 지지한다. 물론 학교가 교실 밖 학생들의 모든 행동을 관리할 수는 없다. 단순히 스크린타임을 줄이는 것만으로는 근본적 해결책이 될 수 없다. 내가 가장 중요하게 생각하는 것은 아이들이 스마트폰 중독의 위험성을 정확히 이해하도록 돕는 것이다. 더 나아가 충동적으로 메시지에 반응하는 습관 같은 문제적 행동 패턴을 개선할 수 있는 구체적인 방법을 제공할 수 있다면, 아이들이 건전한 디지털 생활 습관을 형성하는 데 실질적인 도움이 될 것이다. 내가 설립한 재단 '베터 마인즈 앳 스쿨Better Minds at School'의 목표는 더 많은 아이, 학부모, 교사들이 뇌를 현명하게 사용하는 방법을 이해하고 실천할 수 있도록 지원하는 것이다.

스마트폰과 태블릿이 문제가 되는 이유는 단순히 바로 나타나는 부작용 때문만은 아니다. 이런 기기들은 우리에게 필요한 다른 일들을 소홀히 하게 만든다. 예를 들어 요즘 아이들은 몸을 움직이는 놀이에 투자하는 시간이 점점 줄어들고 있다. 성장기에 꼭 필요한 활동인데 말이다. 야외에서 뛰어다니고, 나무에 기어오르며 어떤 가지가 튼튼한지 스스로 만져보며 알아내는 감각, 보드게임을 즐기면서 다른 친구와 함께 어울리는 법을 익히는 것은 모두 아이들의 운동 능력과 사회성을 기르는 귀중한 신체 활동이다. 몸을 쓰는 놀이는 아이들이 무서움을 이겨내고, 위험 요소를 더 정확히 판단하고, 친구들과 힘을 합쳐 해내는 방법을 터득하도록 돕는다. 이는 나중에 더 큰 도전에 맞닥뜨렸을 때 잘 대처할 수 있는 사람으로 자라는 데 기본 바탕이 된다.

어떤 부모들은 아이가 기어다니기보다 먼저 스마트폰 화면을 밀어서 넘길 줄 알게 되었다며 뿌듯해한다. 하지만 과연 이것이 진정 자랑할 만한 일일까? 아이들에게는 본능적인 '탐색 시스템scouting system'이 내재되어 있다. 성인에게도 존재하지만 특히 아이들은 이 시스템을 활용해 세상을 직접 탐험하고, 새로운 것을 발견하며, 그 과정에서 배움을 얻는다. 이것이 바로 아이들이 주변 환경을 이해하는 가장 자연스러운 방식이다. 그런데 만약 아이가 한자리에 앉아 끊임없이 스마트폰 화면만 넘기고 있다면, 이처럼 중요한 탐색 시스템은 충분히 자극받지 못하고 무뎌질 수 있다.

국제 학업 성취도 평가PISA 조사에 따르면, 유럽 학교의 학생들은 최근 학업 성과가 눈에 띄게 떨어지고 있다. 특히 '읽기 능력' 점수는 2015년 이후 더 빠른 속도로 하락 중인데, 이는 곧 아이들의 독해력이 점점 나빠지고 있다는 뜻이다. 이런 변화에는 '주의 지속 시간attention span'이 짧아지는 현상이 크게 영향을 주고 있다. 네덜란드의 신경정신과 전문의 테오 컴퍼놀Theo Compernolle은 최근 인터뷰에서 이렇게 말했다. "문제의 핵심은 우리 뇌는 한 번에 한 가지 일에만 집중할 수 있다는 점이다. 휴대폰의 잦은 알림과 방해는 뇌를 혼란스럽게 만들고, 결국 집중력과 학습 능력을 떨어뜨린다. 제대로 배우려면 '지속적 주의sustained attention'가 꼭 필요하다. 그래서 휴대폰 사용 제한은 필수다."

가상 세계는 사람들의 사회적 관계를 망치며 시간만 잡아먹고 있다. 2010년과 비교하면, 요즘 아이들이 매일 친구들과 어울리는 시간이 거의 한 시간이나 줄었다. 물론 가상 세계에서의 소통으로 이를 어느 정도 보완하지만, 실제 만나는 것만큼 가치가 있을까? 가상 소통에는 자연스러운 반응이나 몸짓 등이 없기에 오해가 생기기 쉽다. 아마 당신도 메시지를 주고받다가 서로의 의도를 잘못 이해해서 대화가 엉망이 된 경험이 있을 것이다. 또 가상 소통은 어정쩡한 상황을 만들곤 한다. 더 이상 말하고 싶지 않으면 그냥 대화를 끊어버리면 되고, 관계를 유지하기 싫으면 그만두거나, 더 나쁘게는 잠수를 타버리기도 한다. 결국 관계는 언제든 쉽게 버려지는 소모품이 되어버린다.

아마존 열대우림에 사는 부족 이야기 ─────────

✳ ✳ ✳

세상은 끊임없이 변하고 있으며, 기술 혁신은 이제 지구상에서 가장 외딴 지역까지 그 영향력을 미치고 있다. 마루보족에 관한 이야기다. 이들은 수백 년 동안 자연과의 균형 속에서 살아온 토착 공동체로, 아마존 열대우림 깊숙이 자리한 이투이강 유역을 따라 흩어져 있는 공동 거주지에서 생활하고 있다. 마루보족은 고유의 언어를 사용하며, 숲의 영적 존재들과 소통하기 위해 '아야와스카'라는 환각성 식물을 사용한다. 거미원숭이를 사냥해 음식으로 조리하거나 때로는 애완동물처럼 기르기도 한다. 이들은 외부 세계와의 접촉을 피함으로써 오랜 세월 동안 자신들만의 전통과 생활 방식을 고수해 왔다. 어떤 마을은 너무 깊숙한 곳에 있어서 가는 데에만 일주일 이상이 걸리기도 한다.

하지만 몇 해 전, 모든 것이 달라졌다. 마루보족의 삶을 송두리째 바꾼 것은 불법 벌목꾼들이 아니라, 일론 머스크의 스페이스X가 추진하는 초고속 위성 인터넷 프로젝트 '스타링크Starlink'였다. 2022년 브라질에 스타링크가 도입되면서, 지구상에서 거의 마지막으로 남아 있던 오프라인 지역 중 하나인 아마존 열대우림 깊은 곳에도 인터넷이 연결되기 시작했다. 그리고 그 변화는 곧바로 영향을 미쳤다. 마을 원로들의 말에 따르면, 처음에는 모두가 그 변화를 반겼다. 인터넷 덕분에 멀리 떨어진 가족들과 영상통화를 할 수 있게 되었고, 응급 상황 시 외부에 구조를 요청하는 일도 훨씬 수월해졌기 때문이다. 하지만 도입된 지 몇 년이 지난 지금, 인터넷이 가져온 어두운 그림자가 드러나고 있다. 젊은 세대는 게으름을 피우거나 공동체의 전통과 문화에 대한 관심을 잃어가고 있다. 온라인에서 너무 많은 시간을 보내면서 공동체가 지켜온 가치와 규범에 어긋나는 콘텐츠에 탐닉하고 있다.

이제는 마루보족도 북미 가정들이 수년간 겪어온 문제들 때문에 괴로워하고 있다. 휴대폰을 놓지 못하는 십 대들, 소문이 넘쳐나는 단체 채팅방, 중독성 강한 소셜미디어, 폭력적인 비디오 게임, 사기, 허위 정보, 그리고 미성년자의 포르노 시청 등이 그 문제들이다. 이는 즉각적으로 중요한 질문을 제기한다. 디지털 방해 요소로 가득한 세상에서 공동체는 어떻게 집중력을 유지할 수 있을까? 오랫동안 자연과의 깊은 유대감을 나눠온 마루보족은 이제 현대 인터넷이 가져오는 도전 과제들을 헤쳐나가야 하는 상황에 직면해 있다.

인터넷 접근이 가능해지면서 마루보족은 자신들의 전통적인 활동에 집중하던 방식이 달라지고 있다. 전에는 전통 기술을 배우며 시간을 보내던 젊은이들이, 이제는 스마트폰을 들여다보는 데 더 많은 시간을 쏟는다. 이전의 실체가 있는 문화적 기술에서 디지털 소통으로 관심이 옮겨가는 것이다. 이제 와서 인터넷이 없던 시절로 되돌아가는 건 불가능하다. 그렇기에 중요한 과제가 남는다. 어떻게 하면 기술 발전의 이점을 누리면서도 문화의 핵심 가치와 전통을 지켜낼 수 있을까? 새로운 현실과 전통적인 삶 사이에서 균형을 잡는 것이 그 어느 때보다 중요해졌다.

마루보족을 포함한 많은 원주민 공동체에게 미래란, 그들의 고유한 문화와 전통을 보존하고 존중하면서도 기술을 통합해 나가는 것을 의미한다. 중요한 것은 기술을 도구로 삼아 공동체를 더욱 단단하게 만들면서도 자신들의 전통과 문화적 정체성을 놓치지 않는 것이다.

우리 뇌는 발전 속도를 따라가지 못하고 있다

당신은 이렇게 생각할지 모른다. '나는 스마트폰 없이 자랐고, 내 뇌는 그런 방해 없이 제대로 발달했으니 집중력엔 문제없겠지.' 안타깝지만 성인도 마찬가지다. 다프트 펑크Daft Punk 노래에서는 "더 열심히 Harder, 더 좋게Better, 더 빠르게Faster, 더 강하게Stronger"라고 하지만, 지금 시대에는 오히려 '더 열심히, 더 나쁘게, 더 빠르게, 더 약하게'로 가고 있다는 생각이 든다. 듣기엔 좀 우울하지만, 현실이 그렇다. 1930년대에 태어난 사람을 지금의 베를린이나 암스테르담 번화가 한복판에 데려다 놓는다면, 모든 것이 얼마나 빠르게 움직이는지 보고 깜짝 놀랄

중독…
정말 이해할 수가
없구만.

그나저나…
난 그냥 친구들
인스타 피드만
보는 거야!!!
?

것이다. 단순히 빠르게 지나가는 자동차나 전기 자전거나 5초마다 화면이 바뀌는 디지털 광고판만을 말하는 게 아니다. 우리 주변의 기술만 속도가 빨라진 것이 아니라, 우리도 빨라졌다.

메릴랜드 대학교 연구팀은 1910년부터 1980년까지 미국 대통령 후보들의 연설을 분석했다. 그 결과 흥미로운 사실을 발견했다. 후보자들의 말하는 속도가 점점 빨라진 것이다. 이런 변화는 사람들이 소통하는 방식과 문화가 오랜 시간에 걸쳐 달라져 왔다는 것을 보여준다. 요즘 연설자들은 청중의 주의를 끌기 위해 짧은 시간 안에 더 많은 정보를 전달하려고 노력한다. 그리고 말하는 속도가 빨라지는 현상은 비단 대통령 후보들만의 이야기가 아니다. 학술지《랭귀지 앤드 커뮤니케이션 Language and Communication》에서 1970년대 TV 진행자들과 현재 활동하는 진행자들의 말하기 속도를 비교하는 연구를 담은 적이 있다. 현대 진행자들이 훨씬 더 빨리 말한다는 연구 결과가 나왔다. 이 연구는 우리가 사는 현대사회가 일상적인 대화에서도 '속도'와 '효율성'을 훨씬 더 중요하게 여긴다는 사실을 보여준다.

우리는 말만 더 빠르게 하는 게 아니라 걸음도 과거보다 더 빨라졌다. 과학 저널 〈플로스 원PLOS ONE〉에 발표된 최신 연구에서는, 여러 도시에서 보행자들의 걸음 속도를 수십 년에 걸쳐 분석했다. 결과는 놀라웠다. 도시에 사는 사람들은 20년 전보다 평균적으로 10% 더 빨리 걷고 있는 것으로 나타났다.

왜 이런 현상이 생긴 걸까? 이는 도시 구조의 변화, 스마트워치 같은 웨어러블 기술의 등장 그리고 현대사회를 특징짓는 '조급함haste'과 '다급함urgency' 문화 때문이다.

세상은 아주 빠르게 변하고 있고, 우리 뇌는 그 속도를 따라가지 못하고 있다. 매일 우리가 처리해야 하는 정보의 양만 생각해 봐도 알 수 있다. 이제 다양한 정보에 훨씬 더 쉽게 접근할 수 있다. 물론 그건 분명히 좋은 일이다. 나 같은 연구자는 다른 과학자들의 최신 연구 결과를 빠르게 확인할 수 있다는 점에서 큰 도움이 된다. 하지만 문제는 그 많은 정보를 과연 제대로 소화할 수 있냐는 것이다. 그건 전혀 다른 이야기다.

잠시 1986년으로 돌아가 보자. 휴대폰이나 인터넷은 없었다. 스마트폰은 말할 것도 없다. 당시에 개인이 매일 처리하는 정보량은 평균적으로 신문 40부에 해당하는 양이었다. 텔레비전, 라디오, 신문이나 잡지 같은 인쇄 매체를 통해 우리에게 도달한 정보들이며 뉴스와 시사, 오락과 개인적 관심사까지 광범위한 주제들로 구성되어 있었다. 2007년이 되자 정보량은 기하급수적으로 증가했다. 개인이 매일 처리하는 정보량의 평균은 신문 174부에 달했다. 위에서 언급한 전통적인 미디어 외에도, 인터넷과 디지털 기술의 발달로 생긴 새로운 형태의 정보까지 소화해야 했다. 사람들은 갈수록 다양한 정보에 손쉽게 접근할 수 있게 되었다. 몇 번만 클릭하면 어느새 뉴질랜드 시골 마을의 오래된 신문 기사까지 읽을 수 있다.

요즘 우리가 매일 처리해야 하는 정보의 양이 신문 몇 부 분량인지는 계산할 엄두도 나지 않는다. 온라인에서 많은 시간을 보내는 사람들은 끊임없이 쏟아지는 짧은 정보에 점점 압도당하고 있다. 이런 상태를 흔히 '정보 과부하information overload' 또는 '정보 비만infobesity'이라고 부른다. 이런 상황에선 깊이 있는 사고를 할 여유가 사라진다. 마치 소방 호스에서 쏟아져 나오는 물을 마시려는 것처럼, 우리는 정보에 익사할 지경이다. 정말 걱정스러운 건 시간과 집중이 필요한 모든 활동들, 예를 들면 친구를 사귀거나 심도 있는 연구를 하거나 공감을 키우는 일들이 이 정보의 홍수 속에서 제대로 이루어지지 못한다는 점이다. 우리 뇌는 정보의 홍수를 감당하지 못한다. 그건 당연한 일이다. 인간의 뇌는 아주 뛰어난 도구지만, 수천 년 동안 거의 변하지 않은 채 지금까지 이어져 왔다. 원래는 사냥, 의사소통, 문제 해결 같은 일에 적응해 살아남도록 진화해 왔다. 그런데 이제 눈 깜짝할 사이에 완전히 새로운 디지털 환경, 즉 스마트폰, 소셜미디어, 끊임없는 알림이 넘쳐나는 세계에 놓이게 되었다. 그 환경에는 우리의 원시적인 뇌가 맞추어 설계되거나 대비하지도 못한 상태다. 그 결과는 어떤가? 우리는 쉽게 압도되고, 스트레스를 받고, 집중하는 데 어려움을 겪고 있다.

다행히 희망적인 소식도 있다. 당신이 디지털 방해 요소에 영원히 끌려다닐 운명은 아니라는 것이다. 우리 뇌가 어떻게 작동하는지 이해하고 뇌의 타고난 능력에 맞는 전략들을 실천한다면, 집중력과 몰입 능력을 충분히 향상시킬 수 있다. 이에 대해서는 뒤에서 좀 더 자세히 다룰 것이다.

운전 중 스마트폰 사용에 대해

***

어떤 일이 스스로에게 좋지 않다는 걸 알면서도, 행동을 바꾸려면 확실한 계기나 자극이 필요할 때가 있다. 예를 들어 운전 중에 스마트폰을 사용하는 것처럼 말이다. 운전 중에 스마트폰을 만지작거리면서 차선 중간에서 느릿느릿 가는 운전자들을 얼마나 자주 보는가? 나는 그런 차를 볼 때마다 "그러지 마세요!" 하고 외치고 싶을 정도다. 너무 위험하지 않은가. 유타 대학교의 데이비드 스트레이어David Strayer 교수가 수행한 '주의 산만한 운전distracted driving'에 관한 연구로도 입증된 사실이다. 스트레이어 교수는 고성능 운전 시뮬레이터를 사용해 실험 참가자들이 문자 메시지를 받거나 스마트폰을 확인하는 등 다양한 방해 요소에 노출되었을 때 운전 행동과 능력이 어떻게 변하는지 자세히 분석했다.

그의 연구에 따르면, 문자 메시지를 읽는 단순한 일조차도 운전 능력에 큰 영향을 줄 수 있다는 사실이 밝혀졌다. 운전자의 반응 속도가 느려지고, 집중력도 떨어졌다. 즉 운전 중에 스마트폰 때문에 주의가 산만해지면 사고 위험이 훨씬 더 커지는 것이다. 그리고 이때 운전 능력 저하의 정도는 술에 취한 상태에서 운전하는 것과 비슷한 수준이었다.

기술이 불러오는 산만함은 도로 위에서 엄청나게 큰 위험 요인이다. 오늘날 발생하는 교통사고의 다섯 건 중 한 건은 스마트폰 사용으로 인한 주의 산만이 원인으로 추정된다.

사실 우리는 모두 알고 있다. 운전 중 스마트폰 사용이 위험하다는 것을. 알면서도 변하지 않을 뿐이다.

잠 없이는 집중도 없다

과거가 모든 면에서 더 나았다고 할 수는 없지만, 확실히 사람이 사람답게 지내는 시간이 더 많았던 것 같다. 영국의 저널리스트 요한 하리Johann Hari는 그의 책 《도둑맞은 집중력 : 집중력 위기의 시대, 삶의 주도권을 되찾는 법 Stolen Focus : Why You Can't Pay Attention》에서 이 주제에 대해 깊이 있게 다루고 있으며 흥미로운 통찰을 제시했다. 그중 하나로, 요한 하리는 사람의 수면 시간이 100년 전보다 평균 20% 줄었다는 점을 지적한다. 아이들 또한 예전보다 매일 밤 약 85분 덜 자고 있는 것으로 추정된다. 이는 꽤 충격적인 결과다.

　어떤 사람들은 잠이 과대평가되었다고 하면서 "늙어서 자면 되지."라고 주장하기도 한다. 하지만 이제는 이런 잘못된 믿음들을 완전히 접어야 할 때다. 수면의 중요성은 아무리 강조해도 지나치지 않다. 잠이 없이는 집중도 없다. 여전히 짧은 수면으로 버티는 것이 성공한 사람의 상징처럼 여겨지기도 하지만 사실은 정반대다. 잠을 적게 잔다고 해서 좋은 관리자가 되는 것도 아니고, 밤을 새웠다고 해서 시험을 더 잘 보는 것도 아니다. 당신도 아마 경험했을 것이다. 잠을 제대로 못 잔 날은 하루 종일 무언가에 붙잡힌 듯 멍하고 집중이 안되는 느낌 말이다. 찬물에 세수하든 커피 몇 잔을 마시든 진짜로 정신이 드는 건 아니다. 유일한 해결책은 결국 '잠' 그 자체다. 물론 직장에서 일할 때 눈 붙일 시간은 없다. 하지만 점심 이후에 쉴 수 있는 공간이 있다면 짧은 낮잠도 큰 도움이 될 수 있다.

　잠이 부족하면 단순히 집중력과 주의력을 갉아먹는 것을 넘어 건강에도 치명적이다. 밤에 충분히 숙면하는 것이 매우 중요한데 실제로는 그렇지 못한 경우가 많다. 미국인의 경우 무려 23%가 밤에 다섯 시간도 채 못 자고, 오직 15%만이 아침에 상쾌하게 일어난다는 조사 결과도 있다. 또한 40%는 만성적인 수면 부족을 겪고 있다고 한다. 이런 상황은 피할 수 없는 결과를 낳는다. 요한 하리에 따르면 만성적인 수면 부족은 인지 능력 저하, 짜증 증가, 기분 장애 그리고 각종 건강 문제의 위험 증가로 이어진다고 한다.

　수면 부족은 우리 생각보다 더 큰 영향을 미친다. 종종 '몇 시간쯤 덜 자도 괜찮겠지.'라고 생각하지만, 우리 몸은 그렇게 간단히 넘어가지 않는다. 잠을 충분히 자지 않으면 몸은 '뭔가 큰일이 일어나려나 보다.'라고 해석한다. 그래서 뇌와 몸은 곧 닥칠 비상사태에 대비해 경계 상태로 돌입한다. 이처럼 수면이 부족하면 뇌에서 큰 재난에 대비하려는 여러 가지 심리적 반응이 유발되는 것이다.

이런 반응 중 하나가 코르티솔 같은 스트레스 호르몬의 과다 분비다. 이 호르몬은 우리 몸과 정신에 여러 부정적인 영향을 미친다. 예를 들어 혈압이 상승하고, 빠르게 에너지를 보충하려는 몸의 반응 때문에 패스트푸드나 단 음식이 당기게 된다. 마치 위기 상황에서 도망칠 준비를 하는 것과도 같다. 이렇듯 몸은 사실 아무 일이 없는데도 과도한 경계 상태에 빠진다. 실제로는 위협이 없는데도 몸은 마치 큰 위기가 닥친 것처럼 착각하는 것이다. 뇌는 왜 잠을 못 잤는지 구분하지 못한다. 아주 오래전 야생동물이 근처에서 어슬렁거려서 긴장을 한 탓에 못 잤든, 아니면 새로 나온 드라마 시리즈를 새벽까지 보느라고 못 잤든 간에 뇌는 똑같이 반응한다. 이유가 무엇이든 수면 부족은 그저 수면 부족일 뿐이고 그 결과는 치명적일 수 있다.

잠이 부족하면 '정신적 예리함mental sharpness'이 급격히 떨어진다. 단기적으로는 집중이 어렵고, 반응이 둔해져 머리가 안개 낀 듯 멍한 기분이 든다. 더 나쁜 것은 수면 부족이 단기적으로 집중력을 떨어뜨릴 뿐만 아니라 장기적으로도 '정신적 민첩함mental agility'에 파괴적인 영향을 미친다는 점이다. 예를 들면 기억력 문제, 학습 능력 감소, 심지어 심각한 신경계 질환의 위험 증가까지 포함된다.

잠이 부족하면 기분에 영향을 주고, 감정 기복이 심해지며, 스트레스와 정신적 탈진mental exhaustion의 악순환에 빠지기 쉽다. 강력한 집중력과 예리한 정신을 유지하고 싶다면, 충분한 수면은 선택이 아니라 필수다. 우리 뇌는 하루 동안 쌓인 노폐물을 제거하고 회복하기 위해 수면

이 꼭 필요하다. 예를 들어, 19시간 동안 계속해서 깨어 있으면 집중력
은 술에 취해 운전하는 상태와 비슷한 수준으로 떨어진다. 이는 미국
UC 버클리의 신경과학 및 심리학 교수인 매슈 워커Matthew Walker가 그
의 책《우리는 왜 잠을 자야 할까Why We Sleep: The New Science of Sleep and
Dreams》에서 설명한 내용이다. 겉으로는 뇌가 여전히 깨어 있는 것처럼
보여도, 실제로는 일부 뇌 영역이 꺼져 있는 상태라는 것이다.

왜 우리는 잠을 덜 자고 못 잘까? 주된 이유는 스트레스 때문일 것이
다. 직장 일을 포함해서 언제나 연락이 가능한 상태로 있고 싶어 하기
때문이기도 하다. 과거에는 의사나 소방관 같은 특정 종사자만 항상 대
기 상태에 있었다. 요즘은 거의 모두가 평일뿐만 아니라 주말과 심지어
휴가 중에도 항상 대기하고 있는 것 같다. 대기하고 있으면 더 많은 일
을 할 수 있다고 생각하지만, 사실은 정반대다.

잠은 당신의 하루를 비추는 거울이다

바쁘게 보낸 하루는 수면의 질에 그대로 반영된다. 하루 종일 바쁘게
돌아다니는 동안 몸에 쌓인 '일상적 스트레스'가 밤에 저절로 사라지지
는 않는다. 스트레스는 몸에 남아서 잠들기 어렵게 만든다. 잠이 들더
라도 깊게 자지 못하고 밤중에 여러 번 깰 것이다. 그 결과 아침에 알람
이 울릴 때 당신의 몸은 개운하지 않을 수밖에 없다.

아침에 상쾌하고 활기찬 기분으로 일어나고 싶은가? 그렇다면 하루
에 쉬는 시간을 여러 번 가져라. 짧게는 몇 분이라도 좋다. 커피 타임을
가질 때는 가벼운 대화만 하고 일 얘기는 하지 말자. 그건 휴식이 아니
기 때문이다. 함께 쉴 동료가 없다면? 밖으로 나가서 신선한 공기를 마

셔라. 몇 분이라도 에너지를 조금이나마 충전하기에는 충분하다.

점심시간에는 책상에서 밥을 먹지 말자. 당신이 일하는 자리에서 잠깐이라도 벗어나는 게 중요하다. 휴식 시간을 창의적으로 활용해 보라. 예를 들어 화장실에 앉아 1분 정도 심호흡에 집중하면서 외부 세계에서 단절된 느낌에 집중하는 것도 좋다. 책상 위에 과일 한 조각을 두면 어떨까? '이따가 쉬어야지.' 하는 작은 신호가 될 수 있다.

일상적인 활동들을 휴식의 순간으로 바꿔보라. 차 안에 있을 때 좋아하는 노래를 따라 부르거나 영감을 주는 팟캐스트를 들어본다. 모든 활동은 짧은 휴식을 위한 기회가 된다. 언제 쉬어야 좋을지 모르겠다면 알람을 맞춰보자. 알람이 울리면 하던 일을 멈추고 바로 쉬면 된다.

규칙적으로 짧게 쉬는 것은 스트레스를 줄이고 수면의 질을 개선할 수 있다. 분명 낮에 기분이 더 좋아지고 밤에는 편하게 잠들 수 있을 것이다.

기본으로 돌아가기 : 건강한 몸에 건강한 뇌

***

우리는 모두 몸과 뇌를 건강하게 유지하려면 무엇을 해야 하는지 알고 있다. 그런데도 많은 사람이 이 기본 원칙들을 무시해 버리곤 한다. 그렇다. 나도 안다. 너무 쉬운 일이며 수백 번도 더 들어본 이야기다. 그럼 반대로 생각해 보자. 그렇게 쉽고 간단한 것이면 왜 아직도 실천하지 못하고 있는가? 왜 기본이 중요한지 다시 살펴보자.

1 잠: 밤에 충분히 자는 것은 우리의 인지 기능과 전반적인 건강에 필수적이다. 과학자들은 밤에 7~9시간의 수면을 권장하는데 그래야 뇌가 충분히 쉬고 기억력, 집중력, 창의력을 높이는 신경 과정을 거칠 수 있기 때문이다. 자는 동안 기억이 통합되고, 뇌 속 신경의 연결이 강화되어 정보를 더 쉽게 떠올릴 수 있게 된다. 잠이 부족하면 건망증을 유발하고 각성도가 줄어들어 낮 동안의 성과 저하로 이어질 수 있다.

2 운동: 규칙적인 운동은 몸 건강뿐 아니라 인지 기능에도 도움이 된다. 운동을 하면 뇌로 가는 혈류가 개선되어 주의력을 높이고 집중력을 강화한다. 또한 운동은 우리가 감정을 조절하고, 우선순위를 정하는 데 도움을 주기 때문에 뇌의 생산성을 높여준다.

운동이 뇌에 미치는 이 긍정적 효과는 운동 후에도 몇 시간 동안 지속되기 때문에, 우리 정신을 또렷하게 유지하는 데 아주 강력한 방법이다. 그래서 매일 운동하는 게 좋다. 15분 정도 산책하기, 짬이 날 때 스트레칭이나 요가하기, 엘리베이터 대신 계단 이용하기도 좋은 방법이다.

3 물 많이 마시고 균형 잡힌 식사하기: 물을 많이 마시는 것은 인지 기능과 전신 건강에 반드시 필요하다. 조사 결과에 따르면, 몸에 수분이 조금만 부족해도 집중력이 떨어지고, 사고력이 약해지며, 근육 기능이 저하된다고 한다. 특히 머리를 쓰는 일을 할 때는 물을 자주 마시고, 당이 많은 음료나 몸에 안 좋은 음식은 멀리하자. 생각을 맑게 하고 전반적인 집중력을 향상시키는 데 좋다.

4 인간관계: 인간은 사회적 동물이다. 물론 예외도 있지만, 대부분의 사람은 다른 사람과의 만남이 필요하다. 인간관계는 정서적으로 도움을

주는 것을 넘어 행복하게 만들고 심지어 신체 건강까지 좋게 만들 수 있다. 물론 든든한 인맥을 쌓고 유지하는 데는 시간이 걸리지만, 좋은 점이 훨씬 많다. 직장에서의 인간관계는 좋은 업무 분위기를 만들고, 팀워크를 향상시키며, 심지어 생산성과 집중력까지 높일 수 있다. 동시에 회사 동료와의 선을 잘 지키는 것이 중요하다. 모든 사람이 똑같은 정도의 관계와 교류를 원하는 것이 아니기 때문이다. 다른 사람들이 편안해하는 정도를 알아야 한다. 서로 다정함과 존중을 보여주며 좋은 직장 문화를 만들기 위해 애쓴다면 이는 금방 전염되어 전반적인 업무 환경을 개선할 수 있을 것이다.

기술은 잘못한 게 없다

이쯤 되면 이렇게 생각할 수 있다. '스마트폰을 안 쓰면 집중력 문제가 해결되지 않을까?' 하지만 아쉽게도 우리가 집중력이 부족하고 산만함에 중독된 것은 그보다 훨씬 깊은 문제다. 외부 세상만 탓할 수는 없다. 우리 스스로를 돌아보고, 행동에 대해 깊이 생각해 봐야 한다. 뻔한 말이지만 확실하게 해두고 싶다. 기술 자체가 나쁜 건 아니다. 우리가 그것을 어떻게 쓰는지가 문제다.

지난날을 돌아보면, 우리의 주의를 흩뜨리는 것들은 늘 있어 왔다. 새로운 것이 등장하면 우리는 호기심 많은 미어캣처럼 귀를 쫑긋 세우고 바로 그 유행을 좇아왔다. 그리고 실제 이런 반응이 긍정적인 결과를 가져오는 경우도 많다.

'플린 효과Flynn effect'라고 들어본 적 있는가? 제임스 플린James Flynn 이라는 뉴질랜드의 철학자 이름에서 따온 것이다. 그는 전 세계적으로 IQ 점수가 점점 올라가는 현상을 발견한 사람이다. 젊은 세대가 이전 세대보다 뛰어나다는 것이다. 연구 결과, 세대가 바뀔 때마다 평균 IQ 가 약 10점씩 높아지고 있다. 1950년에 살던 사람들은 지금보다 훨씬 낮은 IQ 점수를 받았다. IQ가 높아진 이유는 간단하지 않다. 교육 방 식이 바뀌고, 영양 상태가 좋아진 것도 큰 이유이고, 무엇보다도 새로 운 기술 덕분에 사람의 추상적 사고 능력이 늘었기 때문이기도 하다.

기술 발전이 가까운 미래에 멈출 것 같지 않다는 건 꽤 확실해 보인 다. 새로운 것들이 점점 더 빠르게 계속해서 등장하고 있다. 내가 이 책 을 쓰는 동안에도 매주 새로운 AI 앱들이 나왔다. 빅테크 기업들은 미 래에 사람들에게 마이크로칩을 이식할 계획을 발표했으며 이러한 기 류는 계속될 것이다.

많은 사람이 AI나 뉴럴링크neuralink[인간의 두뇌를 외부 기술에 연결하 는 새로운 유형의 기술] 같은 기술이 발전하는 것을 걱정한다. 하지만 나 는 다르게 생각한다. 이런 기술들이 우리 삶을 더 편리하고, 쾌적하고, 효율적으로 만들어줄 거라고 믿는다. 물론 조건이 하나 있다. 우리가 이 기술들을 '의식적으로' 사용해야 한다는 것이다. 즉 이런 기술들이 우리의 집중력, 의지력, 창의성 그리고 뇌의 작동 방식에 어떤 영향을 주는지 깊이 생각하며 사용해야 한다는 뜻이다. 우리는 기술 발전을 받 아들이는 것과 인간적인 가치와 능력을 지키고 나아가 강화하는 것 사 이에서 균형을 잘 맞추어야 한다. 따라서 우리는 사람들과 계속 교류하 고 혼자 사색에 빠지는 오프라인 활동을 의식적으로 해야 한다.

AI가 뇌에 해롭지 않은 이유

***

몇 년 전 흥미로운 연구가 있었다. 런던의 택시 블랙캡Black Cab 기사가 되려는 지원자들의 뇌를 스캔한 연구였다. 그들은 런던 지도를 외우는 지식 시험을 통과해야 한다. 이건 쉬운 일이 아니다. 런던에는 2만~3만 개의 길이 있기 때문이다. 엄청난 양의 정보다. 지원자들은 학습 전에 한 번, 시험을 본 후에 한 번, 뇌 스캔을 총 두 번 했다. 결과는 어땠을까? 시험에 통과한 사람들의 해마가 커졌다. 뇌도 근육처럼 단련이 된 것이다. 새로운 지식을 집중적으로 연습했기 때문에 뇌가 성장한 것이다.

요즘 우리는 예전보다 더 많은 일을 디지털 기기에 맡기고 있다. 좋은 점도 많다. 예전엔 몇 시간 걸리던 일이 지금은 몇 분이면 끝나니까. 하지만 신경과학자인 내 입장에서 볼 때는 조금 걱정이 된다. 우리 뇌는 여전히 충분한 훈련을 받고 있을까? 반복적인 일들을 컴퓨터에 맡기는 건 괜찮다. AI 덕분에 우리가 일을 덜 하는 것은 좋다. 하지만 적어도 인간이 정말 중요한 가치를 보탤 수 있는 일에서는 우리 뇌를 최상의 상태로 유지해야 한다.

나는 AI를 두려워하지 않는다. 오히려 그 반대다. 미국의 테크니컬 라이터 조안 웨스텐버그Joan Westenberg가 말했듯이, 우리의 비판적 사고력이 저하되는 것이 AI의 발전보다 훨씬 더 큰 위협이다. 비판적 사고는 우리가 정보를 받아들이는 방식에서 시작된다. 박물관 방문자를 대상으로 한 실험을 예로 들겠다. 어떤 방문자들은 작품 사진을 찍었고, 다른 사람들은 그냥 보기만 했다. 다음 날, 그들의 기억력을 테스트했더니 사진을 찍은 방문자들은 내용을 잘 기억하지 못했다. 책을 읽을 때도 같은 현상이 나타난다. 화면으로 읽으면 기억에 덜 남는다. 똑같은 글이라도 종이 책으로 읽으면 더 많은 세부 사항을 파악하고 맥락을 더 잘 이해한다. 특히 어려운 글일수록 그렇다.

우리의 독해력이 나날이 떨어지고 있다. Y세대(밀레니얼 세대. 1980년대 초반~2000년대 초반 출생)만의 문제가 아니다. 우리는 꼼꼼히 읽지 않고 대충 훑어보거나 스캔하듯 읽는다. 기술 덕분에 정보가 널리 퍼지게 되었지만, 동시에 우리의 사고는 파괴되고 있다. 우리는 수많은 정보와 자극적인 콘텐츠에 둘러싸여 있고, 그에 따른 결과를 피할 수 없다. 읽고 이해할 수 없다면 정보를 받아들이고 소화할 수도 없다. 우리는 꼼꼼히 분석하고, 비판적으로 사고하고, 다양한 관점을 이해하고, 논리적 오류를 찾아내고, 또 근거를 검토하는 능력을 잃어가고 있다.

어떤 AI도 인간의 지혜와 분석을 대체할 수는 없다. 단 우리가 천 년 동안 쌓아온 비판적으로 읽고 생각하는 능력을 스스로 버리기 전까지는.

산만함 역시 새로운 게 아니다

잠시 1950년대로 돌아가 보자. 당시 연재만화의 등장은 많은 우려를 낳았다. 연재만화가 아이들의 집중 시간을 줄이고 심각한 정신건강 문제를 유발한다고들 했다. 많이 들어본 이야기 아닌가? 1950년대의 연재만화는 오늘날의 스마트폰과 소셜미디어처럼 집중을 방해하는 원인이었다. 사람들은 항상 자신을 바쁘게 만들 새로운 방법을 찾아왔다. 집중을 방해할 만한 것이 없으면, 우리는 스스로 찾거나 만든다.

산만해지고 싶은 우리의 충동이 얼마나 강한지를 보여주는 놀라운 실험이 있다. 2014년 버지니아 대학교에서 진행된 연구로 학술지《사이언스Science》에 실리기도 했다. 여러 피실험자를 전기 충격기가 있는 방에 넣었다. 연구자들이 피실험자들을 잠시 혼자 두었을 때, 아무것도 할 일이 없는 상태에서, 남성의 67%와 여성의 25%가 스스로 전기 충격을 가했다. 단지 시간을 때우기 위해서였다. 그것도 한 번이 아니라 반복적으로 전기 충격을 가했다.

이 연구는 인간의 정신에 대한 흥미로운 통찰을 제공한다. 우리는 내면의 불편함을 마주하기보다 차라리 육체적 고통을 감수하는 쪽을 택한다는 것이다. 이 통찰은 우리가 산만함으로부터 스스로를 어떻게 보호할 수 있는지에 대해 많은 것을 알려준다. 스마트폰을 사용하지 않거나 디지털 디톡스 캠프에 참가하는 것만으로는 충분하지 않다. 우리는 우리의 생각과 단둘이 남지 않기 위해 계속해서 다른 방법을 찾을 것이다. 산만한 세상에서 정말로 집중력을 되찾고 싶다면, 무엇보다도 우리가 애초에 왜 이토록 산만함을 찾는지에 대한 심리적인 이유들을 먼저 살펴봐야 한다.

개인의 단점을 기술 탓으로 돌리기보다는 우리 자신의 행동을 면밀히 살피는 것부터 시작하는 편이 나을 것이다. 물론 이는 훈련이 필요하다. 당신이 스마트폰을 계속 만지도록 빅테크 기업들이 고안한 기발한 방법들을 모두 막아내는 것은 분명 쉽지 않다. 요즘은 우리의 주의를 빼앗는 것들이 그 어느 때보다 흔하지만 우리 또한 무력하지만은 않다. 물론 주의를 분산시키는 방해 요소에 대처하기 위해 새로운 방법을 찾아야 하는 것은 사실이다. 니르 이얄도 말했듯이 스마트폰 알림과 같은 외적 트리거에 대처하는 법을 배우는 것만이 중요한 것이 아니다. 테크 기업들이 집중력을 빼앗기 위해 악용하는 심리적인 내적 트리거들을 우리 스스로 다루고 대응하는 법을 배워야 한다. 이는 매우 중요하다. 우리는 왜 이토록 쉽게 내적 트리거에 굴복할까? 지루함이나 불안함 같은 내면의 불편한 감정을 느끼고 싶지 않아서일까? 다음 장에서 더 자세히 살펴보자.

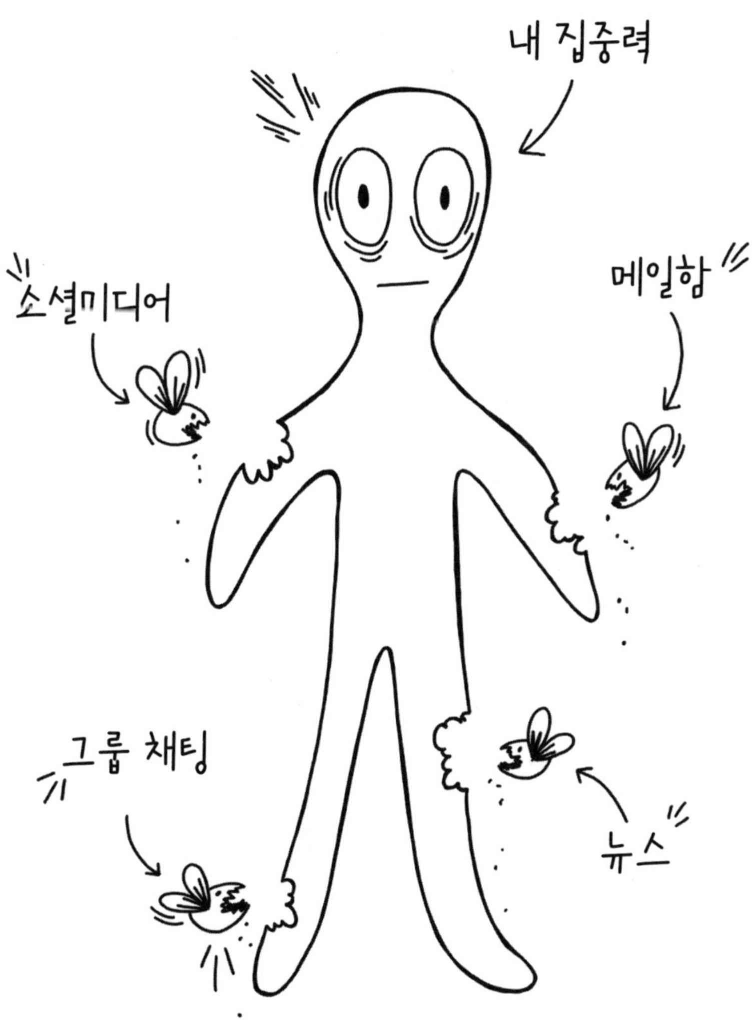
내 집중력
소셜미디어
메일함
그룹 채팅
뉴스

2장

집중력은
스위치가 아니다

집중력은 강화할 수 있다

당신은 한 가지 일에 얼마나 오래 집중할 수 있는가? 한번 해보라. 최선을 다해도 어려운 일이다. 유혹은 어디에나 있어서 계속 집중을 방해한다. 친구의 메시지, 동료의 이메일, 내 자리로 질문하러 오는 사람, 심지어 창밖에서 날아다니는 새까지. 정신을 차려 보니 5분 넘게 창밖을 바라보고 있었고 뇌는 딴생각을 하고 있었다.

이 문제에 대해 우리는 뭘 할 수 있을까? 먼저 나쁜 소식이다. 우리의 집중력은 30세에서 40세 사이에 최고조에 달한다. 그 후에는 해마다 떨어진다. 아일랜드 작가 조지 버나드 쇼George Bernard Shaw가 "젊은 이들이 젊음을 잘 모르고 낭비하고 있다."라고 말했는데, 집중력 측면에서도 통하는 말이다. 우리의 집중력이 최고조에 달하는 시기가 지식을 얻는 것보다 인생 경험을 쌓는 데 더 집중해야 하는 때라는 것이 안타깝다.

그럼 좋은 소식은 뭘까? 인생의 어느 때든 집중력을 강화할 수 있다는 사실이다. 집중력을 훈련하는 좋은 방법 중 하나는 '주의력 다이어리attention diary'를 쓰는 것이다.

우선순위를 정하고 가장 중요한 일부터 해라

대부분 회의나 약속이 잡히면 다이어리와 할 일 목록에 적어둔다. 문제는 다른 사람들이 정한 일정들이 계속 끼어들어 가득 찬다는 것이다. 우리는 해야 할 일을 끝내기 위해 어떻게든 짬을 내려고 애쓰지만, 메일에는 계속 답장을 요청하는 메일이 쏟아진다.

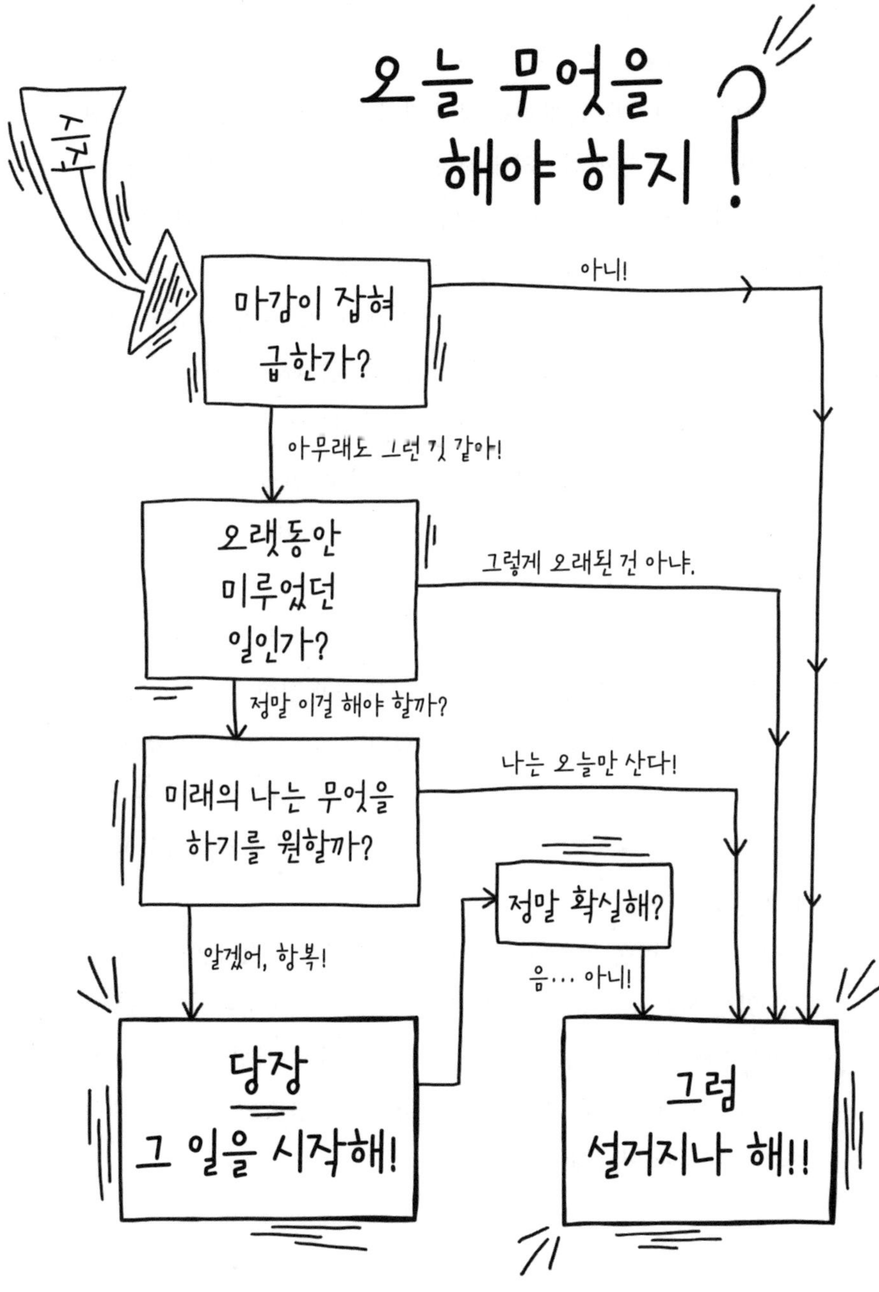

오늘 무엇을 해야 하지?
마감이 잡혀 급한가?
아니!
아무래도 그런 것 같아!
오랫동안 미루었던 일인가?
그렇게 오래된 건 아냐.
정말 이걸 해야 할까?
미래의 나는 무엇을 하기를 원할까?
나는 오늘만 산다!
정말 확실해?
음... 아니!
알겠어, 항복!
당장 그 일을 시작해!
그럼 설거지나 해!!

주의력 다이어리는 두 가지 질문에 기반해 당신의 할 일과 책임을 계획함으로써 상황을 주도적으로 통제하는 방법이다. 그 두 가지 질문은 '무엇이 먼저인가?', '언제 하는 것이 가장 좋은가?'다. 이 질문은 당신이 중요한 것에 더 쉽게 집중하게 하고, 생산성을 훨씬 높여줄 것이다.

주의력 다이어리를 작성할 때는 나만의 자연스러운 집중력 피크 타임에 따라 일정을 조율해야 한다. 먼저 내 집중력이 언제 가장 높은지 파악하고 그에 맞춰 작업이나 활동을 계획해야 한다. 이렇게 하는 것이 논리적이지만 사람들은 종종 반대 방식으로 접근한다. 회의, 세미나, 점심, 출퇴근길, 사소한 일이나 집중이 크게 필요하지 않은 업무를 먼저 계획하고, 그다음에야 보고서나 분석표 작성, 면접 진행과 같이 많은 집중력을 요하는 업무들을 억지로 끼워 넣는 식이다.

여기서 생기는 가장 큰 문제는 집중력이 낮은 시간에 집중력을 요구하는 일을 수행한다는 점이다. 그 업무를 완료하는 데 훨씬 더 많은 시간이 걸릴 수밖에 없다. 캐주얼 미팅 또는 받은 메일함 정리와 같은 작업은 집중력이 낮을 때 해도 시간이 더 걸리지 않는다. 최악의 경우 효율이 조금 떨어지거나 당신의 의견, 주장 또는 아이디어를 아주 유창하게 전달하지 못할 수도 있다. 그러나 이런 일들은 언제 하더라도 비슷하게 잘 해낼 것이다.

자신의 자연스러운 집중력 피크 타임을 무시하면 결국에는 중요한 업무를 위한 시간이 부족해질 것이다. 그러므로 주의력 다이어리를 작성할 때는 나의 집중력 피크 타임을 먼저 파악하고, 가장 부담이 큰 업무들을 그 시간에 배치하자. 나는 이러한 과제들을 '오늘의 코끼리'라고 부른다. 반드시 완료해야 할 큰 과제들이다.

~~달리기~~ 시작
집중하기

1일 차 – 5분씩 1회 (총 5분)

2일 차 – 5분씩 2회 (총 10분)

3일 차 – 5분씩 2회 (총 10분)

4일 차 – 10분씩 2회 (총 20분)

5일 차 – 20분씩 1회 (총 20분)

6일 차 – 휴식

7일 차 – 20분씩 1회 (총 20분)

8일 차 – 25분씩 1회 (총 25분)

주의력은 파도와 같다

처음에는 '코끼리'에 20~30분 이상 집중하지 못하더라도 걱정할 필요 없다. 달리기를 할 때 조금씩 거리를 늘리거나 헬스장에서 점점 중량을 늘리면서 근력을 키우는 것처럼, 집중력도 점차 키워나갈 수 있다. 중요한 점은 집중력이 부족하다고 해서 그것이 타고난 성격처럼 고정된 특성이 아님을 인식하는 것이다. 꾸준한 노력과 올바른 접근 방식을 통해 집중력을 발전시킬 수 있으며, 점점 더 길고 깊이 있는 집중 시간을 가질 수 있다. 또한 누구도 하루 24시간 내내 집중할 수는 없다는 사실을 아는 것이 매우 중요하다. 지속적인 집중이 가능하다는 믿음은 잘못된 신화에 불과하다. 실제로는 스트레스를 유발하고 우리의 자연스러운 주의력 리듬에도 맞지 않는다.

우리의 주의력은 파도처럼 오르락내리락하며, 항상 일정하게 유지되지 않는다. 진화적으로도 인간은 주변 환경에서 위협 요소를 감지하기 위해 주기적으로 주의를 분산하도록 설계되어 있다. 이러한 리듬을 이해하고 받아들이는 것이 집중력에 대한 더 건강한 접근을 가능하게 한다. 궁극적인 목표는 끊임없는 집중이 아니라 주의력을 효율적으로 사용하는 것임을 잊지 말자.

뇌를 위한 아침 루틴

당신의 코끼리를 처리하기에 가장 좋은 시간은 언제일까?《딥 워크Deep Work》의 저자 칼 뉴포트Cal Newport는 오전 9시부터 정오까지의 시간을 추천한다. 두뇌 활동이 가장 활발하기 때문이다.

"하지만 저는 저녁형 인간인데요?"라고 말할 수도 있다. 사실 아침에 천천히 여유롭게 움직이고 싶은 사람도 있고, 새벽부터 에너지가 넘치는 사람도 있다. 하지만 여기서 많이들 오해한다. 명확하게 아침형이나 저녁형으로 나뉘는 사람은 극소수에 불과하다. 대부분의 사람은 그 중간 어딘가에 있으며, 아침형 쪽에 약간 더 가깝다. 그럼에도 우리는 종종 스스로를 '저녁형 인간'이라고 생각한다. 하루의 끝에서 하루를 몇 시간 더 늘리고 싶은 유혹에 결국 늦게 잠이 들고, 다음 날 아침 더 피곤하게 깨어난다. 그러면 또 이렇게 생각하는 것이다. '이것 봐, 난 역시 저녁에 훨씬 집중이 잘돼!' 하지만 유감스럽게도, 대부분의 경우 당신은 단지 '수면 부족에 시달리는 아침형 인간'일 가능성이 크다.

또한 너무 늦게까지 혹은 필요 이상으로 깨어 있는 건 우리 몸에서 뭔가 잘못되었다는 신호를 보내는 것과 같다. 뇌는 무언가 심상치 않은 일이 있으니 깨어 있어야 한다는 신호로 받아들인다. 그래서 뇌는 각성 상태가 되고 언제든 도망치거나 싸울 준비를 하도록 경계를 늦추지 않는다. 즉 늦게까지 깨어 있는 것은 몸의 스트레스 수치를 높이고 수면의 질을 떨어뜨리는 셈이다.

물론 저녁 시간이 되면 정신이 더 또렷해지는 사람들도 소수 있기는 하다. 하지만 이런 사람들도 저녁에 일을 하기 쉽지 않다. 왜냐하면 우리 사회가 대부분 오전 9시부터 오후 6시까지 일하는 구조로 되어 있기 때문이다. 그렇다면 저녁형 인간은 사회의 흐름에 따라 억지로 자신을 맞춰야 할까? 그렇지는 않다. 오히려 자신의 생체리듬을 무시하는 것은 건강에 해롭다. 장기적으로는 생체시계의 혼란을 가져오고, 이는 당뇨, 우울증, 비만 같은 건강 문제로 이어질 수 있다. 뇌가 표준적인 생체시계 및 사회적 시계를 따르지 않을 때 어떻게 해야 하는지 구체적인 방법들에 대해서는 3장에서 자세히 살펴보겠다.

코끼리와 토끼

＊＊＊

전작 《Better Minds》에서도 코끼리와 토끼의 비유를 들었다. 강연에서도 자주 언급해서 너무 반복하는 것 아닌지 걱정이 들 정도다. 그럼에도 다시 언급하는 이유는, 올바른 시간에 올바른 과제를 수행하는 것이 얼마나 중요한지 설명하는 아주 적절한 비유이기 때문이다.

이 비유는 미국의 기업가 티 분 피켄스T. Boone Pickens의 "코끼리를 사냥할 때, 토끼를 쫓느라 한눈팔지 말라."라는 명언을 차용한 것이다. 안타깝게도 우리 대부분은 매일 토끼를 쫓는다. 이메일에 로그인하는 순간 토끼떼가 탈출한다. 그래서 우리가 가장 먼저 하는 일은 토끼들을 쫓는 것이다. 할 일 목록에서 많은 것을 지울 수 있어 기분이 좋지만, 여기에 많은 시간과 에너지를 소모하고 만다. 오후가 돼서 대부분의 토끼를 토끼장에 다시 넣었을 때쯤이면 코끼리 사냥을 위한 에너지는 이미 바닥나 있다. 결국 오늘 했어야 할 중요한 과제는 내일로 미루고 만다. 많이 들어본 이야기 아닌가? 애초에 토끼를 토끼장에서 탈출하지 못하게 하고(메일함을 닫고!) 코끼리부터 처리하면 됐을 일이다!

또 다른 조언은 "먼저 개구리를 먹어라."다. 어차피 살아 있는 개구리를 먹어야 한다면 오랫동안 쳐다보지 말고 당장 삼키라는 뜻이다. 즉 가장 어려운 일을 맨 처음에 처리하라는 것이다! 이 조언의 핵심은 하루의 시작에 가장 까다롭고 힘든 일을 해내면, 나머지 일들은 더 쉽게 느껴진다는 것이다.

한 가지 덧붙이자면 코끼리는 가장 어렵거나 가장 지루한 과제가 아니라 가장 중요한 과제다. 이것이 결정적인 차이다.

자,
여기가 코끼리들이
기다리는 곳이야.
편하게 있어,
다른 녀석들은
여기서 73,289개월이나
있었거든!

코끼리 줄

(나중에 내가 꼭
데리러 올게!)

?

기업, 학교 그리고 다른 기관들 모두 아침 시간이 가장 집중하기 좋은 시간이라는 것을 알고 있다. 당신이 관리자나 선생님이라면 직원이나 학생들이 가장 중요한 일을 먼저 끝낼 수 있도록 이 점을 꼭 고려하라. 예를 들어 일반적인 회의나 아이디어 회의 모두 하루 일과의 끝에 잡는 것이 더 좋다.

집중해야 할 시간은 일정을 따로 비워두거나 최소한 다른 일에 방해받지 않도록 표시해 두자. 이 방법을 활용하고 있는 회사는 코끼리를 잡는 시간, 즉 가장 중요한 집중이 필요한 시간에는 회의를 잡지 않는다. 게다가 그때는 사무실도 조용해서 직원들이 업무에 더 잘 집중할 수 있다.(5장에서는 현대의 개방형 사무실에서도 집중하기 좋은 환경을 만드는 방법에 대해 살펴볼 것이다.)

'주의력 다이어리'는 집중을 잘하기 위한 가이드이지, 집중이 안될 때 숨기 위한 핑계가 되어서는 안 된다. 아침에 집중력이 좋다고 해서 나머지 시간을 게을리 보내도 된다는 뜻은 아니다. 자신의 자연스러운 집중 시간이 아니어도 집중을 할 수는 있다. 예를 들어 어떤 일이 재미있거나, 마감일이 다가와서 압박을 느끼거나, 주변 환경에 신경이 쓰이지 않을 만큼 집중이 잘되는 날이라면 하루 종일 집중할 수도 있다. 하지만 매일 그렇게 하려면 금방 지치고 집중력이 떨어지니 주의해야 한다. 잘 집중하려면 때때로 집중하지 않는 시간이 필요하다. 이 부분에 대해서도 뒤에서 더 설명하겠다.

주의력 풍경을 파악하라

***

'주의력 풍경attention landscape'이라는 말을 들어본 적 있는가? 플로렌스 페레즈Florence Pérès의 책《Survival guide for times of change》에서 빌려온 개념이다. 그녀는 모든 사람이 주의력의 최고점과 최저점을 가지고 있지만, 그것이 각자에게 다른 풍경을 만들어낸다고 말한다. 예를 들어, 첫 번째 유형의 사람들은 집중하는 시간과 주의력이 떨어지는 시간에 뚜렷한 차이를 느낀다. 이들의 집중력은 최고점과 최저점을 반복하며 하루에도 여러 번 초집중hyperfocus 상태에 들어갈 수 있는 만큼 집중력이 급격히 떨어지는 것도 여러 번 경험한다. 이러한 주의력 풍경은 알프스 산맥에 비유할 수 있다. 두 번째 유형의 사람들은 최고점과 최저점의 격차가 크지 않다. 이들의 주의력 풍경은 투스카니나 코츠월드(영국 남서부에 위치한 전원 지대)의 완만한 구릉처럼 보인다. 큰 고도 차이가 없는 완만한 기복을 보이는 것이다. 세 번째 유형의 사람들은 집중력 피크 타임을 길게 가지는 경향이 있다. 일단 집중력을 발휘하면 오랫동안 유지할 수 있다. 이들의 풍경은 '테이블 산Table Mountain' 모양 같다. 가파른 오르막길 후에는 상당히 평평한 고원이 펼쳐진다. 하지만 그 고원 이후에는 집중력이 크게 떨어지고 에너지가 고갈되곤 한다. 하루에 여러 번 집중하는 것은 당신을 지치게 하기 때문이다.

그러니 단순히 집중력이 언제 최고조에 달하는지, 오전인지 오후인지 저녁인지만 알아내려 하지 말고, 하루 종일 당신만의 주의력 풍경이 어떻게 생겼는지 파악해 보라. 이를 알고 있으면 어떤 과제를 언제 처리해야 할지 더 구체적으로 계획할 수 있다.

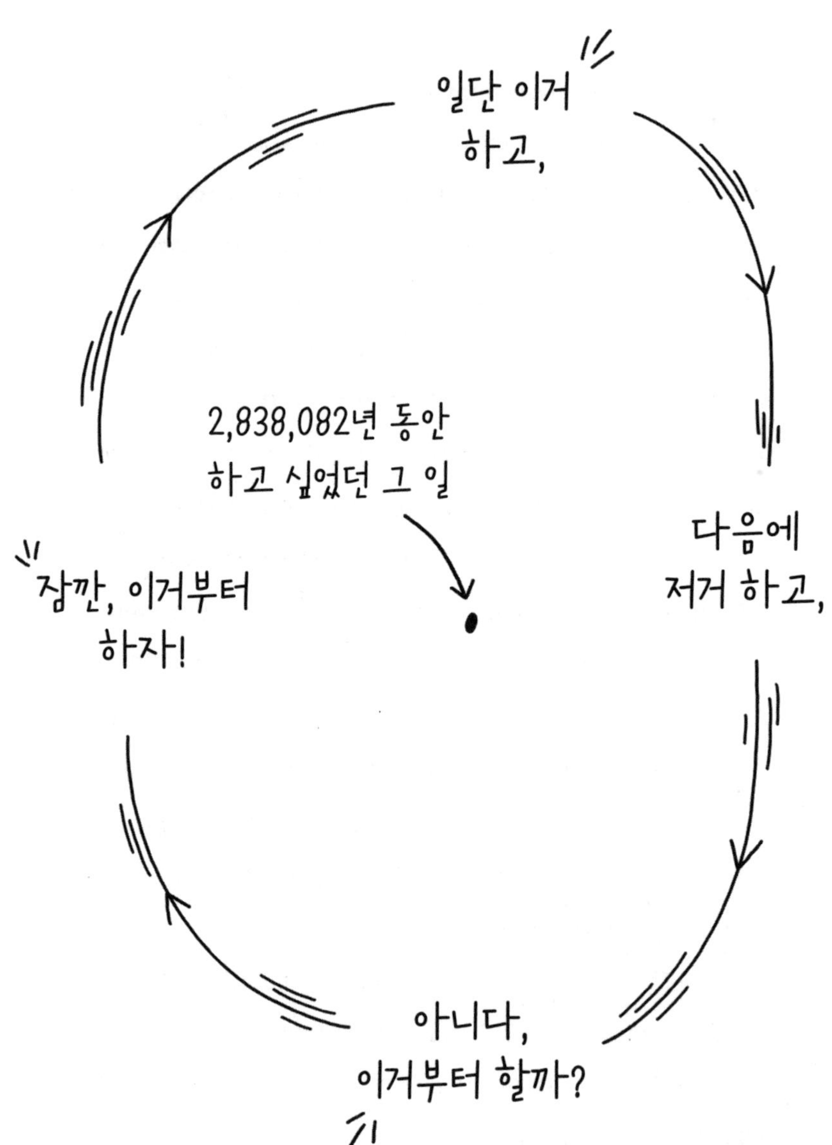

일단 이거
하고,
다음에
저거 하고,
아니다,
이거부터 할까?
잠깐, 이거부터
하자!
2,838,082년 동안
하고 싶었던 그 일

미루는 습관을 고치는 법

"오늘 할 수 있는 일을 내일로 미루지 말라." 이 오래된 격언은 우리 모두가 알면서도 따르지 않는다. 해야 할 중요한 일이 있다는 걸 알면서 뒷전으로 미루고 있는 것이다. '아직 시간은 많아.'라고 스스로 달래며 다른 온갖 일들로 바쁘게 하루를 채운다. 그러다 마감일이 코앞으로 다가오면 극도의 스트레스 모드에 빠진다.

어떤 일들은 동기부여도 안 되고, 재미있지도 않다. 예를 들어 치과 예약이나 서류 정리처럼 하기는 해야 하는 것들. 하지만 미루는 습관은 종종 실패에 대한 두려움이나 완벽주의와 맞닿아 있기도 하다. 아예 시작을 안 하면 자신이 부족하다는 것을 확인할 필요가 없기 때문이다.

사람들은 자신이 왜 계속 미루는지 잘 인식하지 못한다. 만약 당신이 번번이 어려운 일을 시작하지 못하고 있다면, 그 원인을 좀 더 깊이 들여다볼 필요가 있다. 아마 너무 큰일이라고 생각해 엄두를 못 내는 걸 수도 있다. 그렇다면 큰 프로젝트를 당장 실행 가능한 작은 단위로 나누는 것이 도움이 될 수 있다. 매니저나 동료의 도움을 받아 나눠도 좋다.

그렇다면 중요한 질문은 이것이다. '미루는 습관을 이겨낼 수 있을까?' 이에 대한 해답을 찾기 위해 미국의 신경과학자 앤드루 후버만Andrew Huberman은 중독에 대한 연구 문헌들을 살펴봤다. 미루는 습관이 중독과 유사한 메커니즘을 보이기 때문이다. 그 연결고리는 바로 도파민이다.

한번 상상해 보라. 당장 어떤 과제를 끝내야 한다. 하지만 의욕이 나질 않는다. 예를 들어 세금 신고를 위해 필요한 서류들을 책상에 다 펼쳐두었는데, 자꾸만 이메일을 확인하거나 소셜미디어를 새로고침하거나 부엌에 가서 물이나 과자를 가져오는 자신을 발견하게 된다. 이렇게 질질 끄는 동안 당신은 스스로를 미치게 만들고 있다. 결국 세금 신고는 나중에 하고, 회사 발표 자료나 먼저 만드는 게 낫다고 생각하게 된다. 뭔가 했다는 느낌은 들 테니 말이다. 세금 신고는 이렇게 또 미뤄진다.

우리는 하고 싶은 일부터 시작하면 일이 잘 풀릴 거라고 생각한다. 하지만 일을 미루는 것은 결국 아무것도 끝내지 못하는 결과를 낳곤 한다. 왜 그럴까? 모든 것은 마음먹기에 달려 있다. 재미있는 일을 하면 도파민이 분비되어 기분이 좋아지지만, 그 흥분은 필연적으로 가라앉는다. 도파민 효과가 사라지면 처지고 무기력해진다. 따분한 세금 신고는 여전히 하기 싫은 채로 남아 있고 당신은 즉각적인 도파민을 주는 다른 일을 찾게 될 것이다.

해결책은 간단하면서도 기발하다. 아주 조금일지라도 그냥 계속 나아가는 것이다. 후버만은 우리가 무기력함에 빠져 있지 않고 일단 시작하면, 침체된 기분에서 더 빨리 벗어날 수 있다고 말한다. 마음을 다잡고 스스로 하도록 밀어붙여 (때로는 고통스럽겠지만) 움직이게 하는 것이다. 힘들더라도 일단 시작하면 나머지는 보통 순조롭게 진행된다. 즉 동기부여가 될 때까지 기다리지 말라. 일단 시작하면 동기부여는 대개 저절로 따라온다.

미루는 습관을 극복하는 데 도움이 되는 것은 '미리 생각하기'다. 아침 10시라고 가정해 보자. 중요한 업무가 있지만 미루고 싶은 마음이 든다. 오늘 밤을 미리 상상해 보라. 소파에 편안히 앉아 좋아하는 TV 프로그램을 보고 있다. 아침에 업무를 미루었다면, 오늘 밤 당신의 기분은 어떨까? 동료에게 추가 업무를 떠넘겨 죄책감에 시달리거나 남은 업무가 계속 머릿속에 맴돌아 스트레스를 받지 않을까? 반대로, 아침에 그 업무를 처리했다면 오늘 밤 당신의 기분은 어떨까? 드디어 끝냈다는 생각에 편안하지 않을까? 자, 그럼 이제 조금 더 멀리 내다보자. 내일 아침에 일어났을 때는 기분이 어떨까? 어제 끝냈어야 할 일 때문에 쫓기면서 또다시 기한 연장을 요청하는 것이 좋겠는가? 아니면 어제 끈기 있게 해냈다는 사실에 자부심과 만족감을 느끼며 일어나는 것이 좋겠는가?

변연계 해킹

***

미루는 습관은 우리 뇌의 변연계limbic system를 해킹함으로써 극복할 수 있다. 변연계는 감정과 동기부여에 관여하는 뇌의 한 부분이며, 우리 뇌의 보상 시스템이 위치한 곳이기도 하다. 이 모든 요소는 미루는 습관과 깊은 관련이 있다. 우리가 피하는 활동은 대개 불편함이나 어려움을 동반한다. 변연계는 이러한 불편함을 피하는 대신 더 쉽고 마찰이 적은 활동을 찾으려 한다. 아무것도 하지 않는 것과 같은 활동 말이다.

하지만 의식적으로 불쾌한 자극에 자주 우리 자신을 노출시키면, 변연계에 새로운 도전을 만들어낼 수 있다. 만약 차가운 물로 샤워하는 것을 싫어한다면, 오히려 더 자주 차가운 물로 샤워해 주는 것이 좋다. 이것이 바로 변연계를 해킹해 새롭고 불편한 상황에 대처하도록 강제하는 한 가지 방법이다. 이러한 변연계의 '재부팅'은 동기부여와 집중 상태에 더 쉽게 도달하도록 도와주기 때문에, 미루는 습관의 악순환을 끊는 데 도움이 될 수 있다.

몰입의 흐름을 타라

미루는 습관을 극복하고 마침내 일을 시작했다고 가정해 보자. 이제 다음 단계는 무엇일까? 어떻게 하면 '몰입flow' 상태에 들어가고, 그 상태를 유지할 수 있을까? 몰입에는 한 가지 특이한 점이 있다. 때로는 몇 시간 동안 그 멋진 흐름의 파도를 탈 수 있지만, 또 어떤 때에는 한순간의 방심으로 몰입이 완전히 깨질 수 있다는 점이다.

최근에 손에 꼽을 정도로 생산적이었던 몰입의 순간을 기억하는가? 마치 의식의 흐름 속에서 일을 술술 해치웠던 순간 말이다. 다시 말해, 마지막으로 '몰입'을 경험한 것은 언제인가? 자전거를 탈 때, 파도를 탈 때, 음악을 만들거나 노래할 때, 춤출 때, 요리할 때 또는 도전적인 프로젝트를 진행할 때 경험했을 것이다.

몰입 현상의 신경과학을 연구하는 유명한 기관인 '플로우 리서치 컬렉티브Flow Research Collective'의 공동 창립자이자 CEO인 라이언 도리스Rian Doris는 인류의 가장 획기적인 성과나 발명이 사람들이 몰입 상태에 있을 때 이루어졌다고 말한다. 샘 올트먼Sam Altman과 그의 팀이 챗지피티ChatGPT의 코드를 작성하고, 마리 퀴리가 혁명적인 연구를 완성하던 순간, 알베르트 아인슈타인이 상대성 이론을 개발하던 순간도 도리스에 따르면 모두 몰입 상태였을 거라고 한다.

그의 동료 스티븐 코틀러Stephen Kotler와 수많은 전문가 및 기관들과 함께, 도리스는 업무 생산성을 현저히 높여주는 몰입 상태에 도달하는 방법을 지난 몇 년간 연구해 왔다. 도리스의 연구는, 몰입 개념을 처음 소개하고 명저《몰입 Flow Flow: The Psychology of Optimal Experience》를 쓴 헝가리계 미국인 심리학자 미하이 칙센트미하이Mihály Csíkszentmihályi의 연구를 기반으로 한다. 이들의 연구를 몇 페이지로 요약하는 것은 불가능하지만, 간단히 설명하기 위해 몰입을 네 가지 핵심 요소로 정리해 보았다. 바로 '몰입 방해 요소flow blockers', '몰입 경향성flow proneness', '몰입 유발 요인flow triggers', 그리고 '몰입 주기flow cycle'다. 몰입을 위한 세 가지 조건과 함께 살펴보자.

몰입을 위한 세 가지 조건

이 책을 쓰는 동안 나 또한 몰입의 순간을 많이 경험했다. 솔직히 말해 나조차도 몰입이 정확히 무엇인지 명확하게 알지 못한다. 거기에는 어떤 신비함이 있다. 마치 때때로 예고 없이 나타나는 초능력과 같다. 모든 것이 자연스럽게 흘러가는 순간이다. 할 일이 충분히 도전적이지만 압도적으로 느껴지지는 않고, 완전히 '내가 주도하는 세상'에 있는 듯한 느낌이다. 내 에너지 레벨 역시 안정적이고 지루하지도 않다. 몰입의 구름 위를 떠다니며 괴로움 없이 일을 끝마치는 것이다.

안타깝게도 현실은 종종 다르다. 우리 일상생활에는 이러한 몰입 상태를 방해하는 수많은 장애물, 즉 '몰입 방해 요소'가 가득하다. 그중 가장 큰 주범은 무엇일까? 바로 우리의 소중한 스마트폰이다.

사람들의 약 80%는 잠에서 깬 지 15분 안에 스마트폰을 집어든다. 이 행동은 단순히 도파민이라는 덫에 쉽게 빠지게 할 뿐만 아니라 아침에 일어나자마자 하는 행동이기 때문에 좋지 않다. 대부분의 사람들에게 아침은 일에 몰입하기 가장 좋은 시간이다. 또한 아침은 '몰입 경향성'이라고 부르는 놀라운 상태에 빠져들 가능성이 가장 높은 시간대이기도 하다.

하지만 스마트폰을 멀리한다고 해서 자동으로 몰입 경향성 상태에 빠지는 것은 아니다. '몰입 유발 요인'이 필요하다. 중요한 것은 즉각적으로 몰입 상태에 빠져들 수 있도록 적절한 조건을 만드는 것이다. 1960년대 미하이 칙센트미하이가 처음으로 여러 몰입 유발 요인들을 밝혀냈다. 음악 만들기, 서핑, 비디오 게임과 같은 일부 활동에는 몰입 유발 요인이 풍부하다. 칙센트미하이는 이 활동들의 공통점을 통해 몰입 유발 요인 세 가지를 찾아냈다. 바로 명확한 목표를 갖는 것, 즉각적인 피드백을 받으면서 의미 있는 일을 하고 있다고 느끼는 것 그리고 내 능력보다 약간 더 어려운 레벨에 도전하는 것이다.

미하이 칙센트미하이는 몰입을 우리가 어떤 활동에 완전히 몰두했을 때 나타나는 깊은 관여도와 만족감의 상태라고 설명한다. 그는 이 상태에 도달하려면 세 가지 필수적인 조건에 집중해야 한다고 말한다.

1 **명확한 목표 가지기 :** 초상화를 그리든, 산을 오르든, 아이들에게 수영을 가르치든, 몰입하려면 하나의 특정 과제에 주의를 집중해야 한다. 멀티태스킹과 산만함은 몰입의 적이다. 몰입에 들어가려면 한 번에 하나의 과제에 완전히 몰두해야 한다.

2 **자신에게 의미 있는 일 하기 :** 예를 들어 개구리는 돌멩이보다 파리를 보는 것을 좋아할 것이다. 파리는 먹을 수 있기 때문이다. 자기통제self-control에 대한 선구적인 연구로 유명한 미국 심리학자 로이 바우마이스터Roy Baumeister에 따르면, 우리도 개구리와 크게 다르지 않다. 우리 자신의 주의와 집중 또한 진화론적 관점에서 생존에 유리해 보이는 자극을 향하게 된다. 다시 말해 명확한 목표만 필요한 게 아니라 그 목표가 당신에게 관련 있고 의미 있는 것이어야 한다. 또한 자극이 낮은 환경을 만들어야 한다고 말한다. 소음, 극심한 추위나 더위, 낯선 냄새, 울리는 전화벨 소리 등 우리의 진화적 생존 메커

니즘을 유발하는 모든 자극이 오늘날 똑같이 유용한 것은 아니다. 따라서 몰입에 들어가고 싶다면 이런 극심한 자극이 없는 환경을 만들려고 노력해야 한다.

3 **충분히 도전적인 일 하기**: 몰입을 경험하려면 도전 과제와 능력 사이의 균형을 맞춰야 한다. 목표가 너무 쉬우면 금방 지루해지고 기계적으로 해낼 것이다. 그렇다고 너무 어렵다면 일에 압도당하고 불안해질 것이다. 따라서 우리는 충분히 도전적이면서도 능력을 시험할 수 있는 목표를 설정하되, 능력을 완전히 벗어나지 않는 레벨을 목표로 해야 한다.

더 명확한 이해를 위해 한 가지 예를 들어보겠다. 당신이 서핑을 하고 있다고 상상해 보라. 완벽한 파도를 발견하고 그 파도를 타기로 한다. 이 순간 당신은 스스로 몰입하려는 명확한 목표를 설정한 것이다. 파도를 타면서 당신은 보드 위에서 균형을 느끼고 파도의 힘 또한 느낀다. 이는 즉각적인 피드백이 되어 당신이 계속 나아가게 한다. 자세를 바꾸고 체중을 옮기기도 하면서 말이다. 이렇게 당신은 파도 하나하나를 타며 나아가고, 각 파도는 이전보다 조금 더 높고 거칠어진다. 이따금 더 어려운 파도가 나타나 당신에게 도전 의식을 불러일으킨다. 하지만 갑자기 거대한 파도가 덮쳐 보드에서 당신을 떨어트리면, 당신은 몰입 상태에서 거칠게 깨어나게 된다.

서핑 기술을 예로 들었지만 이 이론을 업무에도 적용할 수 있을까? 물론이다. 몰입의 세 가지 조건은 직장 생활에서도 좋은 지침이 된다. 명확하고 의미 있는 목표를 선택하고, 불필요한 방해 요소를 미리 제거하려고 노력하라. 충분히 도전적이되 너무 높은 기준을 설정해서는 안 된다. 이상적으로는 과제가 현재 자신의 능력보다 약 4% 정도 더 어려운 수준이면 좋다. 이 조건과 이론은 당신이 몰입하는 데 아주 좋은 길 잡이가 되어줄 것이다.

시들함에 대한 해독제, 몰입

* * *

가끔 무기력해지는가? 아픈 것도 아니고, 특별히 큰 문제도 없지만, '그 냥 그런' 느낌이 지배하는 상태 말이다. 이런 감정 자체는 문제가 되지 않 는다. 누구나 가끔 침체에 빠진다. 하지만 이러한 무기력한 느낌이 계속 이어질 때가 있다. 그 상태를 '시들함languishing'이라고 부르는데, 시들함 은 집중력을 심각하게 떨어뜨린다.

'시들함'이라는 단어가 새로운 것은 아니지만, 코로나 팬데믹 기간에 미국 심리학자 애덤 그랜트Adam Grant 덕분에 많은 주목을 받았다. 당시 많은 사람이 '그냥 그런' 감정을 느꼈다. 명확한 목표가 없고, 일반적으로 정체되어 있다고 느끼며, 삶에 어떤 즐거움도 없는 느낌. 몇 시간이나 며 칠이 아니라 몇 주 내내 이어졌다.

다행히 이 불쾌한 감정에 맞설 방법이 있다. 그랜트는 시들함에 맞설 해독제로 몰입을 받아들이라고 말한다. 그는 몰입을 '의미 있는 도전이나 순간적인 교감에 완전히 빠져들어 시간, 장소, 자기 자신마저 잊어버리는 상태'라고 설명한다. 또한 그는 우리가 집중을 위한 시간과 공간을 더 많 이 만들고, 주의가 분산되는 것을 피해야 한다고 제안한다. 왜냐하면 주 의력 분산이 몰입과 성과의 가장 큰 적이기 때문이다. 칙센트미하이와 도 리스처럼, 그도 충분히 도전적이되 달성 가능한 목표를 설정하라고 권장한다. 그랜트는 몰입으로 가는 가장 명확한 길 중 하나로 '감당할 만한 어려움'을 꼽았다. 당신의 능력을 끌어올리고 의지를 굳세게 하는 도전 말이다.

집중은 일출과 같다

몰입의 네 번째 핵심인 '몰입 주기'는 종종 간과되지만, 높은 생산성으로 이어지는 핵심 요소다. 몰입 주기가 어떻게 작동하는지 이해하면 생산성과 업무 만족도 모두에서 큰 진전을 이룰 수 있다. 저명한 하버드 의과대학의 심장병 전문의 허브 벤슨Herb Benson이 그의 저서《The Breakout Principle》에서 이 이론의 첫 씨앗을 뿌렸고, 기자이자 작가 스티븐 코틀러Stephen Kotler가 그의 명작《The Rise of Superman》에서 이 주제를 더 깊이 다루었다.

몰입 주기란 몰입 상태는 켜고 끄는 스위치처럼 작동하지 않고, 밝기를 조절할 수 있는 조광기처럼 서서히 바뀐다는 것이다. 모든 것은 몸의 투쟁과 함께 시작된다. 당신도 이 느낌을 알 것이다. 우리 몸은 어떤 과제를 시작할 때 저항한다. 왜 그럴까? 일을 시작하면 다양한 호르몬이 분비되어 신체의 신경 화학적 균형을 변화시킨다. 이로 인해 불편함을 느끼고, 과제를 피하고 주의를 분산하려 한다.

따라서 몰입 주기가 시작될 때 느끼는 불편함을 극복하는 것이 중요하다. 약간의 의지가 필요하지만, 늘 그렇듯 연습이 완벽을 만든다. 매일 벤치프레스를 50회씩 하면 근육이 발달하듯, 조금씩 계속 도전하면 집중력도 키울 수 있다. 구체적으로, 과제를 시작한 후 10분 만에 집중력이 흐트러진다면, 1분만 더 계속해 보라. 그리고 다음번에는 5분 더 계속해 보라. 이런 연습이 별것 아닌 것처럼 보이지만, 이것이 바로 당신의 '주의력 근육'을 훈련하는 방법이다.

자, 여기 도전 과제가 있다. 다음 페이지 전체를 한 번에 읽어보자. 성공했다면 다섯 페이지, 그다음에는 한 장(챕터)을 목표로 읽어보자. 계속해서 추가하고 반복하면 마법 같은 일이 일어난다. 어느 순간 불편했던 몸의 투쟁이 사라진다. 경계선은 사람마다 다르지만 그 선을 넘는 순간 지속적인 주의력과 집중력을 경험하게 될 것이다.

주기라는 건 최고점과 최저점이 있다. 올라가면 반드시 내려온다. 몰입 상태에 들어가는 데는 시간이 걸리지만, 몰입 상태를 무한정 유지할 수도 없다. 강렬한 집중과 몰입이 지나간 후에는 뇌가 회복할 시간이 필요하다. 항상 몰입 상태에서 일하는 것도 좋지 않다. 몰입 상태일 때는 전전두피질이 비활성화되어 빠르고 효율적이며 본능적인 의사결정을 내리게 된다. 몰입을 통해 얻은 지식과 기량을 온전히 당신 것으로 만들 때도 이 전전두피질이 필요하다. 몰입 상태가 끝난 뒤에는 회복 단계가 찾아온다. 이 단계에서 우리는 고갈된 신경화학물질을 보충하고, 몰입하는 동안 얻은 지식이나 기량을 통합해 자신의 것으로 소화한다. 이는 켜고 끄는 스위치처럼 작동하는 것이 아니라, 오히려 노력하지 않아도 생산성과 창의성이 서서히 극대화되는 과정이다. 이것이 바로 몰입 주기의 마법이며, 인적 성과human perfomance의 정점을 가리키는 이정표다.

잠에서 깬 후 첫 90초가 가장 중요하다

일의 효율을 극대화하고 싶다면, 잠에서 깨자마자 최대한 빨리 일을 시작하자. 이상적으로는 첫 90초 이내에 시작해야 한다. '그렇게 빨리? 아직 잠도 덜 깬 상태일 텐데.'라고 생각할 수 있다. 터무니없게 들릴지도 모르지만, 과학적으로는 일리가 있는 조언이다. 잠을 자는 동안 우리 뇌는 몰입 상태와 매우 유사한 세타파와 델타파를 많이 생성한다. 잠에서 깨어난 직후에도 뇌는 여전히 이러한 파동을 내보내고 있기 때문에, 최면에 걸린 듯한 고도의 집중 상태로 바로 뛰어들기 쉽다.

물론 잠에서 깨자마자 90초 만에 일을 시작하는 사람은 거의 없을 것이다. 그리고 일어나자마자 같이 지내는 가족에게 인사도 없이 곧장 책상으로 달려가 일하는 모습도 좋아 보이진 않는다. 현실적으로 생각하자. 잠에서 완전히 깨어날 시간은 충분히 가져도 된다. 주로 직장인에게 해당되겠지만, 일어난 지 90분 후에 일을 시작한다고 해도 여전히 몰입 상태에 쉽게 들어갈 수 있다. 하지만 이 '90초 규칙'에서 얻을 수 있는 두 가지 중요한 교훈이 있다. 일찍 시작하는 것은 일의 반을 끝내는 것과 같고, 아침 루틴을 길고 복잡하게 갖는 습관은 의미가 없다는 점이다.

요즘 인스타그램과 틱톡에서 흔히 볼 수 있는 인플루언서들은 두 시간 일찍 이른 아침에 일어나 정성을 다해 아침 루틴을 실행한다. 따뜻한 레몬 물 한 잔을 마시고, 한 시간 정도 요가를 하며, 일기를 쓰고, 여유로운 아침 식사를 즐긴다. 이들은 이런 아침 루틴이 생산성을 크게 높여준다고 주장한다. 하지만 과학적으로는 아침 시간의 행동을 가능한 한 단순하게 하고, 최대한 빨리 일을 시작하는 것이 훨씬 더 효율적이다. 그렇다고 하루에 더 많이 일해야 한다는 뜻은 아니다. 오히려 휴식 시간을 더 많이 가져야 한다. 다만 먼저 집중해서 일을 한 다음에 휴식을 취하는 것이 일하기 전에 쉬는 것보다 훨씬 좋다.

당신의 뇌는 컴퓨터의 램RAM 메모리와 같다. 하루가 지나면서 메모리가 계속 채워지고, 몰입 상태에 들어가기가 점점 더 어려워진다. 하지만 아침 시간은 뇌가 다른 작업을 처리하기 전이다. 이를 '낮은 인지 부하low cognitive load'라고 하는데, 간단히 말해 뇌가 복잡한 작업을 수행할 만큼 충분히 신선하다는 의미다. 이것이 바로 코끼리를 아침에 처리해야 하는 이유이기도 하다.

안타깝게도 많은 사람이 아침에, 심지어 침대에서 나오기도 전에 무엇을 할까? 스마트폰을 들고 소셜미디어를 스크롤하거나 이메일을 확인한다. 그 결과는 어떨까? 즉시 토끼 떼가 우리 안에서 뛰쳐나온다. 당신의 마음은 이미 그날의 작은 문제들로 가득 차서 여유롭게 아침 식사를 즐길 수도 없다. 출근하는 길에도 토끼들은 머릿속에서 즐겁게 뛰어다니고, 결국 컴퓨터 앞에 앉아서는 코끼리를 제쳐두고 토끼를 잡으러 다닌다. 다시 말해 우선순위가 낮은 항목부터 먼저 처리할 가능성이 높다.

해결책은? 간단하다. 알람 시계를 사서 기상 시간을 맞추고, 스마트폰을 침실에서 내쫓는 것이다.

아침에 전력 질주하라

사이클 대회에 참가한다고 상상해 보자. 당신은 지금 출발선에 서 있고, 목표는 가능한 한 빨리 결승선에 도착하는 것이다. 경로는 고지대에서 시작해 첫 500m 구간은 내리막길이고, 나머지 700m는 오르막길이다. 당신은 달릴 준비를 마쳤지만, 자전거를 타고 내려가며 속도를 극대화해 오르막길을 위한 추진력을 얻는 대신 자전거에서 내려 자전거를 끌고 걸어 내려가기로 결정한다. 우리가 아침에 일어나 일을 바로 시작하지 않고 이것저것 하며 느리게 보내는 것과 같다. 심지어 자전거에는 무거운 짐이 실려 있다. 이것은 경기 전 아침 식사를 배불리 먹은 것과 같다.

언덕을 걸어 내려가는 동안 길가에 있는 새, 나비, 응원하는 사람들 때문에 주의가 산만해진다. 자전거를 타고 내려갔다면 이 중 절반도 알아차리지 못했을 것이다. 여유를 갖고 가기 때문에 더 많은 외부 자극을 인식하게 되는 것이다.

내리막길이 끝나서야 자전거에 올라타 오르막길 700m를 달리는 셈이다. 곧바로 과제가 얼마나 힘든지 깨닫는다. 페달을 밟을 때마다 힘이 들고, 자전거는 당신을 방해하는 것 같으며, 나아가는 과정은 고통스럽다. 결국 지친 상태로 결승선에 도착한다. 지친 상태로 퇴근하는 것이다. 이 모든 과정이 내일도 반복된다.

만약 가벼운 자전거와 맑은 정신으로, 방해 요소에 주의가 산만해지지 않고 내리막길을 전속력으로 달렸다면 어땠을까? 너무 빨라서 응원하는 사람들의 외침은 거의 들리지 않고, 새나 나비를 발견할 여유도 없을 것이다. 언덕 아래에 도착했을 때, 내려오면서 얻은 추진력으로 오르막길 구간을 더욱 수월히 나아갈 것이다. 당신의 하루도 이렇게 시작해 보는 건 어떨까?

아침 습관을 뒤집어라 ────────────

＊＊＊

앞서 말했듯이 나는 거창한 아침 시간을 좋아하지 않는다. 잠에서 깬 직후에 집중하는 것이 더 쉽기 때문에, 아침 시간을 활용하지 않는 것은 낭비다. 몇 시간 동안 집중한 후에 뇌에 휴식을 주는 것도 똑같이 중요하다. 그러니 당신의 평범한 아침 습관을 거꾸로 뒤집어볼 것을 추천한다.

1 **중요한 업무로 시작하기**: 아침을 스마트폰 스크롤이나 이메일 확인으로 시작하는 대신, 그날 완료하고 싶은 중요한 업무로 시작하라. 코끼리를 먼저 처리하는 것이다. 창의적인 사고가 필요한 프로젝트, 까다로운 작업 또는 에너지를 얻을 수 있는 활동 등이 여기에 포함될 것이다.

2 **운동하기**: 첫 번째 업무를 마치면 운동을 하자. 몸을 깨우고 혈액 순환을 활발하게 하는 짧은 운동, 상쾌한 산책, 스트레칭도 좋다.

3 **명상하기**: 운동 후에는 명상이나 마음챙김mindfulness을 통해 마음을 가라앉히고 다가올 하루를 위한 멘탈 준비를 하라. 이것은 스트레스를 줄이고 집중력을 높이는 데 도움이 될 수 있다.

4 **아침 식사와 수분 보충**: 이제 건강한 아침 식사와 충분한 수분 보충을 할 시간이다. 하루 종일 에너지를 유지하기 위해 영양가 있는 음식을 선택하고 물을 충분히 마신다.

5 **계획하고 준비하기**: 몸과 마음의 준비를 마친 후에는 앞으로 할 일을 계획하고 준비하는 시간을 가진다. 힐 일 목록을 작성하고, 우선순위를 정하며, 남은 하루의 업무를 정리한다.

'진짜 회복'에 집중하라

서너 시간 동안 몰입해서 일하고 나면 몰입 주기의 끝에 도달한다. 몰입은 이진법이 아니라는 것을 기억하라. 켜고 끄는 것이 아니라, 조광기처럼 서서히 바뀐다. 따라서 집중적으로 몰입한 후에는 의식적으로 재충전할 시간을 가져라. 몰입은 엄청난 에너지를 소모하므로 회복할 시간을 가져야 뇌가 다시 최고의 성과를 낼 수 있다.

필요할 때 쉬지 않으면 좋은 성과를 낼 수 없다. 음과 양의 원리처럼, 무언가를 하는 때가 있으면 아무것도 하지 않는 순간도 필요하다. 안타깝게도 우리는 효과적으로 쉬지 못한다. 나는 휴식을 '수동적 휴식passive rest'과 '능동적 회복active recovery' 두 가지로 구분한다. 맥주나 와인 한 잔을 들고 TV 앞에 늘어져 쉬는 것은 수동적 휴식, 뇌의 회복 과정에 적극적으로 참여하는 것은 능동적 회복이다. 짧은 산책, 얼음 목욕이나 차가운 샤워, 편안한 사우나 또한 능동적 회복이라 할 수 있다.

물론 사무실에서 일한다면 몰입 주기가 끝날 때마다 샤워를 할 수는 없다. 운동이나 커피 한잔할 시간마저 없더라도, 짧은 휴식 시간을 가져라. 중요한 것은 뇌를 정말로 쉬게 해주는 것이다. 스마트폰을 잡지 말라. 이상적으로는 휴식 시간에 하는 활동이 당신의 업무보다 뇌에 덜 자극적이어야 한다. 특히 미루는 습관이 있는 사람이라면 더욱 그렇다. 조금 특이한 방법이지만, 5분 동안 텅 빈 벽을 쳐다보라. 지루함을 느끼다 보면 하기 싫어서 피하고 있던 일이 훨씬 매력적으로 보일 것이다. (재택근무를 하는 사람들에게는 식기세척기 속 그릇을 정리하거나 거실을 청소하는 것이 이상적인 휴식이 될 수 있다. 평소에 집안일을 싫어하는 사람이라면 하기 싫어서 미뤄두었던 일이 갑자기 훨씬 매력적으로 느껴질 가능성이 높기 때문이다.)

집중할 것

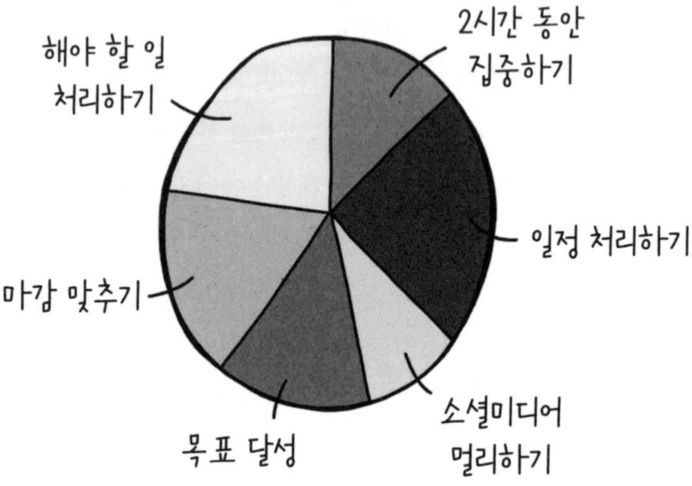

여기도 집중할 것!

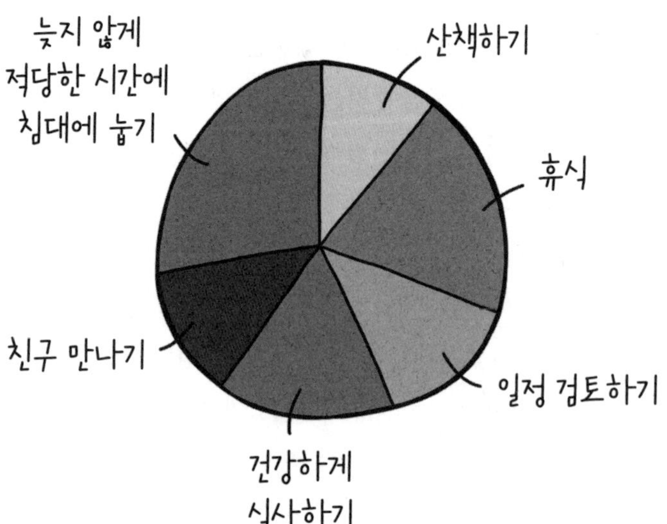

어떤 경우든, 회복 단계에서 이메일을 확인하거나 뉴스를 보는 것은 무조건 피해야 한다. 뇌에 너무 자극적이기 때문이다. 문제는 바로 도파민을 갈망하는 우리 뇌 속의 쥐rat, 즉 대뇌 측좌핵이다. 이 부위는 당신이 방금 했던 덜 자극적인 활동으로 돌아가고 싶어 하지 않는다. 그래서 계속 스마트폰을 잡게 되는 것이다.

시간은 왜 이렇게 빨리 흐를까?

***

나이가 들수록 시간이 더 빨리 흐르는 것처럼 느껴지는 이유는 무엇일까? 명확하게 결론을 내린 설명은 없지만, 몇 가지 이론은 있다. 그중 하나는 시간에 관한 '비례 이론Ratio Theory'이다. 네 살짜리 아이에게 1년은 인생의 25%를 차지하지만, 스무 살에게 1년은 인생의 5%에 불과하다. 이 때문에 어린 시절에는 시간이 느리게 가는 것처럼 느껴지고, 나이가 들수록 시간이 빠르게 지나가는 것처럼 보인다.

일상적인 루틴 또한 시간을 인식하는 데 영향을 미친다. 어린 시절에는 모든 것을 처음 접하기 때문에 시간이 더 천천히 흐르는 것처럼 느껴진다. 하지만 나이가 들어 반복적인 환경에 놓이게 되면 뇌는 자동 조종 모드로 전환되어 일상적인 사건들에 덜 집중하게 된다.

또 다른 이론은 나이가 들수록 뇌에 저장되는 시각적 이미지가 적어지기 때문에 우리 인생이라는 영화가 더 빨리 재생되는 것처럼 느껴진다고 설명한다. 마치 초당 프레임 수가 점점 줄어들어 영상이 더 빠르게 지나가는 것처럼 보이는 것이다.

그렇다면 이것이 몰입과 무슨 관련이 있을까? 몰입 상태에 있을 때 우리는 긴장하지 않고, 고도로 집중한다. 더 집중할수록 경험의 '프레임 속도'는 높아진다. 스트레스 상태에서 무언가 또는 누군가를 기다릴 때, 우리는 시간을 더 면밀하게 인식하기 때문에 시간이 끝없이 늘어지는 것처럼 느껴진다. 그러나 몰입 상태에서는 뇌가 시간에 집중하기보다 과제에 집중하기 때문에, 실제로 시간은 빠르게 흘러가는 것처럼 느껴진다.

지루함은 뇌를 재충전한다

"심심해!" 단 몇 분이라도 할 일이 없는 아이들에게는 지루함이라는 유령이 다가와 어깨를 톡톡 두드린다. 하지만 어른들은 종종 이 감정이 어떤 것인지 잊어버린다. "심심하다니? 할 일이 얼마나 많은데? 방을 치우거나 책을 읽거나 그림을 그리거나 빨래를 개거나….” 우리는 지루함을 없앨 활동을 항상 찾아낸다. 바로 이것이 문제다.

오늘날 우리는 지루하면 안 된다고 생각하는 것 같다. 지루함은 그저 게으름일 뿐이고, 게으름은 아무것도 얻을 게 없다고 생각하는 것이다. 하지만 정말 그럴까? 지루함을 느낄 때 실제로 우리에게 무슨 일이 일어날까? 더 중요하게는, 우리가 앞으로 지루함을 못 느낀다면 어떻게 될까? 그리고 이 인간적인 감정이 완전히 제거돼도 괜찮을까? 마지막 질문에 대한 답은 간단하다. 좋은 생각이 아니며 괜찮을 리 없다.

우리가 지루함을 느낄 때는, 신경과학자 마커스 라이클Marcus Raichle이 발견한 '디폴트 모드 네트워크Default Mode Network. DMN'라고 부르는 뇌의 특정 네트워크가 활성화된다. 이 네트워크는 빨래를 개거나 길을 걸을 때처럼 일상의 일들을 생각 없이 자동으로 할 때도 활성화된다. 이때 뇌가 쉬고 있다고 생각할 수 있지만, 놀랍게도 뇌는 엄청나게 창의적으로 변한다.

영국 심리학자 샌디 맨Sandy Mann은 지루함에 대한 연구를 진행했다. 그녀는 우리가 지루해질 때 뇌의 디폴트 모드 네트워크가 자유롭게 활동하며 몽상을 시작한다고 말한다. 이것은 시간 낭비가 아니라 오히려 그 반대다. 몽상을 할 때 우리는 의식적인 사고의 경계를 넘어 무의식에 접근하게 된다. 다소 모호하게 들릴지 모르지만 이는 사실 매우 유용하다. 디폴트 모드 상태에서는 뇌가 활동적일 때 연결하지 못했던 아이디어들을 연결할 수 있기 때문이다. 아르키메데스가 목욕탕에서 유명한 '유레카'를 외친 순간이 바로 뇌가 디폴트 모드였을 것이다. 샤워하거나 운동 중에 갑자기 좋은 생각이 떠오르는 것 역시 마찬가지다.

디폴트 모드에 있을 때 우리는 당면한 문제에 대한 창의적인 해결책을 떠올리는 것 외에도, 심리학자들이 말하는 '자전적 계획autobiographical planning' 활동에도 참여한다. 삶을 되돌아보고, 중요한 순간들을 되새기며, 개인적인 서사를 만들고, 목표를 설정하며, 그것을 달성하기 위해 어떤 단계를 밟아야 할지 생각하게 된다.

그러나 우리는 뇌가 디폴트 모드로 전환될 충분한 시간을 거의 주지 않는다. 휴식 시간을 인터넷 서핑으로 채워버린다. 저녁에는 소파에 누워 새로운 TV 시리즈를 보면서, 스포츠 경기가 어떻게 되고 있는지 확인하기 위해 계속 스마트폰을 본다. 우리 뇌는 디폴트 모드가 아닌 항상 켜져 있는 상태고, 이는 피할 수 없는 결과를 가져온다.

쓸데없는 앱은 지워버릴 것

"지루함은 가장 기발한 아이디어로 이어질 수 있다." 저널리스트이자 팟캐스트 진행자 겸 작가인 마누시 조모로디Manoush Zomorodi가 진행한 TED 강연의 핵심이다. 강연에서 그녀는 엄마가 된 순간 자신을 덮친 지루함에 대해 솔직하게 이야기했다. 갓 부모가 된 사람은 신생아를 돌보느라 정신없으리라 생각하겠지만, 조모로디는 너무 지루했다. 출산 초기에 느낀 가장 큰 부작용은 다른 게 아닌, 거대한 파도처럼 몰려온 지루함이었다. 아들을 재우기 위해 유아차에 태워 밀고 다니는 게 그녀 삶의 전부인 것 같았다. 그녀는 빨리 일터로 돌아가고 싶었다. 석 달이 지나 아들이 통잠을 자기 시작하자, 그녀는 다시 저널리스트로 일하며 팟캐스트를 시작했다. 그리고 신상 아이폰까지 구매해 생산성 앱을 활용하며 조금의 시간도 낭비하지 않고 일을 술술 처리했다. 그때는 그런 줄 알았다.

조모로디는 아이폰에 몰두한 나머지 거의 24시간 내내 분주했다. 알림에 일일이 답장하고, 메시지를 보내고, 뉴스를 확인하고, 실시간으로 다이어리를 업데이트하며 모든 여가 시간을 채웠다. 바쁜 티를 내기 위해 틈만 나면 동료나 남편에게 메시지를 보내기도 했다. 결국 그녀는 출산 후 몇 달 동안 그토록 싫어했던 지루함이 그리워지기 시작했다.

조모로디는 다양한 채널을 통해 사람들에게 스마트폰 사용 기록을 남겨 달라는 챌린지를 시작했다. 이 챌린지는 많은 사람의 공감을 얻었다. 사람들은 스마트폰 사용 습관을 바꾸고 싶어 하지만 어떻게 시작해야 할지 모르겠다고 말했다. 조모로디는 그들의 스마트폰 사용량을 계산해 하루에 평균 60회 사용한다는 결과를 얻었다. 어떤 사람들은 자신도 모르는 사이 하루에 약 200분씩 스마트폰에 시간을 쓰고 있었다.

당사자들도 충격을 받았다. 창의적이고 생산적인 일에 쓰고 싶었던 시간을 너무 많이 빼앗기고 있었기 때문이다.

오해는 하지 말자. 나는 완전한 디지털 디톡스를 옹호하는 것도 아니고 소셜미디어에 반대하지도 않는다. 신중하고 통제된 방식으로 사용하자는 것이다. 소셜미디어는 휴식과 영감의 원천이 될 수 있다. 나의 경우, 인스타그램에서 인테리어 디자인을 보거나 링크드인LinkedIn에 올라온 흥미로운 기사 읽는 것을 좋아하지만, 이를 위한 시간을 따로 정해 두었다. 내 소셜미디어 시간은 일요일 오후 이른 시간이며 항상 커피 한 잔과 함께한다. 이렇게 소셜미디어 시간을 의식적으로 제한하면 도파민의 덫에 빠질 가능성이 술어든다.

시간 제한에 더해 당신에게 가치 있고 편안함을 주는 콘텐츠를 찾으려고 노력하라. 팔로우 하는 대상을 신중하게 선택해야 보는 콘텐츠에서 더 많은 즐거움을 얻을 수 있다. 인생의 많은 일이 그렇듯 중요한 것은 균형과 자각이다. 정보를 얻고, 아이디어를 찾고, 휴식을 취하려는 의도를 가지고 소셜미디어를 활용하고 있다면 충분히 잘하고 있다.

조모로디의 조언

* * *

1 **시간 잡아먹는 앱은 삭제할 것**: 캔디 크러쉬Candy Crush 같은 중독성이 강한 게임들은 뇌를 위한 사탕과도 같다. 알록달록한 색상과 중독성 있는 멜로디로 교묘한 트릭을 부려 당신을 끌어들이는 즉각적인 도파민 주사다. 앱을 삭제하고 나면 처음에는 허전할 것이다. 더 이상 알림

이나 업데이트가 없고, 빠르게 레벨을 깨거나 '좋아요'를 확인하는 일도 없어질 테니. 페이스북, 인스타그램, 틱톡, 스냅챗, 텀블러 등 어떤 앱이든 한 번에 삭제하면 외롭거나 금단 현상을 느낄 수도 있다. 하지만 처음에만 낯설 뿐 곧 자유롭다고 느낄 것이다. 알림을 차단하면 소셜미디어 사용 시간을 스스로 결정할 수 있다. 스마트폰으로부터 권력을 되찾고 당신 자신의 시간을 통제하는 것이다. 물론 이 과정은 매우 힘들다. 일주일, 심지어 몇 주 만에 습관을 바꿀 수는 없다. 하지만 로마도 하루아침에 이루어진 것이 아님을 기억하자.

2 틈날 때마다 스마트폰 확인하는 습관을 버릴 것: 간단해 보이지만 실제로는 쉽지 않다. 처음에는 나도 모르게 주머니 속 스마트폰에 손이 가는 것을 참는 데 상당한 의지력이 필요하다.

3 스마트폰을 조용하게 만들 것: 새 스마트폰은 갓난아기와 같아서 모든 기능이 켜져 있으며 지속적인 관심을 요구한다. 이를 문명화된 존재로 만들어 그만 울게끔 하는 것은 당신의 몫이다. 따라서 경고음, 푸시 알림, 그리고 집중력을 방해하도록 설계된 모든 기능을 꺼놓아야 한다.

스마트폰이 끊임없이 관심을 요구하는 소리에 저항하고 싶지만 쉽지는 않다. 이게 전적으로 우리 잘못은 아니다. 성인으로서 충동을 조절해야 한다고 배우지만, 이는 기술 개발자들이 원하는 것과 정반대의 일이기 때문이다.

페이스북, 넷플릭스, 스냅챗 등은 우리 주의를 사로잡고 독점하기 위해 온갖 노력을 다한다. 수천 명의 엔지니어를 고용해 이 목표를 달성

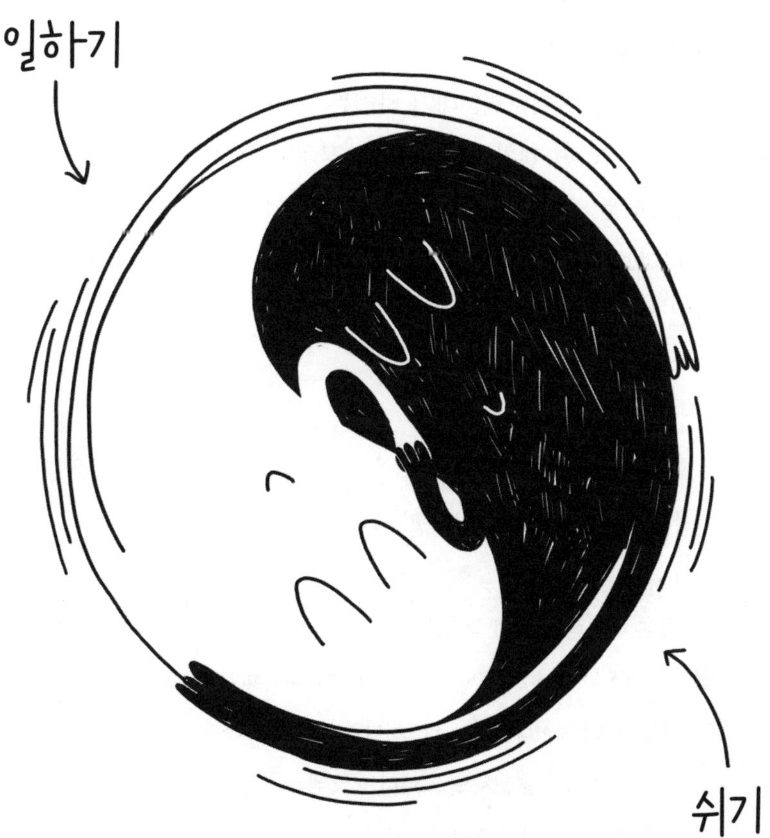

일하기
쉬기

하려 한다. 넷플릭스 CEO는 한때 이렇게 말했다. "우리의 가장 큰 경쟁자는 페이스북, 유튜브, 그리고 잠입니다." 또한 고객을 '사용자'라고 부르는 산업이 약물 산업과 컴퓨터 산업밖에 없다는 사실을 알고 있는가?

다음에 스마트폰에 손이 갈 때는 꼭 기억하라. 당신이 기술을 어떻게 사용할지 결정하지 않으면, 플랫폼이 당신을 대신해 결정할 것이다. 그리고 스스로에게 물어보라. '내가 하려는 게 무엇이지?' 중요한 이메일을 확인하는 거라면 괜찮다. 확인하고 끝내면 된다. 하지만 머리를 써야 할 까다로운 일로부터 잠깐 주의를 돌리려는 거라면 그냥 쉬어라. 창밖을 바라보며 아무것도 하지 않는 것이 나를 위한 가장 생산적이고 창의적인 시간이라는 것을 기억하라.

당신의 행동을 바꾸는 앱

***

행동을 바꾸려면 먼저 그 행동을 분석하는 것이 중요하다. 이를 위한 앱들이 있다. (아이러니하게도, 스마트폰 사용 데이터를 얻기 위해 사용을 유도하는 앱을 설치해야 한다. 때로는 필요하다면 해야 하지 않은가.)

우리는 무언가를 놓칠지도 모른다는 끊임없는 두려움과 항상 연락이 가능해야 한다는 부담감을 다루는 법을 배워야 한다. 당신이 매일 사용하는 앱이 있다면 눈에 띄는 곳에 두지 않아야 한다. 예를 들어 스크린을 몇 번 넘겨야 하는 곳에 옮겨놓는 것이 좋다. '클리어스페이스Clear-space' 같은 앱을 설치할 수도 있다. 이 앱은 인스타그램 같은 소셜미디어 앱을 열기 전에 잠시 평온한 시간을 갖게 해준다. 즉 15초 동안 심호흡하게 돕고, 영감을 주는 문구를 보여준다. 그런 다음 인스타그램을 계속 사용할지 묻고, 사용한다면 5분, 10분, 15분 중 얼마나 사용할지 선택하게 한다. 선택한 시간이 지나면 앱이 자동으로 닫히므로 하루 종일 무의미하게 스크롤하는 것을 막을 수 있다.

'오팔Opal'은 앱 사용 제한의 허점을 막아주는 앱이다. 아이폰에서는 앱 사용 시간을 제한할 수 있지만, 그 제한을 무시하고 계속 사용할 수 있다. 오팔은 이러한 허점을 막아준다. 설정한 시간 동안 앱 접근을 완전히 차단하며, 사용자가 중간에 취소하거나 우회할 수 없다. 마치 스마트폰을 금고에 넣어 잠가버리는 것과 같지만, 중요한 앱은 여전히 사용할 수 있고 긴급 상황에도 대처할 수 있도록 설계되어 있다.

비아 네가티바 접근법이란?

우리는 연말 연초에 새해 목표를 세우곤 한다. 술 줄이기, 운동하기, 스마트폰 스크린타임 줄이기, 책 읽기, 넷플릭스 시청 시간 줄이기, 가족이나 친구들과 더 많은 시간 보내기…. 좋다. 그러나 솔직히 말해 보자. 몇 주 후에는 어떻게 되었나? 재작년에도 그랬고, 작년에도 그랬다. 흥미진진했던 새로운 습관들은 금방 사라지고 말았다.

행동을 바꾸는 것은 꽤 어렵다. 익숙한 옛 패턴으로 쉽게 되돌아가는 경향이 있다. 정해진 해결책은 없지만 관점을 바꾸어서 생각해 보자. 습관에 목표를 더하는 대신, 당신을 방해하거나 새로운 목표 달성을 가로막는 것들을 제거하는 것이 더 나을 수 있다. 레바논계 미국인 작가 나심 니콜라스 탈레브Nassim Nicholas Taleb의《안티프래질 : 무질서에서 얻는 것들Antifragile : Things that Gain from Disorde》책에서 비아 네가티바 접근법을 소개했다. 이는《뉴 노멀The New Normal》의 저자 피터 힌센Peter Hinssen이 '예스터워크yesterwork'라고 부르는 것과 유사하다. 예스터워크란 기업들이 실제로 성과를 내는 일에 집중하기 위해 반드시 청산해야 할, 오래되고 시대에 뒤떨어진 비효율적인 관행들을 말한다.

비아 네가티바Via Negativa는 기독교 신학에서 사용되는 라틴어로, 하나님이 무엇인지가 아니라 무엇이 아닌지에 초점을 맞춰 하나님을 묘사하는 방식이다. 인간의 정신으로는 하나님의 긍정적 특성을 이해하는 것이 불가능하다고 보기 때문이다.

비아 네가티바 접근법을 자기계발에도 활용할 수 있다. '무엇을 하느냐'가 아니라 '무엇을 하지 않느냐'에 집중하는 것이다. 구체적으로는, 나쁜 습관들을 제거하고 그것들을 멀리하려고 노력하는 것이다. 당신을 방해하는 것들을 멈춤으로써 긍정적 변화를 위한 공간을 만든다. 부정적 영향들을 제거하다 보면, 겉보기에 아주 사소한 것이었어도 얼마나 큰 영향을 미칠 수 있는지 깨닫게 될 것이다.

예를 들어 체중을 줄이고 싶을 때 당신은 엄격한 식단과 빡빡한 운동 계획을 따를 수도 있다. 하지만 해야 할 일들을 생각하는 것만으로 실행하기가 싫어진다. 그렇다면 간단히 집에 과자나 탄산음료를 두지 않기로 결정하는 건 어떨까? 아주 쉬운 일이다. 이 행동으로 바로 건강해지거나 원하는 체형이 되지는 않겠지만, 좋은 시작은 된다. 어느 정도 추진력이 생기면 더 많은 단계들을 쉽게 추가할 수 있다. 이처럼 나쁜 것들을 피하는 것은 좋은 것들을 추가하는 것만큼이나 많은 이익을 가져다줄 수 있다.

의지는 근육처럼 움직인다

*　*　*

행동을 바꾸는 일은 쉽지 않다. 스트레스를 받으면 우리는 자연스럽게 익숙한 것으로 되돌아가려 한다. 즉 오래된 습관으로 돌아가는 것이다. 어려운 시기를 버티려면 강한 의지가 필요하지만, 의지력은 무한하지 않다. 그러니 스스로를 너무 나무라지 말라. 가끔 예전 습관으로 돌아가는 것은 인간이라면 자연스러운 일이다. 하지만 의지가 근육처럼 움직인다는 점도 알아야 한다. 훈련할수록 강해진다는 뜻이다.

그렇다면 의지는 어떻게 훈련할까? 미국의 신경과학자 앤드루 후버만은 우리의 '전측 중대상피질The anterior mid-cingulate cortex, aMCC'을 주목하라고 말한다. 이름은 어렵지만, 결단력과 인내심을 관장하는 일종의 지휘 센터 역할을 하는 뇌 부위다. 당신이 헬스장에서 근육을 키우기 위해 바벨을 드는 것처럼, 어려운 과제를 수행함으로써 이 부위를 자극할 수 있다. 예를 들어, 미루는 습관에 굴복하지 않는 것만으로도 전측 중대상피질을 강화할 수 있다. 이 부위가 강해질수록 다음에 마주하는 장애물을 더 쉽게 극복할 수 있다. 흥미롭게도 후버만은 의지력과 신체 운동 사이의 연관성을 언급하며 운동이 전측 중대상피질의 구조를 개선하고 연결성을 향상시키는 것으로 알려져 있다고 한다. 즉 운동은 몸뿐 아니라 뇌 건강에도 도움이 되는 것이다.

하지만 아무리 잘 훈련하더라도 의지력에는 한계가 있다는 점을 기억해야 한다. 또한 상황은 언제나 중요한 변수로 작용한다. 하루에 한 끼만 주는 방에 갇혀 있다고 해보자. 배가 고프더라도 주어진 한 끼밖에 먹을 수 없다. 이런 상황에서는 의지가 필요 없다. 반대로 먹을 것이 가득한 방

명상의 효과

운동도 좋지만 조용히 앉아 있는 것도 좋다. 최근 몇 년 동안 명상이 집중력을 되찾는 데 도움이 된다는 연구가 많이 나왔다. 명상은 당신의 회복탄력성을 강화하고, 삶 전체를 긍정적인 방향으로 이끌어줄 수 있다. 명상의 효과를 설명하기 전에 심리학의 역사를 짧게 살펴보자.

오늘날 심리학의 심리 치료는 '제3의 물결'을 지나고 있다. 제1의 물결은 지그문트 프로이트 Sigmund Freud, 칼 구스타프 융Carl Gustav Jung, 자크 라캉Jacques Lacan의 이론이 세계적으로 명성을 얻었던 정신분석으로 거슬러 올라간다. 그들의 전제는 인간이 다양한 무의식적 과정에 좌우되며 모든 심리적 문제는 기억 속에 깊이 뿌리박고 있다는 것이다. 정신분석가들은 집중적인 치료 세션을 통해 무의식의 세계를 단계적으로 풀어내려고 했다. 제1의 물결 이후에는 아론 벡Aaron Beck과 같은 행동주의자들이 바통을 이어받았다. 그들은 행동을 조절하는 방법을 찾는 인지 행동 치료를 개발했다. 간단히 말해 정신분석가는 알코올 중독자가 술을 마시는 이유를 탐구하는 반면, 행동주의자는 알코올 중독자가 술을 끊도록 만드는 방법을 찾는다. 현재 심리 치료는 제3의 물결에 깊이 들어와 있으며, 서구적인 접근법을 넘어 동양의 방법론을 차용하는 경향이 점점 커지고 있다. 명상이 바로 그 방법 중 하나다.

명상이 효과가 있음을 많은 과학적 연구가 보여주고 있지만, 여전히 많은 사람이 회의적이다. 명상은 종종 사람들이 매트 위에 앉아 웅얼거리면서 더 높은 의식 수준에 도달하려고 하는, 비현실적인 일로 치부된다. 물론 그런 종류의 명상도 존재하지만 그 이미지가 명상의 본질을 제대로 담아내지는 못한다. 명상에는 그보다 훨씬 더 많은 것이 있다. 명상에 대한 몇 가지 오해부터 풀어보자. 명상은 멀리 떨어진 산꼭대기에 앉아 모든 세속적인 즐거움을 포기하는 것이 아니다. 명상은 어려운 것도 아니다. 긴 명상 과정을 수강하거나 그 주제에 대한 무서운 책을 읽을 필요도 없다. 당신이 가만히 앉아 있지 못한다고 해서 명상이 당신에게 맞지 않는 것도 아니다. 걷기 명상이나 달리기 명상처럼 몸을 움직이는 방식도 있다.

나는 정기적으로 명상하는 것을 강력히 추천한다. 몇 시간씩 매트 위에 앉아 있을 필요는 없다. 단 몇 분의 짧은 시간만으로도 엄청난 변화를 가져올 수 있다. 아침에 일어나자마자 또는 밤에 잠들기 전에, 온전히 주의를 기울여 다섯 번 정도 심호흡을 해보자. 당신을 온전히 자기 자신으로 돌아오게 할 것이다. 나는 이 연습을 '마음챙김' 운동에서 빌려왔다. 마음챙김은 현재 순간에 주의를 기울이는 것을 의미한다. 이는 좋고 나쁨을 판단하려 하지 않고 변화시키려 하지 않으면서, 지금 여기에서 일어나고 있는 모든 것을 알아차리도록 가르친다. 마음챙김은 당신이 무엇을 하고 있고 어떻게 느끼는지 더 잘 알아차리게 해주는 간단한 기술이다. 이는 당신이 현재를 더 충실히 살고 마음을 진정시키는 데 도움을 준다. 또한 부정적인 사고 패턴에서 벗어나고 집중력을 높이는 데에도 도움이 되는 훈련이다.

나는 매일 30분씩 명상하는 것이 스트레스와 번아웃이라는 현대의
전염병을 치료할 만병통치약이 아니라는 것을 안다. 명상이나 요가를
주기적으로 해도, 그 외의 시간에 계속 스트레스를 받다 보면 부정적인
영향을 피할 수 없다. 그것은 마치 상처 자체를 치료하지 않고 벌어진
상처 위에 반창고만 붙이는 것과 같다. 당신에게는 집중하는 시간과 집
중하지 않는 시간 사이의 건강한 균형이 필요한 것일 수도 있다. 또한
그 목표를 달성하기 위해서는 명상 그 이상의 것이 필요할 수도 있다.

더 멀리 뛰기 위해 한 걸음 물러서라

아침에 휘파람 불면서 출근하고, 퇴근할 때 경쾌한 발걸음으로 집에
간다? 이는 많은 사람에게 꿈에서나 가능한 일이다. 요즘 직장인 중 상
당수가 만성적인 업무 스트레스에 시달리고 있다. 종종 과도한 업무량
때문에 일을 집까지 가져오거나 집에 와서도 일 생각을 하기 때문이다.
임박한 마감일을 맞추기 위해 직장에서 늦게까지 일하거나, 저녁에 '일
하는 뇌'를 끄지 못해서 여전히 업무 관련 문제를 걱정하고 있다. 많은
사람이 밤늦게나 주말에도 중요한 이메일이 왔는지 확인하기 위해 휴
대폰을 확인한다. 다시 말해 공식적으로는 오전 9시부터 오후 6시까지
일하지만, 우리 뇌는 24시간 내내 업무 모드인 것이다. 의식적으로든
무의식적으로든, 우리는 하루 종일 매 순간 일에 대해 생각하며 항상
'켜져 있는 상태'를 유지한다. 이는 건강한 태도가 아니다.

최근 몇 년 동안 많은 사람이 업무에 있어 자유도가 높아졌다. 유연
근무제와 재택근무를 통해 언제 어떻게 일할지 선택하는 기회가 더 많
아졌기 때문이다. 학교에 간 아들이 열이 나서 한 시간 일찍 퇴근해야

한다? 이것도 큰 문제는 없다. 일찍 퇴근하고 집에서 노트북을 열어서 이메일에 답할 수도 있다. 이제는 집과 직장이 훨씬 더 얽혀 있는 셈이다. 근무 시간에 온라인으로 간단히 장을 보고, 재택근무하는 날에 치과에 간다. 필요하다면 저녁이나 주말에 업무 관련 전화를 하는 것도 당연하게 여긴다.

운 좋게도 일과 가정생활의 균형을 잘 맞출 수 있다면 자율성이 높아질 뿐만 아니라 더 큰 성취감과 만족으로 이어진다. 일터와 가정에서 모두 잘하는 사람이 되는 것처럼 느껴진다.

하지만 그런 유연성이 너무 지나치다 보니 사람들은 언제 어디서나 항상 업무에 대기해야 한다는 압박감을 느끼고 있다. 밀린 업무를 처리하려고 노트북을 켜는 것에 그치지 않는다. 저녁에 소파에 앉아 있거나 일요일 오후에 축구 경기를 하는 자녀를 응원하면서도 이메일에 답장을 한다. 이는 스트레스 증가와 일중독으로 이어질 수 있다.

항상 연결되어 있어야 하고, 이메일에 즉시 답장하거나 심지어 정상 근무 시간 외에도 회의에 참석할 수 있어야 한다는 비현실적인 기대는 업무에서 벗어나기 어렵게 만든다. 우리는 어디에 있든지 항상 ‘켜져 있는’ 것이다. 정기적으로 업무에서 완전히 벗어나는 시간을 가져야 한다. 이는 매우 중요하다. 번아웃의 위험을 줄이는 것은 물론 에너지 수준, 업무 몰입도, 생산성을 높여준다. 프랑스인들에겐 이를 말해 주는 멋진 표현이 있다. "reculer pour mieux sauter." 더 큰 도약을 위해 한 발 물러서야 한다는 뜻이다. 필요할 때 과감히 일을 놓고 휴식하면, 기분이 좋아질 뿐 아니라 성과도 훨씬 좋아진다. 일석이조가 아닐 수 없다. 나는 하루 업무가 끝나면 일과 완전히 연결을 끊어야 한다고 본다. 매일 의식적으로 단절하는 것이 정신적 긴장을 풀어주는 최상의 방법이기 때문이다.

집중하지
않는 것에
집중해 보자.

우리는 때때로 스트레스를 경험한다. 사실 스트레스는 우리의 정신을 날카롭게 유지해 주는 좋은 역할도 한다. 선사시대에는 호랑이를 마주쳤을 때 스트레스 덕분에 신속하게 도망칠 수 있었고, 오늘날에는 마감 직전에 집중력을 끌어올려 문서를 제때 제출하게 도와준다. 그때와 지금의 가장 큰 차이점은 뭘까? 예전에는 스트레스가 나타났다가 사라졌다는 점이다. 호랑이가 사라지면 스트레스도 사라진다. 하지만 오늘날 많은 사람은 만성적인 스트레스와 씨름한다. 문서를 제출하고 나서도 여전히 다섯 통의 전화를 해야 하고, 열 통의 이메일에 답장해야 한다. 일은 결코 끝나지 않는 것처럼 보인다. 아침부터 저녁까지 하루 종일 스트레스를 받고, 심지어 한밤중에도 내일 누구누구에게 전화해야 한다는 생각 때문에 깨어나곤 하는 것이다.

만성 스트레스 상태에서는 우리의 몸과 뇌가 한계를 초과하고 있다는 신호를 보낸다. 만성 스트레스의 흔한 증상 중 하나는 생각과 행동이 눈에 띄게 둔해진다는 것이다. 업무가 쌓이고 계속 산만해지며 막다른 길에 갇힌 것 같은 느낌을 받는다. 이런 때에는 창의적으로 생각하기 어렵고 결정을 내리는 것이 거의 불가능해진다. 설상가상으로 만성 스트레스는 종종 수면 장애로 이어지고 악순환에 빠지게 한다. 스트레스를 받고 업무 효율성이 떨어지고 잠을 제대로 못 자서 피곤한 상태로 깨어나면, 더욱 비효율적으로 일하게 되어 더 큰 스트레스를 받게 되는 것이다.

이러한 스트레스 문제 증가에 대응하기 위해 전 세계 여러 국가에서 '연결되지 않을 권리Right to Disconnect'를 도입했다. 근무 시간 외에 업무 관련 연락을 받지 않을 권리다. 물론 잘된 일이지만 어디까지나 이는 사소한 대처일 뿐이다. 더욱 중요한 건 근무 중에 짧더라도 조금씩 휴식을 취하고 뇌를 건강하게 유지하는 것이다. 다시 말하지만 항상 '켜져' 있을 수는 없다. 짧은 휴식을 취할 때는 컴퓨터 앞에 머물러 있거나 스마트폰과 태블릿에 손을 뻗어서는 안 된다. 이는 여전히 뇌를 사용하는 것이므로 휴식이 아니다. 밖으로 나가서 신선한 공기를 마시며 뇌가 쉬는 데 필요한 휴식을 주자. 잠깐의 심호흡, 동료와의 커피 타임, 친구와의 점심시간… 이러한 것들이 업무 스트레스를 날려버리고 뇌를 리셋할 수 있는 중요한 기회다.

여기에는 부연 설명이 필요하다. 연결을 끊는 것도 중요하지만 올바른 방식으로 할 때만 효과적이다. 저녁에 일하지 않는 것만으로도 뇌에 큰 도움이 되지만, 자유 시간을 TV 몰아보기로 채운다면 뇌는 쉴 수 없을 것이다. 저녁 시간을 TV 앞에서 게으르게 보내지 말라는 것이 아니라 모든 것은 적당히 해야 한다는 것을 강조하고 싶다. 다음 3장에서는 뇌에 가장 좋은 휴식의 유형들을 자세히 살펴볼 것이다. 하지만 그 전에, 한 가지 오해를 풀고 싶다. 많은 사람이 휴가를 떠나면 스트레스를 풀 수 있다고 생각한다. 스포일러가 될지 모르겠지만 휴가를 떠나는 것은 해결책이 아니다.

휴가 가서 아픈 사람들의 공통점

많은 사람은 스트레스가 심해질 때쯤 휴가를 간다. 그런데 아이러니하게도 오히려 휴가 전에 심각한 업무 슬럼프에 빠지기 쉽다. 자리를 비운다는 메시지를 남기기도 전에, 처리해야 할 일들이 길게 늘어서 있기 때문이다. 일들을 대부분 끝내지 못해서 결국 휴가가 시작돼도 그 일들을 계속 떠올리게 된다. 휴가 중에 해야 할 집안일 리스트까지 만들었을지도 모른다. 정원 손질하기, 집 대청소하기, 오랜만에 가족 만나기. 그러다 보면, 일할 때와 마찬가지로 휴가 중에도 끊임없이 마감 기한에 쫓기며 시간을 보낼 것이다.

"아니, 난 달라. 휴가는 휴가지! 진짜 여행을 떠날 거야." 이렇게 말할지도 모르지만 이것 역시 당신의 지친 뇌에 더 나은 선택은 아니다. 여행이라도 모든 것을 계획해야 하기 때문이다. 가방을 싸고, 서류를 챙기고, 고양이 봐줄 사람도 찾아야 한다. 다 준비했지만 출발 직전 텐트에 구멍이 난 것을 발견하기도 한다.(지난번 캠핑 직후에 수리하려고 했지만 깜빡했던 것이다.) 어떻게든 해결하고 목적지에 도착하고 나서야 비로소 진정으로 쉴 수 있다. 하지만 과연 그럴까?

당신이 낙원 같은 해변의 선베드에 앉아 한없이 펼쳐진 바다를 바라보고 있다고 하자. 하지만 여전히 당신은 편안하지가 않다. 왠지 모르게 불안하고 스트레스를 받고 있다. 범인은 무엇일까? 바로 우리의 교감신경계다. 위험할 때 우리에게 싸우거나 도망칠 준비를 시키는 신경계의 일부다. 교감신경계가 활성화되면 심박수가 빨라지고, 혈압이 오르고, 호흡이 가빠진다. 당장 필요치 않은 소화 기능과 같은 신체 기능은 뒷전으로 밀려난다. 갑자기 호랑이를 만났다거나 마감일이 다가오는 급성 스트레스 상황에서는 훌륭한 메커니즘이지만, 만성적인 스트레스 상황에서는 그렇지 않다.

요즘 우리의 교감신경계는 끊임없이 경계 태세다. 뇌가 과하게 활동하면 이완을 담당하는 영역인 부교감신경계는 뒷전으로 밀려난다. 편안해지는 것이 더 어려워진다. 그래서 휴가 중에 내 안의 평온한 자아와 완전히 연결되기까지 시간이 꽤 걸린다. 실제로 많은 사람이 스트레스에서 벗어나는 데 며칠씩 걸리곤 한다. 어떤 사람들은 휴가 시작부터 몸살이 나기도 하는데 스트레스가 사라지면서 몸이 무너지기 때문이다. 편안하고 이완된 상태로 휴가를 즐기려고 할 때쯤이면 곧 집에 돌아갈 시간이다. 얼마 지나지 않아 당신의 뇌는 바로 업무 복귀 모드로 전환된다. '누구누구에게 먼저 전화해야 하고, 아니면 누구누구가 먼저 일할 수 있게 보고서 초안이라도 보내둘까?'

나는 휴가 자체에 반대하는 것이 아니다. 평소에 연결을 끊고 쉬는 습관을 꾸준히 들여야 한다는 것이다. 그래야 휴가를 갔을 때 진정으로 쉬고 즐길 수 있다. 물론 1년 동안 뇌와 몸에 쌓인 스트레스를 단 2~3주 안에 모두 없앨 수는 없다. 1년 동안 기간은 같지 않아도 되니 여러 번 쉬자. 그래야 스트레스 균형을 안정적으로 유지할 수 있다.

만약 휴가 중에도 편안히 쉬지 못한다면, 당신은 아마도 너무 오랫동안 무리를 해온 것임이 틀림없다. 이는 단 한 번의 휴가로는 회복하기에 충분하지 않다는 뜻이다. 긴장을 풀기 위해 오직 코트다쥐르[프랑스 남동부 지중해 해안]나 스키장에서 보내는 일주일의 휴가만을 기다려야 할까? 균형 잡힌 삶의 비결은, 당신이 어디에 있든 매일 틈틈이 가질 수 있는 짧은 휴식과 여유의 순간에 있다. 짧지만 규칙적인 휴식이야말로 당신이 재충전하기 위해 필요한 것이다. 이 휴식은 일상의 스트레스를 해소하고, 새로운 에너지로 다음 날의 도전에 맞서도록 돕는다. 그러니 오늘부터라도 하루 일과에 작은 휴식의 순간을 넣어라. 몇 분 동안의 산책, 간단한 심호흡 또는 차 한 잔으로 기분이 좋아지고 전반적인 삶의 질이 훨씬 높아질 것이다. 당신이 어디에 있든 잠시라도 마음의 평화를 찾고 에너지를 재충전할 방법은 언제나 있다. 이를 통해 스트레스는 줄이고 활기찬 일상을 보낼 수 있을 것이다.

조심해야지!
교감신경계
부교감신경계

***

나는 가끔 사람들이 휴식을 취하는 것은 완전히 시간 낭비라고 말하는 것을 듣는다. "나는 쉴 시간이 없어, 마감일을 못 맞출 거야."라고. 그러나 틀린 말이다! 충분히 휴식하지 않는 사람들은 자기 자신을 속이는 것이다. 꼭 필요한 휴식을 취하지 않으면 한 가지 일을 하는 데 최대 55%까지 시간이 더 오래 걸릴 수 있다.

3장

뇌는 리셋할 시간이 필요하다

순전히 과학적 관점에서 보면, 우리는 모두 같은 뇌를 가지고 있다. 우리는 하나의 큰 호모 사피엔스의 구성원이며, 우리 뇌는 크기와 모양 면에서 서로의 것과 그렇게 다르지 않다. 하지만 개인이 그 뇌로 무엇을 하는지는 완전히 다른 문제다. 어떤 사람은 몇 시간 연속으로 한 가지 과제에 집중하는 데 전혀 문제가 없는 반면, 어떤 사람은 30초마다 다른 생각이 떠오를 수도 있다.

직장에서 이토록 다양한 뇌들을 어떻게 집중시킬 수 있을까? 그리고 그것이 과연 가능하기나 한 걸까? 아니면 일하거나 공부하는 방식을 근본적으로 다시 생각해야 할까? 뛰어난 두뇌를 가졌지만 작동 방식이 다른 이들이 언제 어디서든 자신의 잠재력을 최대한 발휘할 수 있도록 말이다.

우리 뇌는 쌓여 있는 상자다?

우선 뇌가 어떻게 작동하는지 자세히 살펴볼 필요가 있다. 뇌는 쌓여 있는 상자에 비유할 수 있다. 뇌의 작동이란 쉽게 이해할 수 없는 매우 복잡한 영역이기 때문에 뇌를 '쌓여 있는 상자'로 보는 건 너무 단순화된 관점이지만 뇌의 계층 구조를 보여주는 데는 도움이 된다.

- 맨 아래층은 파충류 뇌 또는 원시 뇌로, 모든 것의 기반이 된다. 파충류 뇌는 우리 몸이 안전한지 위험을 감지하며 심박수와 체온 같은 필수 기능들을 담당한다. 파충류 뇌가 관심을 갖는 유일한 것은 '내가 물리적으로 안전한가?'라는 질문에 대한 답이 '그렇다'인지 여부다. 만약 답이 '아니다'면, 즉시 행동에 들어가며 이것이 바로 '투쟁-

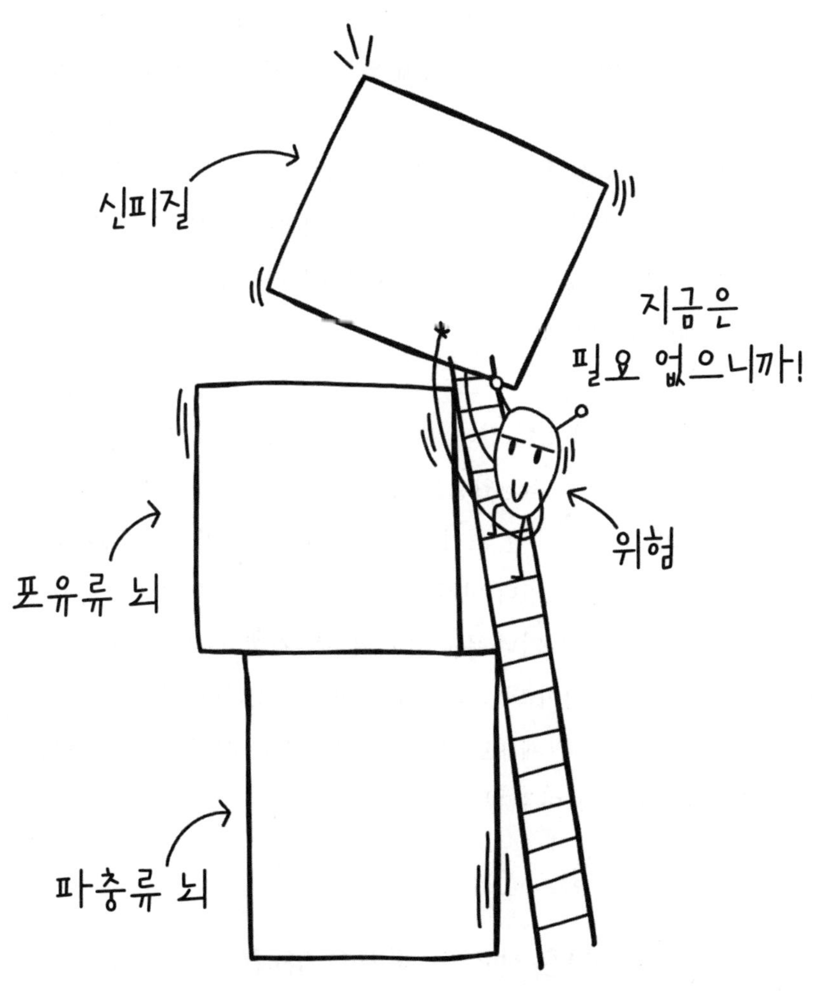

신피질
포유류 뇌
파충류 뇌
지금은
필요 없으니까!
위험

도피 반응fight-or-flight response'으로 나타난다.

- 두 번째 층은 감정적인 부분을 담당하는 포유류 뇌다. 이곳에서 심리가 작용한다. 당신의 뇌는 여전히 물리적 위협에 반응하지만, 심리적 위협에도 대응한다. '나는 사랑받고 있는가? 나는 필요한 존재인가? 나는 어울리는 곳에 속해 있는가?'와 같은 질문들에 반응한다.

- 세 번째이자 최상위층은 신피질, 그중에서도 전두엽이다. 우리의 실행 기능이 자리한 곳이다. 즉 생각하고, 계획하고, 배우는 역할을 하는 부분이다. 이 층은 우리에게 이렇게 묻는다. '이 상황에서 내가 무엇을 배울 수 있을까?'

여기 아주 중요한 점이 있다. 우리가 물리적 또는 심리적 위협에 직면하면, 우리 뇌는 이 최상위층을 꺼버린다는 것이다. 사실 이는 정상적인 반응이다. 수천 년 전, 초기 인류가 사자에게 쫓기고 있을 때는 집지붕을 어떻게 수리할지나 마지막으로 창을 어디에 두었는지 생각할 시간이 없었다. 달아나거나 목숨 걸고 싸우는 것뿐이었다. 그렇지 않으면 그 순간이 마지막이 되었을 것이다. 위험이 닥치면, 실제든 상상이든 간에 전전두피질은 제대로 작동하지 않는다. 이 사실은 우리의 많은 행동을 설명해 준다. 아주 많은 부분을.

모든 생각이 재앙은 아니다

전두엽은 어떤 면에서 뇌의 슈퍼 히어로라고 부를 수 있다. 적당한 스트레스 상황에서 전두엽은 '걱정하지 마, 우린 해결할 수 있어!'라며 항상 당신을 안심시킬 줄 아는 좋은 친구다. 전두엽은 상황으로부터 거리를 두도록 도와주어서, 감정에 압도되지 않고 문제를 어떻게 해결할지 비교적 침착하게 생각할 수 있게 해준다.

전두엽 혼자서 모든 일을 하는 것은 아니다. 기억에 접근할 수 있고, 감정을 담당하는 뇌 기관인 변연계 속 해마와 밀접하게 협력한다. 해마는 기억과 감정 조절을 도와준다. 스트레스가 닥치면 해마가 깨어나서 묻는다. '우리가 전에 이걸 어떻게 처리했지? 그때 사용했던 전략 중에 지금 사용할 수 있는 게 뭐가 있을까?'

좋은 시스템이긴 하지만 이 과정은 스트레스가 적당한 수준일 때만 작동한다. 만약 우리 뇌가 치명적인 위험이라고 인식하는 상황에 지면하면 뇌에서는 편도체가 깨어난다. 해마는 '괜찮을 거야, 우리가 해결할 수 있어!'라며 전두엽의 어깨에 부드럽게 손을 올리는 반면, 편도체는 '모든 게 잘못되고 있어! 세상이 끝나는 거야!'라며 소리칠 가능성이 높다. 누가 이 싸움에서 이길 것 같은가? 물론 편도체다. '감정을 통제하려고 하지 마! 우리는 생존에 집중해야 해!' 그러면 즉시 투쟁-도피 반응이 활성화된다.

편도체가 작동하기 시작하면 실행 기능은 완전히 무너진다. 우리는 더 이상 침착하거나 이성적으로 생각하지 못하고, 본능에 따라 행동하게 된다.

치명적인 위험 상황에서는 사자를 바로 감지하는 시스템이 꽤 유용하지만, 모든 위협이 사자는 아니다. 때로는 그냥 무해한 고양이거나 호기심 많은 여우일 뿐인데 위협으로 오해하고 편도체가 작동할 수 있다. 혹은 여우에 대해 생각하는 것만으로도 그럴 수 있다. 스트레스가 심했을 때를 떠올려보라. 예를 들어 어려운 시험이 코앞이거나, 운전하다가 갑자기 튀어나온 보행자 때문에 급브레이크를 밟아야 했던 때를.

모든 게
박살 나고
있어!!!
좋아,
이번엔 또
뭐야?
해마
편도체

심박수가 빨라지고 긴장감을 느꼈을 것이다. 실제 위험은 없지만 위험한 것처럼 느낀 것이다.

특정 사건과 생각들이 어떻게 우리의 편도체를 자극하는지 인식하는 것이 중요하다. 그래야만 우리는 날뛰는 마음을 길들이고 정신력을 최대한 활용할 수 있다. 편도체가 마음대로 날뛰게 두면 전두엽은 제 역할을 할 기회조차 얻지 못할 것이다.

전두엽의 세 가지 시스템

전두엽에는 세 가지 시스템이 작동하고 있다. 바로 작업 기억working memory, 억제 기능inhibition 그리고 인지적 유연성cognitive flexibility이다. 이 세 가지 실행 기능이 조화를 이룰 때 우리는 정보를 저장하고, 바람직하지 않은 행동을 억제하며, 업무를 빠르게 전환할 수 있다. 이 모든 것은 목적 지향적이고, 효율적이며, 창의적인 뇌 활동을 위해 중요한 전제 조건들이다.

첫 번째 시스템인 작업 기억은 중요한 정보를 지속적으로 활용할 수 있게 해 생각을 이어가고 정보의 조각들을 맞추며 새로운 통찰을 얻을 수 있도록 한다. 작업 기억은 점들을 연결해 준다. 따라서 이 시스템에 과부하가 걸리지 않게 하는 것이 중요하다. 이는 컴퓨터에 여러 창을 열어두는 것과 비슷하다. 지나친 업무 전환은 정신적 과부하로 이어진다. 당신의 내면 컴퓨터는 속도가 느려지다가 결국 오류가 나거나 다운될 수 있다. 뇌가 멈춰버리고 강제로 멘탈 리셋mental reset이 되는 것이다. 너무 많은 업무와 자극은 정신을 둔화시키고 심지어 기능을 멈추게 할 수도 있다.

두 번째 시스템인 억제 기능은 관련 있는 정보만 들여보내는 엄격한 문지기다. 당신이 하려는 업무와 관련 없이 방해가 되는 생각, 습관, 외부 자극 등을 억제한다. 불필요한 것들이 당신을 산만하게 만드는 것을 막고 집중력을 높이는 일종의 필터다. 주의력결핍장애ADD나 주의력결핍 과잉행동장애ADHD를 지닌 사람들은 내재된 억제 기능이 부족해 매우 쉽게 산만해진다. 억제 기능은 주의를 집중하는 것뿐만 아니라 부정적인 생각을 억제해서 불안감을 줄이는 데 도움을 준다. 이는 스트레스 관리에 핵심적인 부분이다. 또한 충동 조절 능력과 기억 기능을 향상시킨다.

세 번째 시스템은 인지적 유연성이다. 이 시스템은 마치 여러 개의 작업을 돌려가며 한 작업에서 다른 작업으로 능숙하게 전환하는 저글러와 같다. 규칙에 얽매이지 않고 새로운 상황에 빠르게 적응할 수 있게 해준다. 인지적 유연성은 우리가 관점을 전환하고 문제에 대한 새로운 해결 방법을 찾을 수 있도록 한다.

새 직장에 출근한다고 가정해 보자. 변하는 것은 일뿐만이 아니다. 출퇴근길도 새로워지고, 동료도 바뀌고, 근무 환경도 달라진다. 이는 오래된 습관을 버리고 새롭게 긍정적인 습관을 만들 수 있는 좋은 기회가 된다. 하지만 이런 인지적 유연성은 다른 두 가지 실행 기능이 제대로 작동할 때만 가능하다. 왜냐하면 우리의 원시 뇌는 새로운 습관조차 작은 스트레스로 받아들이고, 가능한 한 모든 것을 예전처럼 유지하려고 하기 때문이다. 그래서 억제 기능이 제대로 작동하지 않고, '익숙한 것이 안전하다!'라는 자발적인 반응을 억누를 자기통제가 부족하다면, 인지적 유연성도 작동하지 않는다.

작업 기억, 억제 기능, 인지적 유연성이 삼총사처럼 잘 협력할 때에만 오래된 습관, 생각과 반응까지 억제할 수 있다. 다양한 사고방식을 탐색하고, 틀을 벗어나 생각하며, 복잡한 문제를 풀어낼 혁신적인 해결책을 찾을 수 있다. 그러나 삼총사 중 하나라도 파업을 하거나 제 역할을 다하지 않으면, 그 결과는 인지적 경직성cognitive rigidity으로 나타난다. 스스로 주위에 벽을 쌓아 변화를 시도하는 모든 노력을 막는 것이다. 효과가 없는데도 오래되고 익숙한 방식에 매달린다. 인지적으로 경직된 사람은 새로운 아이디어나 과제에 직면했을 때 일단 저항한다. 문제 해결과 창의성은 사라지고 만다. 풍자 코미디 쇼인 〈리틀 브리튼Little Britain〉의 유행어, "컴퓨터가 아니래요.Computer says no."와 같은 상황[고객의 요청을 받았을 때 그냥 컴퓨터 화면만 보고 무표정하게 "컴퓨터가 아니래요."라고 대답하는 관료주의적·형식수의적 태도를 풍자한 것]이 되는 것이다.

억제 기능은 취약한 초능력 ─────────

✳ ✳ ✳

뇌를 최대한 활용하려고 할 때 억제 기능은 매우 중요하지만, 실은 약하디 약한 초능력이다. 오늘날처럼 정신을 쉽게 산만하게 만드는 세상에서, 억제 기능은 아침 일찍부터 발동해야 안팎에서 오는 자극의 홍수를 차단할 수 있다. 그러나 충동을 적극적으로 억누르는 것은 뇌에서 많은 에너지를 소모하게 한다. 얼마 지나지 않아 에너지는 고갈되고 말 것이다. 유일한 해결책은 무엇일까? 바로 휴식하고 재충전하는 것이다.

억제 기능은 이전보다 훨씬 더 많은 일을 해야 할 뿐만 아니라, 종종 불리한 조건에서 시작한다. 아침에 상쾌하게 일어날 때 당신의 억제 기능은 활성화될 준비가 되어 있다. 하지만 우리가 얼마나 자주, 푹 자고 일어날까? 앞서 언급했듯이 현대인의 수면은 위태롭다. 피곤하면 처리할 수 있는 일의 양은 줄고 인내심도 약해진다. 또한 건망증과 불안감에 더 취약해진다. 놀랄 일도 아니다. 작업 기억과 억제 기능 모두 제대로 작동하려면 충분한 휴식이 필요하기 때문이다. 그래서 삼총사 중 둘이 파업에 들어가면 인지적 유연성마저 작동 불능 상태가 된다.

스트레스, 두려움, 분노도 마찬가지로 우리의 억제 기능, 나아가 전전두피질의 기능을 약화시킨다.

스트레스는 뇌의 외형마저 바꾼다

우리가 알다시피, 스트레스 중에서도 특히 만성적인 스트레스는 여러 가지 건강 문제를 일으킨다. 뇌 역시 상당한 영향을 받는다. 지속적으로 만성 스트레스에 시달리는 뇌는 시간이 지남에 따라 외형이 달라지기 시작한다.

네덜란드의 신경생물학자 브랑켈레 프랑크Brankele Frank는 심각한 번아웃을 직접 경험했다. 만성 스트레스를 겪는 뇌는 적당한 스트레스를 받는 뇌와 다르게 기능한다고 한다. 예를 들어, 심한 번아웃을 겪은 사람들은 건강한 사람보다 뇌가 더 작은 것으로 나타났다. 합리적인 사고, 학습, 기억, 계획, 집중력 그리고 상황을 전체적으로 보는 능력 등을 담당하는 해마와 전전두피질에서 회백질이 축소됐다. 번아웃을 겪는 동안 감정을 처리하는 기관인 편도체의 신경 세포는 오히려 증식했다.

내적 / 외적
충동
나

이는 과민성, 짜증, 감정적 반응으로 이어지며, 동시에 이러한 감정을 진정시키고 상황을 객관적으로 보는 능력을 떨어뜨렸다.

번아웃을 겪고 있다면 "세상에, 그럼 이제 어떡해? 내 뇌는 계속 작아지는 건가?"라고 걱정할 수도 있다. 다행히 그렇지는 않다. 명상을 통해 뇌에서 줄어든 부위의 회백질을 강화하고 심지어 성장시킬 수도 있다. '호흡'을 통해 뇌를 다시 건강하게 만들 수 있는 것이다.

요한 하리 역시 그의 책《도둑맞은 집중력》에서 스트레스가 우리 몸과 뇌에 얼마나 많은 영향을 미치는지 이야기한다. 그는 저명한 진화 인류학자 찰스 넌Charles Nunne의 불면증 연구를 인용했다. 넌은 우리가 '스트레스와 과각성hyper-vigilance'을 겪을 때는 잠에 들기 어렵다고 말한다. 안전하다고 느끼지 못하면 몸이 끊임없이 경계하고 주의를 기울여야 한다는 신호를 보내기 때문에 이완하기가 매우 힘든 것이다. 따라서 잠을 못 자는 것은 몸이 고장난 게 아니다. 우리 몸이 언제든 큰 위협에 대응할 수 있도록 상시 대기 상태를 유지하고 있는 것이다.

브랑켈레 프랑크가 번아웃 때문에 집에서 쉬고 있을 때, 친구 두 명은 뇌진탕을 겪었다. 그들의 증상은 그녀와 매우 비슷해 보였다. 빛과 소리에 대한 극도의 민감함, 지속적인 두통, 집중력의 약화 그리고 극심한 피로감이었다. 연구에 따르면, 번아웃 환자와 뇌진탕 환자 모두 혈액에서 별 세포의 소포체 수치가 더 높게 나타나는 경우가 많았다. 물리적 충격을 받으면 혈액뇌장벽blood-brain barrier에 있는 세포들이 파괴되며 소포체를 방출한다. 많은 소포체들이 혈액 속을 떠다닌다. 이러한 소포체는 번아웃 환자의 혈액에서는 발견되었지만, 우울증 환자의 혈액에서는 발견되지 않았다. 따라서 번아웃은 물리적 충격이 없는 일종의 뇌진탕이라고 할 수 있다.

우리 뇌는 리셋할 시간이 필요하다

인간은 일주일 24시간 내내 돌아가는 기계처럼 작동하도록 설계되지 않았다. 그러나 때로 우리는 온종일 '켜진' 상태로 100% 집중하길 원한다. 요즘 소셜미디어에는 하루를 더 알차게 보내는 팁과 요령을 담은 '라이프 핵life hack'이 자주 등장한다. 수면 시간을 5시간으로 줄이는 것이 엄청난 생산성을 올릴 수 있다고 장담하는 방법론으로 가득하다.(이전 장에서 언급했듯이 어떤 사람은 다른 사람보다 덜 자도 되지만, 하루를 더 알차게 보내기 위해 수면 패턴을 바꾸는 것은 정말 좋은 생각이 아니다.)

기계와 우리 인간이 지닌 공통점은 무엇일까? 바로 우리도 고장이 나며 정기적인 유지 보수가 필요하다는 점이다. 특히 많은 정보를 입력하고 처리하는 '뇌'라는 부품은 가끔씩 리셋을 해주어야 한다.

2장에서 나는 미국의 신경과학자 마커스 라이클의 연구를 소개했다.(84쪽 참고) 그는 우리 뇌의 필수적인 부분으로 여겨지는 디폴트 모드 네트워크를 발견했다. 우리가 의식적으로 특정 과제에 집중하지 않을 때 활성화되는 뇌의 부분이다. 이는 특정 과제에 몰두할 때 작동하는 중앙 실행 네트워크Central Executive Network. CEN와 대조된다. 이 때문에 일부 연구자들은 중앙 실행 네트워크를 '집중력 네트워크'라고 부르기도 한다. 이것이 없으면 집중하는 작업이 불가능하기 때문이다.

우리 상태는 둘 중 하나다. 중앙 실행 네트워크가 켜져 있어 한 가지 일에 온전히 집중하거나, 아니면 디폴트 모드 네트워크가 켜져 있어 생각이 자유롭게 추측하고 몽상하도록 내버려두는 것이다.

이 책을 집어들었을 때 당신은 아마 중앙 실행 네트워크를 강화하는 팁을 기대했을 것이다. 더 강하게 몰입하고 더 심도 있게 집중하고 더 깊게 일하는 법 말이다. 이상적인 세계에서는 두 네트워크가 서로 균형

을 유지한다. 하지만 오늘날 많은 사람은 그 균형을 잃었다. 요즘 세상
에 어떻게 아무것도 하지 않고 있을 수 있을까?

몽상은 생산성을 높인다

나는 가끔 내 생각을 마음껏 떠다니게 하는 것을 즐긴다. 한 마리 새
처럼 생각의 열기류를 타고 쉽게 날아오르게 둔다. 우리는 우리의 생각
그 자체일까? 아니면 우리와 별개로 생각이 독립적인 삶을 사는 것일
까? 이는 철학자가 더 잘 대답하겠지만, 심리학자의 관점에서 볼 때 생
각은 여전히 훌륭한 연구 자료다. 특히 스스로 떠다니는 생각들, 즉 '마
음 방황mind wandering' 현상은 더욱 매력적이다.

놀랍게도 겉보기에는 무작위적인 이 마음의 방황이 실제로는 수많
은 이점을 가져다주는 것으로 밝혀졌다. 당신도 아마 경험했을 것이다.
어떤 과제에 깊이 몰두하다가 갑자기 생각이 다른 곳으로 향하기 시작
하는 것 말이다. 큰길에서 더 조용한 샛길로 빠져 자유롭게 거닐 수 있
게 된 것이다. 다음 휴가에 대해 상상하거나 슈퍼 히어로가 된다면 어
떨지 몽상하기 시작한다. 시간이 멈춘 듯 잠시나마 현실에서 벗어나게
된다. 마음을 위한 짧은 휴식이다. 기분이 좋아질 뿐만 아니라 당신의
마음에 실질적인 이점들도 가져다준다. 생각을 자유롭게 돌아다니게
하는 것은 창의성을 위한 많은 공간을 만들어주기 때문이다. 따라서 만
약 누군가 당신에게 자꾸 몽상에 빠진다고 뭐라 한다면, 아주 멋진 아
이디어를 발전시키는 중이라고 알려주자.

마음 방황은 기분에도 긍정적인 영향을 미친다. 어떤 사람들은 마음
방황이 우리를 침울하게 만든다고 하지만 사실은 그 반대인 것으로 밝

혀졌다. 몽상에 자주 빠지면 실제로 기분이 좋아진다. 마음에 활력소를 불어넣어 주는 비밀스러운 행복의 원천을 갖는 셈이다.

더 좋은 점은 몽상이 업무 성과까지도 향상시킬 수 있다는 사실이다. 일을 하다가 딴생각이 들면 집중이 흐트러지는 것이 아닌가 하고 생각할 수 있다. 그렇게 보일 수도 있지만 항상 그런 것은 아니다. 일을 하다가 잠깐 '정신적 휴식'을 갖는 것은 우리가 더 명확하게 생각하고 더 나은 결정을 내리도록 돕는다. 이러한 정신적 도피는 마치 우리 마음이 비밀 전략 회의를 열고 미래를 위한 계획을 세우는 시간인 것이다.

그렇다. 이 책은 집중력에 관한 책이지만 오히려 집중을 풀 것을 강조하고 있다. 즉 의식적으로 몽상하라는 것이다. 앞뒤가 안 맞는 소리처럼 들리는가? 아마도 당신이 '집중'에 대해 생각할 때 생산성 전문가 크리스 베일리Chris Bailey가 '하이퍼포커스hyperfocus'라고 부르는, 한 가지 과제에 집중하는 상태를 떠올리기 때문일 것이다. 그러나 베일리는 '스캐터포커스scatterfocus'도 그만큼 중요하다고 믿는다. 우리는 종종 집중하고 있지 않을 때 최고의 아이디어가 떠오르곤 한다. 샤워할 때 갑자기 온갖 실마리가 풀리거나 복잡한 과제를 어떻게 마무리해야 할지 단번에 알게 되는 것이다. 이것이 바로 스캐터포커스의 힘이다.

요한 하리는 "딴생각은 집중하지 못하는 것과는 다르다."라고 말한다. 나도 전적으로 동의하는 바다. 즉 마음의 방황은 진정한 집중을 달성하기 위한 절대적인 전제 조건이다.

뇌를 제대로 쉬게 하는 법

열심히 일하는데 보고서가 좀처럼 안 써지거나 5분이면 끝낼 일인데 도무지 갈피를 잡을 수 없을 때가 있다. 당장 코앞에 닥친 일에 압도되거나 부정적인 생각의 굴레에 갇혔다고 느낄 때도 있다. 만약 이 중 하나라도 해당된다면 당신에게는 당장 멘탈 리셋이 필요하다.

컴퓨터를 재부팅하는 것처럼 우리 뇌도 재부팅할 수 있다. 하지만 컴퓨터처럼 쉬울까? 생각보다는 쉽다. 우리에게는 켜고 끄는 스위치가 없지만 뇌를 잠자는 모드에서 꺼내서 집중 모드로 돌아가게 할 수 있다.

제대로 쉬기만 하면 된다. 짧은 휴식은 뇌가 정보를 처리하고 재충전하도록 돕는다. 그렇다면 휴식 시간에 정확히 무엇을 해야 할까? 정신적, 신체적으로 재충전할 수 있는 것이라면 무엇이든 좋다.

한 가지 팁은 얼마나 오래 일할지 미리 결정하고 쉬라는 것이다. 타이머를 이용해 일과 휴식 시간을 정하는 게 좋다. 이렇게 하면 일하는 시간과 휴식 시간의 길이를 균형 있게 조절할 수 있다. 얼마나 일할지 미리 결정함으로써 긴장감과 집중력을 만들면 목표를 달성하는 데 큰 도움이 된다.

좋은 휴식이란 새로운 정보를 전혀 받아들이지 않고 의식적으로 생각을 떠돌게 하는 휴식이다. 아무것도 하지 않는 휴식이 가장 효과적이다. 자극이 최소화되어 방해받지 않아 이후 업무에 복귀하기가 더 쉽기 때문이다. 쉬는 동안 생각을 자유롭게 풀어줌으로써 재충전할 기회를 주어, 업무를 다시 시작할 때면 상쾌하게 집중할 수 있는 상태일 것이다.

쉬면서 하지 말아야 할 일은 TV를 보거나 소셜미디어를 확인하거나 비디오 게임을 하는 것이다. 이런 행동들은 당신이 열심히 쌓아올린 집중력을 방해할 수 있다. 대신 산책을 하거나 건강한 간식을 먹거나 낮잠을 자라. 몸과 마음에 영양을 공급하는 활동을 하자. 당신에게 활력을 주고 집중력을 높여주는 활동들을 의식적으로 선택함으로써, 더 효과적으로 재충전해 다음 업무를 위한 준비를 할 수 있다.

> ## 최고의 휴식을 위한 열쇠 ———————
>
> * * *
>
> - **잘 계획할 것:** 쉬는 시간, 주말, 휴가 동안 당신은 뭘 할 것인가? 새로운 기술 배우기, 사람 만나기, 취미 활동하기 등 개인적인 목표를 세우는 사람들은 자신의 삶이 행복하다고 말하는 경우가 많다. 목표 설정이 재충전에 도움이 되고 시간을 효율적으로 쓰게 해주기 때문이다. 여기서 한 가지 주의할 것은 목표를 단순하게 해야, 할 일로 인식하지 않는다는 것이다. 목표가 할 일이 되면 재미없어지고 일처럼 느껴진다.
> - **가능하면 야외에서 운동할 것:** 이 방법은 TV 시청이나 소셜미디어 스크롤과 같은 '수동적인 휴식과 이완'보다 훨씬 효과적이다. 연구에 따르면 쉬면서 2분짜리 짧은 산책이라도 규칙적으로 운동을 하면, 에너지 수준이 높아지고 생산성이 향상되며 창의성도 증진된다. 점심시간에 사무실 근처를 한 바퀴 걸어보라. 차는 회사에서 조금 떨어진 곳에 주차하고 가는 길에 이메일은 확인하지 말자. 탕비실 커피 대신 근처 카페에서 커피를 마시는 것도 좋다.
> - **환경을 바꾸어볼 것:** 환경을 바꾸는 것은 당신이 단조로운 일상에서 벗어나도록 돕는다. 멀리 가지 않고도 작은 장면의 변화가 때로는 놀

라운 효과를 발휘한다. 카리브해 섬이든 집에서 10분 거리의 예쁜 공원이든 신체적·정신적으로 완전히 다른 환경에 있어보는 것이다.

- **여행을 간다면:** 디지털 기기를 집에 두고 가는 건 어떨까? 비상시를 대비해 가져가더라도 호텔 금고에 넣어두자. 스마트폰을 보지 말고 평소에 읽지 못했던 책을 보거나, 아이들과 게임을 하거나, 스도쿠나 십자말풀이를 해보라. 혹은 바다, 나무, 새들을 바라보며 멍하니 시간을 보내라. 진정한 휴식은 주변 사람들과의 연결감을 높이고 창의성을 자극한다.

- **죄책감이 든다면:** 휴가 동안 스마트폰, 태블릿, 노트북 등을 아예 안 쓰기는 어렵다. 제대로 쉬지 못한다는 죄책감이 든다면 스크린타임을 현명하게 사용하라. 소셜미디어에서 무의미하게 둠스크롤링doom-scrolling[웹 및 소셜미디어에서 특히 부정적인 뉴스를 포함한 방대한 양의 뉴스를 읽는 데 과도한 시간을 소비하는 행위]하는 것은 뇌와 몸에 필요한 휴식을 주지 못한다. 스크롤하다가 마음에 드는 물건이 생겨 중고 사이트에서 검색하고 있는 자신을 발견할 것이다. 제일 좋은 방법은 온라인에서 멀어지는 것이다. 꼭 온라인을 사용해야겠다면 퍼즐 게임으로 두뇌를 자극해 보라. 낱말 퀴즈, 가로세로 낱말퍼즐? 좋다. 바로 시작하라!

모든 뇌가 같은 방식으로 작동하진 않는다

우리는 모두 같은 뇌를 가지고 있지만, 모든 뇌가 똑같이 작동하지는 않는다. 직장과 일상생활에서 모두가 참여하고 포용적인 환경을 만들기 위해서는 개개인의 특성을 존중하는 동시에, 뇌가 다르게 작동하는 사람들을 고려하는 것이 중요하다. 이렇게 뇌가 다르게 작동하는 사람들, 즉 신경 다양인은 회사가 성공하는 데에 아주 큰 도움이 될 수 있다. 신경 다양인이 자신의 고유한 개성을 온전히 발휘할 수 있도록 한다면 성공은 더 가까워질 것이다. 중요한 것은 모든 사람이 자신의 잠재력과 뇌의 역량을 최대한 발휘할 수 있는 적절한 자리에 있게 하는 것이다.

신경 전형인 vs 신경 다양인

***

'신경 전형인Neurotypica'과 '신경 다양인Neurodivergent'은 뇌가 작동하는 방식이 다르다.

신경 전형인은 뇌가 사회에서 '보통normal' 또는 평균으로 간주되는 방식으로 기능하는 사람을 의미한다. 신경 전형인은 일반적으로 신경학적 또는 발달적 장애를 겪지 않는다. 이들은 대부분의 사람에게 공통적인 표준 발달 및 행동 양식을 따른다. 예를 들어, 신경 전형적인 아이는 보통 예상되는 발달 이정표에 따라 말하고 읽는 것을 배운다.

신경 다양인은 어떤 사람의 뇌가 평균적이거나 '전형적인typical' 패턴과 다르게 작동하는 사람을 의미한다. 신경 다양인은 독특한 신경학적 특성을 지녀 사고, 학습, 행동에서 차이를 보인다. 예를 들어, 자폐증이 있는 아이는 사회적 상호작용 및 의사소통에 어려움을 겪는다. 신경 전형적인 아이들과 구분이 되는 부분이다. 난독증이 있는 사람은 읽기와 쓰기에 어려움을 겪을 수 있지만, 문제 해결이나 창의성과 같은 다른 영역에서는 뛰어난 능력을 보일 수도 있다.

안타깝게도 우리 사회에는 여전히 주의력결핍 과잉행동장애ADHD와 같은 신경 다양성 상태나 특성들에 대한 편견이 존재한다. 사회 전반은 오전 9시부터 오후 6시까지의 전통적인 근무 형태를 기준으로 하지만, 신경 다양인들은 자신이 가장 몰입할 수 있고 생산적인 시간이 이런 표준 근무 시간과 맞지 않는 경우가 많다. 또한 현대의 사무실은 넓고 개방된 구조가 많아, 한곳에 집중하기 어려운 사람들에게는 적합하지 않은 경우가 잦다.(자세한 내용은 5장에서 다룬다.)

이러한 이유로 많은 신경 다양인이 직장에서 불편함을 느끼고, 결국 그만두곤 한다. 이는 그들 스스로 잠재력을 발휘할 기회를 잃을 뿐만 아니라, 기업 입장에서도 가치 있는 인재를 놓치는 결과를 낳는다. 그렇기에 업무를 조직할 때 깊이 있는 이해력과 유연성을 가져야 한다. 다양한 업무 스타일과 근무 시간대를 존중하고 지원하는 것은 신경 다양인에게 실질적인 도움이 될 뿐만 아니라 폭넓은 재능과 신선한 관점을 통해 사회 전체를 더욱 풍요롭게 만들 수 있다.

신경 다양성이라는 스펙트럼

의사와 정신과 의사들은 전통적으로 환자가 신경 다양성을 지녔는지 아닌지를 판단하기 위해 도서 《DSM-5-TR 정신질환의 진단 및 통계 편람The Diagnostic and Statistical Manual of Mental Disorders》을 이용해 왔다. 이 책에서는 신경 다양성 조건에 대한 특정 기준을 제시한다. 기준의 일정 부분에 해당하면 신경 다양성 진단을 받는다. 예를 들어, ADHD 진단 기준에 미달하면 ADHD가 아닌 것이다.

무지개가 일곱 가지 색깔보다 더 많은 색을 가지고 있듯이 초록색이 곧바로 노란색이 되는 게 아니듯이, 신경 다양성에도 많은 미묘한 차이가 있다. 신경 다양성을 가지는 것은 단순히 예 또는 아니오의 문제가 아니다. 복잡한 스펙트럼이다. 어떤 사람들은 스펙트럼에 전혀 속하지 않는 반면, 어떤 사람들은 크고 작은 정도의 차이일 뿐 그 안에 속해 있다. 각 개인을 저마다 고유한 색깔의 조합을 보여주는 색상 팔레트에 비유할 수 있다.

ADHD 증상의 경우 주의력 결핍에 대한 9가지와 과잉 행동·충동성에 대한 9가지, 이렇게 두 가지 주요 범주로 나뉜 18가지 기준이 있다. 어떤 사람들은 이 중 7가지에 해당하고, 어떤 사람들은 3가지에 해당한다. 그리고 ADHD와 자폐증 체크리스트의 여러 항목에 동시에 해당하는 사람들도 있다. 이처럼 신경 다양성은 말 그대로 다양하게 나타난다. 따라서 자신이 어떤 특성에 어느 정도 해당하는지 확인하는 것이 중요하다. 이는 꼬리표를 붙이려는 것이 아니라, 자신의 특성이 신경 다양성을 지닌 뇌의 특징과 어느 정도 일치하는지 아는 것이 도움되기 때문이다.

이러한 스펙트럼 안에서 사람들은 집중력과 자극 처리 능력에 있어

각기 다른 능력을 보일 수 있다. 어떤 이들은 완전한 고요 속에서 능력을 발휘하는 반면, 또 어떤 이들은 어느 정도의 배경 소음이 있는 환경에서 더 성과를 낸다. 하지만 이 범주 안에서도 개인차는 존재한다. 단순히 고요함이 필요한지 아닌지의 문제가 아니라, 당신에게 가장 효과적인 특정 조건을 파악하는 것이 중요하다. 시끄러운 환경에서 귀마개가 당신에게 구세주와 같을 수도 있고, 사람이 적은 집에서 평온함과 고요함을 찾을 수도 있다. 사무실에서는 다른 자극과도 씨름해야 한다. 예를 들어, 자폐증이 있는 사람 중 일부는 집중하기 위해 특정 자세를 취하기도 한다. ADHD가 있는 사람은 많은 경우, 옆에서 동기부여하고 지원해 주는 존재가 있을 때, 즉 '보디 더블링 body doubling'을 통해서만 집중할 수 있다.

많은 사람에게 도움이 되는 일반적인 가이드라인과 도구들이 분명 존재한다. 하지만 가장 중요한 것은 내게 필요한 것과 내가 좋아하는 것을 제대로 아는 것이다. 단순히 무엇이 효과적인지 파악하는 데서 그치지 않고, 자신만의 독특한 방식에 맞춰 그 도구들을 세심하게 조정해 나가는 것이 핵심이다. 결국 이는 진정한 나 자신과, 다양한 상황에서 내가 가장 잘 발휘되는 방식 사이의 개인적인 균형점을 찾아가는 여정이라고 할 수 있다.

ADHD와 자폐증이 있는 사람들의 집중력

신경 다양성에 관해 주목할 만한 인물이 있다. 바로 벨기에 카피라이터 마갈리 드 뢰 Magali De Reu다. 자신의 자폐증과 ADHD에 대해 쓴 책에서, 그녀는 신경 전형적인 뇌에 맞춰져 있는 주변 세계에서 살아가기 위해 자신의 삶을 어떻게 조정하려고 노력하는지 설명한다. 또한 신경 다양인의 집중력에 대한 신화와 진부한 표현들을 깨뜨린다. 우리 모두 알고 있는 표현이 그들에게는 때때로 터무니없는 말이 된다.

'정말 중요한 일이라면, 당신은 해낼 것이다.'
'보상 요소를 추가하거나 강화하면 도움이 될 것이다.'
'결과가 엄격할수록 집중하려는 의지는 더 강해진다.'

이런 말들은 신경 다양성의 뇌를 지닌 사람들에게는 맞지 않는다. 왜 나하면 그들의 동기 시스템은 조금 다르게 작동하기 때문이다.

일반적으로 자폐증이 있는 사람은 구조화되고 차분하며 자극이 적은 환경에서 잘 지낸다. 물론 이것은 자폐증의 여러 양상 중 하나일 뿐이다. 예측 가능성, 체계적인 일과, 명확한 지시는 그들이 안전과 편안함을 느끼도록 도와준다. 주제나 과제에 대한 관심 같은 내재적 동기는 보상이나 마감일, 사회적 기대 같은 다른 외부 요인보다 훨씬 강력한 경우가 많다. 그들은 자신의 특정한 관심사나 열정에 맞는 활동에 참여할 때 깊이 집중하고 몰입할 수 있다. 이러한 활동은 특정 주제에 대한 집착에 가까운 연구부터 세심하게 짜인 일과를 따르는 것까지 다양하다.

자폐증이 있는 사람들이 자신의 열정과 관심사에 맞는 일을 할 때 깊이 집중할 수 있다는 사실은 잘 알려져 있다. 그러나 ADHD가 있는 사람들도 약간의 차이는 있지만 하이퍼포커스 상태에 들어갈 수 있다. 지속 시간과 일관성 측면에서, 자폐증에서의 하이퍼포커스는 종종 오래 지속되고 일관되며 특정한 관심 분야에 한정되는 반면 ADHD에서의 하이퍼포커스는 더 변동이 심하고 과제의 자극값에 따라 달라진다.

촉발 요인 또한 다르다. 자폐증에서의 하이퍼포커스는 대개 깊고 내적인 관심에서 촉발되는 반면, ADHD에서의 하이퍼포커스는 주로 외부 자극과 보상에서 촉발된다. 그리고 기능성 측면에서 두 경우 모두 하이퍼포커스가 긍정적이고 부정적인 영향을 모두 가질 수 있지만, 이 집중의 조절과 일관성은 자폐증과 ADHD 사이에 차이가 있다.

ADHD, 즉 주의력결핍 과잉행동장애라는 이 공식 용어는 주의력이 부족하다는 것을 시사하지만 이는 오해의 소지가 있다. ADHD가 있는 사람은 지속적인 주의력이 부족한 것이지, 주의력이 적은 게 아니다. 오히려 너무 많다. 신경 전형인들은 보통 상황에서 주요한 문제와 부수적인 문제를 비교적 쉽게 구별할 수 있다. 반면 ADHD가 있는 사람은 모든 자극을 똑같이 중요하게 여기므로 한 번에 너무 많은 것에 집중하려 한다. 이 때문에 몰입 상태에 들어가기 어려운 것이다. 하지만 일단 그 문턱을 넘어서면 특히 흥미롭고 도전적인 과제에 몰두할 때 굉장히 집중해 생산적이 될 수 있다. ADHD가 있는 사람들에게는 내적 동기 또한 매우 중요하다. 동시에 명확한 마감 기한이나 건전한 경쟁 분위기와 같은 외적 요인도 즉각적인 보상을 제공하고 긴급성을 부여함으로써 그들의 집중력을 높이는 데 긍정적인 영향을 미칠 수 있다.

5분 일하고 난
뒤의 니

잠깐
다른 거 할까?

백색 소음, 분홍색 소음 아니면 갈색 소음?

***

ADHD나 자폐증이 있는 사람에게는 수많은 외부 자극에 대응하는 일이 쉽지 않다. 마갈리 역시 주변이 너무 시끄러우면 집중하기 어렵다고 말한다. 그래서 그녀는 종종 헤드폰을 끼고 백색 소음과 갈색 소음이 섞인 소리를 듣는다. 이때 헤드폰은 일종의 '청각 방패' 역할을 해, 배경 소음을 완화하고 집중력을 높여준다.

백색 소음은 잔잔한 파도 소리, 환풍기가 윙윙거리는 소리, 흐르는 시냇물 소리처럼 모든 가청 주파수가 고르게 섞인 소리로, 끊기는 부분이 없다. 산만한 배경음을 가려주어 눈앞의 일에 몰두하기 쉽게 도와준다.

하지만 분홍색 소음이나 갈색 소음 같은 선택지도 있다. 빗방울이 부드럽게 떨어지는 소리나 나뭇잎 사이로 스미는 바람 소리처럼, 백색 소음보다 더 온화하고 부드럽게 들린다. 시끄러운 카페에서 책을 읽고 싶을 때 분홍색 소음을 틀면 한결 부드럽고 차분한 분위기를 만들 수 있다. 집중력 향상뿐 아니라 수면의 질 개선에도 도움을 준다. 창문을 두드리는 빗소리를 들으며 잠드는 장면을 떠올려보라. 상상만으로도 평온해진다.

갈색 소음은 어떨까? 폭포수의 깊고 묵직한 소리, 멀리서 울리는 천둥 같은 낮고 웅장한 울림이 특징이다. 분홍색 소음보다 고주파를 줄여 차분하고 안정적인 느낌을 준다. 긴 하루를 마치고 쉬거나 명상할 때 특히 좋다. 스트레스와 불안을 줄이고 마음을 가라앉히는 데 효과적이다. ADHD가 있는 사람에게는 갈색 소음이 집중을 돕는 훌륭한 도구가 될 수 있다. 각 소음들을 들어보라. 모든 뇌가 다르기에 어떤 소리가 나에게 맞는지는 직접 경험해 보기 전까지 알 수 없다.

중요함과 긴급함을 구별하기 어려운 이유

ADHD와 자폐증이 있는 사람들은 종종 '중요함'과 '긴급함'을 혼동한다. 시간 감각이 왜곡되기 때문이다.

- **중요한 일** : 장기적인 영향을 주고, 장기 목표에 더 가까이 다가가게 한다. 예를 들어 대규모 프로젝트를 진행하거나 새로운 기술을 습득하는 것, 관계를 돈독히 다지는 것 등이 있다. 이런 일들은 당장 마감일이 없을 수 있지만 장기적인 성장과 성공에 꼭 필요하다.
- **긴급한 일** : 예기치 않게 발생하며, 장기적인 영향과 상관없이 지금 당장 처리해야 한다는 압박감을 준다. 예를 들어 마감일을 앞두고 프로젝트를 마무리하는 것, 상사의 긴급한 요청에 답변하는 것, 갑작스레 고장난 물건을 수리하는 것 등이 있다.

신경 전형인에게는 이 차이가 명확하다. 예를 들어 40일 안에 끝내야 하는 대규모 프로젝트는 '중요한 일'이고, 30분 안에 끝내야 하는 업무는 '긴급한 일'이다.

하지만 ADHD가 있는 사람들에게는 긴급한 일이 종종 중요한 일처럼 느껴진다. 이는 뇌 속 도파민 수치가 상대적으로 낮아 즉각적인 보상을 주는 일에 더 민감하기 때문이다. 그래서 그들은 종종 미래보다 현재를 우선시한다. 긴급한 일이 할 일 목록의 우선순위가 되어 실제로 중요한 일들을 밀어내 버린다. 무언가가 급할 때는 즉각적인 관심을 요구한다. '지금 당장 해야 하는데 안 하면 너무 늦을 거야.'라는 느낌은 관심을 끄는 것들이 실제로는 그다지 중요하지 않을 수 있다는 사실을 가려버린다. (심지어 우리를 장기적 목표에서 더 멀어지게 만들 수도 있다.)

ADHD 뇌는 마지막 순간의 패닉에 사로잡혀 휩쓸리게 된다. 아마도 즉각적인 보상에 대한 욕구가 더 크기 때문일 것이다. 다시 말해서 그들의 뇌는 신경 전형적인 뇌보다 길에서 마주치는 토끼들을 잡느라 산만해지기 더 쉽다. 따라서 코끼리 사냥을 위한 시간이나 에너지는 금방 바닥나고 만다.

자폐증과 ADHD가 같이 나타나면 AuDHD

마갈리가 내게 가르쳐준 것 중 하나는 모든 사람에게 맞는 만능 해결책은 없다는 것이다. ADHD와 자폐증은 복잡한 역학을 만들어내며, 특히 함께 나타날 때 더욱 그렇다. 자폐증autism과 ADHD가 같이 나타나는 사람들을 AuDHD라고 부르며, 마갈리는 이 용어를 대중화시키는 데 큰 기여를 했다. AuDHD가 있는 사람들은 종종 자신만의 특별한 어려움과 장점을 함께 가지고 있다. 때로는 두 조건의 증상들이 서로 모순되는 것처럼 보일 수 있다. 예를 들어 자폐증이 있는 사람들은 종종 예측 가능성이 있고 구조화된 환경이 도움되지만, ADHD가 있는 사람은 도전과 다양성을 원할 수 있다. AuDHD가 있는 사람에게는 체계적인 일과에 대한 욕구와 변화에 대한 충동 사이의 내적 갈등이 발생할 수 있다. 마갈리는 이렇게 표현했다. "때때로 저는 걸어다니는 모순덩어리 같은 기분이 들어요."

자폐증과 ADHD 중 어떤 것이 더 강하게 영향을 미치는지 판단하기는 쉽지 않다. 왜냐하면 두 경우 모두 사람마다 나타나는 증상이 다르고 심각한 정도도 제각각이기 때문이다. 당신이 만약 ADHD나 자폐증 둘 다 혹은 둘 중 하나가 있더라도 당신은 그 이상의 훨씬 더 입체적인 존재다. 개개인의 성격적 특성과 당신이 살아가고 일하는 환경 같은 요소도 정말 중요한 역할을 한다. 그래서 자신에게 맞는 방법을 찾는 것이 무엇보다 중요하다. 마갈리와 나는 신경심리학적인 관점에서 몇 가지 도구를 제안할 수는 있지만, 본인에게 맞을지는 시행착오를 거쳐야 한다. 그러니 다음에 소개하는 팁들을 식당 메뉴라고 생각하라. 모든 음식을 다 먹을 필요는 없다. (물론 정말 배가 고프다면 다 먹어도 된다.)

중간중간에 보상으로 도파민을 주자

도파민은 동기부여와 집중에 중요한 역할을 한다. ADHD가 있는 사람들은 뇌 속 도파민이 적기 때문에 즉각적인 보상이 없는 일은 끝내기가 더 어렵다. 장기 목표를 세우고 따라가는 것을 어려워하는 이유이기도 하다. 자폐증이 있는 사람들도 도파민과 관련된 문제를 겪을 수 있지만, 이에 대해서는 아직 확실한 연구 결과가 없다.

그렇다면 ADHD 뇌는 집중이 불가능하다는 뜻일까? 전혀 그렇지 않다. 뇌에 도파민이 충분하면 보상 시스템이 활성화되어 동기부여 효과가 높아진다. 만약 자연적으로 도파민이 적게 생성된다면, 중간중간 스스로에게 충분한 보상을 주어 이 시스템을 우회할 수 있다. 어떤 방법이 있을까? 장기 목표를 더 작게 쪼개서 감당할 수 있는 단계로 나누거나, 집중과 주의 유지를 도와주는 시각 자료를 사용하는 것이다. 구체적인 방법을 살펴보자.

1 타임블로킹과 시각적인 계획표 활용하기 : 타임블로킹은 하루 중 특정 시간에 할 일을 정해 두는 방법으로, 이렇게 하면 계획을 쉽게

세울 수 있고 집중이 잘된다. 예를 들면 '포모도로Pomodoro 기법'이 있다. 짧은 시간 동안 집중해서 일하고 그다음에 잠깐 쉬는 식이다. 이 방법은 집중력을 높이고 일을 더 잘하게 도와준다. 또 화이트보드나 앱으로 색을 활용한 시각적인 계획표를 쓰면 할 일을 더 쉽게 정리하고 중요한 일부터 할 수 있다.

2 **보상 시스템 만들기**: 결과만 생각하지 말고 중간중간 스스로에게 보상을 주어라. 몇 시간 동안 열심히 일했으면 잠깐 쉬거나 간식을 먹는 작은 보상부터 중요한 목표를 달성했을 때 짧게 여행을 가거나 자신에게 선물을 주는 큰 보상까지 다양하게 설정할 수 있다.

3 **외부 도움 받기**: 코치, 멘토 또는 치료사가 함께 표를 설정하고, 개별 맞춤형 전략을 개발해 이끌어주고 격려해 줄 수 있다.

4 **꾸준히 운동하기**: 꾸준한 운동은 과잉 행동이나 충동을 줄이고 집중력을 높이며 기분을 좋게 만들어준다. 특히 ADHD가 있는 사람들에게 걷기, 자전거 타기, 요가 같은 활동이 도움이 된다.

당신의 팀에 혹시 ADHD를 가진 사람이 있는가? 있다면 위의 조언들을 꼭 기억하기 바란다. 많은 회사가 성과가 나올 때까지 보상을 하지 않는 경우가 많다. 만약에 중간중간 작은 칭찬을 해준다면 어떨까? 이 방법은 ADHD가 있는 사람뿐 아니라 모든 직원에게 좋은 일이다. 보상과 상관없이 정기적으로 직접 피드백을 받는 것은 누구에게나 기분 좋은 일이니까. 큰 프로젝트가 끝날 때까지 피드백을 미루지 말고, 중간중간 소통하고 의견을 나누는 게 중요하다.

할 일을 동사 중심으로 표현하라

일에 빠져들었지만 금방 막히고 더 이상 진전이 없어 잠깐 멈출 수도 있다. 이때 단 10분만 투자하면 큰 변화를 만들 수 있다. 비법이 있냐고? 있다! 할 일을 '동사' 중심으로 바꿔서 표현해 보라. 이렇게 하면 할 일이 더 명확해지고 쉽게 시작할 수 있다. 예를 들면 '이메일 답장, 설거지, 청구서'를 '동료에게 이메일 답장 보내기, 설거지하기, 청구서 결제하기'로 바꾸는 것이다.

'청구서 결제하기'라는 작업을 생각해 보자. 처음에는 큰 덩어리처럼 느껴질 수 있지만, 개별 단계로 나누면 훨씬 더 쉽게 할 수 있다.

1 미납된 청구서 모두 모으기
2 은행 앱이나 웹사이트에 로그인하기
3 결제 정보 입력하기
4 청구서 결제하기

작업을 동사 중심으로 바꾸고 작은 단계로 나누면 시작하기 쉬울 뿐만 아니라 더 집중할 수 있다. '서류 정리가 급해.' 같은 막연한 생각에 압도당하지 말고, 서류 정리를 지금 바로 할 수 있는 명확하고 실현 가능한 단계들로 나누어보라.

결과보다 시간을 중심에 두자

ADHD가 있으면 시간을 정확히 가늠하기 어려워서 답답하고 의욕이 떨어질 수 있다. '오늘 이 글을 다 쓸 거야!' 같은 결과 중심 목표 대신 '오늘 이 글을 1시간 동안 쓸 거야!'처럼 시간 중심 목표를 세워보라. 다른 예도 살펴보자.

'보고서를 두 번에 나눠서 한 번에 30분씩 쓸 거야.'
'20분 동안 청소할 거야.'
'오후 1시까지 송장 작업을 할 거야.'

작업을 진행할 때는 시간 기록표를 사용해 걸린 시간을 추적해 보라. 이렇게 하면 앞으로 비슷한 일을 할 때 얼마나 시간이 걸릴지 더 정확하게 예상할 수 있다.

다양한 도구를 활용하라

일상적인 업무를 하다가 집중력이 떨어진다고 느껴진다면 그 일을 새로운 방식으로 흥미롭게 접근해 보라. 예를 들어 디자인을 만드는 것이 업무라면 늘 쓰던 소프트웨어 대신 새로운 그래픽 디자인 프로그램을 시도해 보는 것이다. 익숙함에 약간의 새로움을 더하면 업무에 신선한 활력을 불어넣어 집중력과 몰입도가 높아진다. 이는 작업에 긍정적인 변화를 주고 창의성과 동기를 끌어올리는 좋은 방법이다.

'해야 할 일'에서 '짜잔!' 목록으로

마갈리에 따르면, '짜잔!' 목록은 자기 자신에게 동기를 부여하고 성취감을 느끼게 하는 강력한 도구가 될 수 있으며, 특히 하루 종일 일을 붙잡고 있어도 진전이 안될 때 효과적이라고 한다. 기존의 해야 할 일 목록과 다른 점은 새로운 할 일을 추가하는 것뿐 아니라 이미 해낸 일들을 기록하며 인정하는 시간을 갖는 것이다. 이렇게 하면 아직 큰 목표를 이루지 못했더라도 지금까지의 진행 상황을 확인하고 작은 성취감도 느낄 수 있다.

핵심은 아직 남은 일뿐 아니라 이미 마무리한 일도 기억하는 것이다. 당장은 진전이 없다고 느껴질 때도 실은 앞으로 조금씩 나아가고 있다는 사실을 스스로 깨닫고, 계속해서 자신을 격려할 수 있다.

'짜잔!' 목록에 들어가는 항목들은 간단한 일상 업무부터 좀 더 중요한 임무까지 다양할 수 있다. 우리는 너무 자주 더 큰 '해야 할 일'에만 집중하다가 작은 일들을 놓치곤 한다. 예를 들어 식물에 물을 주거나 강아지를 산책시키거나 제때 쓰레기를 내놓는 일상의 일들은 모두 간과하기 쉬운 작은 일들이다. 하지만 이 일들 역시 중요하며 완료했을 때 만족감을 준다. 이메일에 즉시 답장하거나 고객에게 전화하는 것과 같은 업무 관련 작업들도 '짜잔!' 목록에 넣을 수 있다.

성취한 것들을 모두 적어보고 인정하는 것은 스스로 성취감과 자부심을 느끼게 해줄 것이다. 더 나아가 남은 일들을 완료하도록 동기를 부여하는 데 도움이 된다. 기억해야 할 핵심은 발전이 항상 직선적이지 않으며, 올바른 방향으로 나아가는 아주 작은 발걸음도 중요하다는 것이다. 물론 여전히 코끼리와 같은 큰일을 마무리해야 한다는 것을 잊어서는 안 된다. 목표는 빠르게 완수할 수 있는 작은 일들의 끝없는 목록을 작성하는 것이 아니다. 그러니 균형을 잘 맞춰 '토끼'만 쫓지 않도록 하라. 너무 큰일에 짓눌리지 않고 계속 진행하려면, '짜잔!' 목록에 작은 단계 목표와 중간 성취들을 기록하는 것이 좋은 방법이다.

개구리 대신 사탕부터 먹어라

하루 중 가장 어려운 일을 먼저 끝내는 '개구리 먹기' 대신 가장 즐겁고 에너지가 나는 일부터 시작해 보라. 특히 신경 다양인에게는 이 방법이 강점을 살리고 긍정적인 경험을 쌓게 해준다. 긍정적인 마음을 유지하면서 나머지 일들을 해낼 동력도 얻을 수 있다.

마갈리는 이러한 생산적인 흐름을 타기 위해 금방 끝낼 수 있고 즉각적인 성취감을 주는 일부터 시작하는 경우가 많다고 한다. 기분이 좋아지면 추진력이 생겨서 동기와 생산성이 같이 높아진다. 노력에 대한 보상을 바로 눈으로 확인하는 것은 하루 종일 동기를 부여하고 일에 탄력을 주는 아주 강력한 방법이다. 이런 만족감은 성취감을 더해 주고, 그 성취감이 다시 에너지와 집중력을 끌어올린다.

하지만 사탕을 얼마나 먹을지는 미리 정해야 한다. 그렇지 않으면 재미있거나 쉬운 일만 하게 될 수 있기 때문이다. 신경 전형인이라면 여전히 '오늘의 코끼리' 같은 큰일을 가능한 한 빨리 처리하는 게 좋지만, ADHD가 있는 사람은 간단한 일로 도파민을 먼저 채우면 긴 작업에도 온전히 집중할 수 있다.

우선순위들
아무것도
못하고 있잖아!!

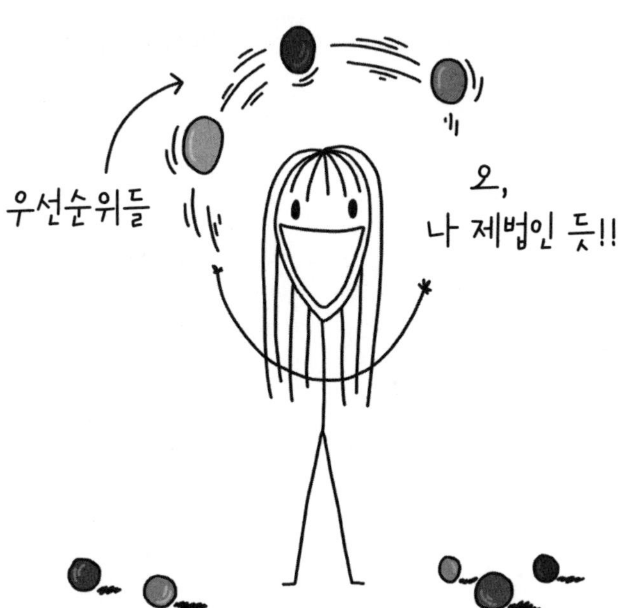
우선순위들
오,
나 제법인 듯!!

모두 변화의 흐름에 동참하라

* * *

현재 비즈니스와 전문 직종 세계의 주류 문화는 여전히 다양한 근무 방식의 필요성과 신경 다양인들의 경험을 간과하고 있는 경우가 많다. 링크드인과 같은 플랫폼도 마찬가지다. 포용성과 다양성 관점에서 해야 할 일은 아직도 많다. 조직 내에 뿌리 깊은 문제가 존재한다면, 다양성 Diversity·형평성 Equity·포용성 Inclusion, DEI 캠페인을 진행하는 것만으로는 충분하지 않다. 이를 해결하려면 사고방식과 문화에서 보다 근본적이고 급진적인 변화가 필요하다. 우리는 서로 다른 근무 스타일과 관점을 인정해야 하며, 이러한 다양성이 오히려 힘과 혁신의 원천이 될 수 있음을 깨달아야 한다. 이제 행동에 나서야 할 때다. 배경이나 신경 다양성과 관계없이 모든 사람이 동등한 기회와 인정을 받는 비즈니스 세계를 만들어야 한다. 우리는 모든 사람의 목소리가 들리고 존중받으며, 다양성이 힘과 성장을 위한 원천으로 받아들여지는 환경을 함께 만들어나가야 한다.

4장

'멀티태스킹 뇌'라는 신화

나는 여러 가지 과제나 프로젝트를 동시에 처리할 수 있다. 내 아침은 이랬다. 이메일에 답장하면서 왓츠앱 단체 채팅방에서는 학생들의 질문에 답한다. 헤겔 철학에 대한 팟캐스트가 배경음악처럼 흘러나오고, 오븐에서 빵이 구워지는 동안 노트북에 열려 있는 문서에 아이디어를 추가하고 있었다.

당신은 이렇게 생각할지도 모른다. '정말 생산적인데?' 하지만 진실은 이렇다. 중요한 이메일 두 통에는 결국 답장하지 못했다. 하지만 '읽음' 처리가 되었으니, 다시 볼 가능성은 희박하다. 학생들은 내 답변을 듣고 각자 할 일을 했겠지만, 나는 팟캐스트의 주제도 기억이 안 나서 다시 들어야 했다. 한편 노트북에 있는 문서는 여전히 초안 상태로 출판사의 독촉을 받고 있고, 빵은 탄 채로 오븐에서 꺼냈다.

앞에서 여러 번 말했듯이 멀티태스킹은 신화다. 할 일들이 모두 인지적 노력을 요하는 일이라면 동시에 처리할 수 없다. 나도 당신도 바쁜 '슈퍼맘'도 할 수 없다. 아무도 할 수 없다. 왜냐하면 우리 뇌는 그렇게 작동하지 않기 때문이다. 우리는 뇌가 스스로를 분업화시켜 각 작업을 똑같이 잘 해낼 수 있다고 생각하지만 그렇지 않다. 멀티태스킹은 비생산적이다. 우리는 더 많은 일을 해낼 것이라고 스스로를 속이지만, 실상을 들여다보면 해낸 일의 양은 더 적을뿐더러 특히 질은 더 떨어진다.

우리는 멀티태스킹을 하는 게 아니라
스위치태스킹을 하고 있다

멀티태스킹? 이것은 우리가 종종 깨닫지도 못하는 사이에 빠져드는 함정이다. 우리는 왜 이 개념에 그렇게 쉽게 빠져드는 걸까? 우리 뇌는 전염병을 피하듯 지루함을 피하고 싶어 하기 때문이다. 멀티태스킹은 우리가 다양한 경험을 하게 하는 확실한 방법이다. 게다가 멀티태스킹 능력으로 칭찬까지 받는다. '멀티태스킹 능력 필수'라고 적힌 구인 광고도 많다. 현대사회의 많은 사람이 하루 대부분을 모니터 앞에서 보낸다. 우리 뇌는 끊임없이 한 가지 일에서 다른 일로 전환하도록 강요받고 있다.

예를 들어 저녁 식사 준비라는 한 가지 일에 집중한다고 가정해 보자. 무엇을 만들지(라자냐!) 결정하는 순간부터 당신의 '인지조절 네트워크cognitive control network'가 작동하기 시작한다. 목표지향적인 행동을 계획하고 실행하는 데 관여하는 뇌 영역들이 활성화된다. 장 볼 목록을 작성하고, 준비 시간을 가늠하며, 최종 결과물을 시각화하는 일을 한다.

동시에 당신의 뇌는 냉장고 속 재료와 같은 외부 정보와 할머니의 레시피에 대한 기억과 같은 내부 정보를 결합한다. 의사 결정과 계획에 관여하는 뇌 영역들이 함께 작동해 요리 과정을 정리한다. 이를 통해 어떤 재료가 필요한지, 어떤 순서로 움직여야 하는지 그리고 얼마나 오래 요리해야 하는지를 단계별로 생각하는 것이다.

겉보기에 간단한 일도 당신의 뇌에는 상당한 노력이 필요하다. 미국 심리학자 글로리아 마크Gloria Mark는 머릿속에서 할 일을 정리하는 과정을 일종의 '정신적 화이트보드mental whiteboard'에 글씨를 채워나가는 것에 비유한다. 만약 라자냐를 여러 번 만들어봤다면 몇 가지 핵심 단어만으로 충분할 것이다. 하지만 처음 요리해 보는 것이라면 화이트보드에 몇 가지 재료만 휘갈겨 쓰는 것으로는 충분하지 않을 것이다. 단계별로 무엇을, 언제 해야 하는지 상세히 적는 것이 더 나을 것이다.

요리 중에 방해를 받으면 어떻게 될까? 예를 들어 스마트폰에 알림이 떴거나 친한 친구에게서 전화가 왔다고 가정해 보자. 뇌는 순식간에 다른 작업으로 전환된다. '급한 일일지도 모르니 받아봐야지.' 곧바로 주의는 전환된다. '전화벨 소리를 조금 낮춰야겠어, 아! 채소가 타겠어.' 만약 라자냐를 백 번이나 만들어봤고 친구와 편하게 수다를 나누는 상황이라면 이러한 작업 전환은 꽤 순조롭게 진행될 수 있다. 하지만 요리에 자신이 없는 상황에서 친구가 깊은 공감이 필요한 대화 주제를 꺼낸다면 이야기는 완전히 달라진다. 요리와 대화 두 가지 모두 완전한 주의가 필요한 것이다. 그럼 당신의 뇌는 두 개의 정보 사이를 끊임없이 오가야 하며 실수를 할 수밖에 없다. 손가락을 벨 수도 있고 친구가 당신이 영혼 없이 대답한다고 느낄 수도 있다.

우리는 종종 두 가지 일을 동시에 하고 있다고 생각하지만, 사실은 두 개 이상의 분리된 과제에 주의를 분산시키며 뇌가 한 과제에서 다른 과제로, 다시 반대로 끊임없이 전환할 뿐이다. 즉 우리는 멀티태스킹을 하는 것이 아니라 '스위치태스킹switchtasking'을 하는 것이다. 오직 한 가지 일을 완전히 자동 조종 모드로 할 수 있을 때만 동시에 다른 일도 할 수 있다. 공원을 산책하는 동안 친구와 대화를 나누는 상황이라면 가능하다.

당신의 뇌는 레이싱 중이다

아마도 지금쯤 당신은 '한 가지 일에서 다른 일로 전환하면 왜 안 되지? 다양성이야말로 삶의 즐거움 아닌가?'라고 궁금해할 것이다. 강연을 할 때 나는 종종 "한 번에 여러 가지 일을 하는 것이 뇌를 예리하게 유지해 준다."라고 말하는 사람들을 만난다. 이런 분들께도 실망스러운 소식이겠지만, 두 가지 이상의 일을 끊임없이 오가는 것은 뇌에 좋지 않다. 이는 마치 아주 큰 뷔페에서 접시에 온갖 음식을 마구 담아온 뒤에 먹기 바빠서 어떤 음식도 제대로 맛보지 못하는 것과 같다.

당신은 스위치태스킹이 많은 일을 해내는 데 도움이 된다고 생각할 수 있지만, 사실 이는 뇌에 불필요한 압력을 가하는 것이다. 미국계 캐나다인 인지심리학자 대니얼 레비틴Daniel Levitin에 따르면, 우리가 한 가지 일에서 다른 일로 주의를 전환할 때마다 뇌는 신경 화학적 스위치를 켰다가 껐다가 한다. 이 과정에는 엄청난 에너지가 소모된다. 우리가 멀티태스킹을 할 때 뇌는 1위를 노리는 F1 드라이버처럼 끊임없이 기어를 바꾼다. 이 과정에서 엄청나게 많은 에너지를 사용하게 되며 우리가 하루를 마칠 때면 피곤할 수밖에 없다.

특히 오늘날처럼 산만한 세상에서 우리 뇌는 끊임없이 질주하고 있다. 심리학자 글로리아 마크는 사무실 직원들이 다른 활동으로 전환하거나 정신이 산만해지기 전까지 한 가지 일에 약 3분 정도만 집중할 수 있다는 것을 발견했다. 그렇다. 3분이다. 또한 우리가 하루에 평균 74번 이메일을 확인하고, 컴퓨터를 사용할 때는 하루에 최대 566번까지 작업을 전환한다고 말한다.

물론 일시적인 방해가 그리 나쁘지 않다고 생각할 수도 있다. 잠시 다른 일을 해도 집중력이 즉시 깨지는 것은 아니니, 다시 하던 일로 돌아가면 된다고 말이다. 그러나 다시 한번 실망스러운 소식을 들려줘야 할 것 같다. 주의력과 집중력 연구의 권위자인 미국의 신경과학자 마이클 포스너Michael Posner는 피실험자가 방해를 받고 나서 다시 집중 상태로 돌아오는 데 시간이 얼마나 걸리는지 조사했다. 결과는 당신이 생각하는 것보다 훨씬 더 오래 걸린다. 포스너의 연구에 따르면, 한 가지 일을 하던 중 방해를 받은 사람들은 방해받기 전과 같은 정도의 집중력을 되찾는 데 평균 23분이 걸린다고 한다.

집중력
헤헤
멀티태스킹

곰곰이 생각해 보라. 다시 온전히 집중하는 데는 23분이 걸리지만, 우리는 평균적으로 3분마다 방해를 받는다. "다 그렇지, 뭐." 하고 넘길 만한 사소한 일이 아니다. 우리는 아주 심각한 악순환에 빠져 있는 것이다.

스위치 비용 효과

만약에 한 주 동안 사람들의 뇌를 스캔해 본다면, 뇌가 마치 기계처럼 거의 쉬지 않고 계속 작동하는 것을 보게 될 것이다. 집에서든 직장에서든 우리의 뇌는 항상 '켜져' 있으며, 방해 요소는 사방에 널려 있다. 휴대폰을 잠깐 확인하는 것, 이동 중에 이메일을 보내는 것, 동료랑 잡담하는 것, 프린터가 고장나는 것, 이메일을 읽으라고 알려주는 앱 알림 등등, 우리는 끊임없이 한 가지 일에서 다른 일로 전환하고 있다. 그리고 우리는 그 대가를 치른다. 신경과학자들은 이를 '스위치 비용 효과switch cost effect'라고 부른다. 이는 한 작업에서 다른 작업으로 전환할 때 필요한 추가 시간과 정신 에너지를 말한다. 당신이 활동을 전환할 때마다 뇌는 새로운 정보, 목표, 맥락에 적응해야 한다. 그리고 그 전환에는 대가가 따른다. 실수를 하기도 하고, 효율성이 떨어지며, 생산성도 저하된다.

스위치 비용 효과를 잘 보여주는 예시가 있다. 아마 당신도 익숙할 것이다. 창의적인 작업에 몰두하고 있는데 이메일 알림이 뜬다. '바로 확인할까?' 아니면 '나중에 볼까?' 하고 고민한다. 나중에 보기로 한다면 잠시 주의가 분산됐겠지만, 하던 일에 다시 비교적 빨리 집중할 수 있다. 하지만 바로 확인하는 경우에는 원래 하던 일에서 완전히 벗어나게 된다. 이메일을 읽고, 필요한 정보를 찾고, 답장 내용을 생각하고, 보내고…. 그제야 다시 원래 작업으로 돌아올 수 있다. '내가 어디까지 했었지?' 생각하며 다시 완전히 집중하기 위해서는 하던 일의 맥락을 처음부터 다시 찾아야 하는 것이다.

이처럼 끊임없이 작업을 전환하면 더 많은 시간이 걸리고 실수가 발생할 뿐만 아니라 몸도 피곤해진다. 계속해서 작업을 전환하는 것은 마치 뇌가 여러 종목을 넘나들며 매번 다른 기술을 적용해야 하는 스포츠 경기와 같다. 인지심리학자 레비틴이 말한 신경 화학적 스위치의 지속적인 전환은 뇌의 특정 화학물질을 고갈시킨다. 이 특정 화학물질에는 우리를 각성시키고 활력 있게 만드는 노르아드레날린뿐만 아니라 집중력을 돕는 아세틸콜린과 과제를 완수하게 하는 도파민도 포함된다. 중요한 점은 우리가 보통 이를 깨닫지 못한다는 것이다. 왜냐하면 한 작업에서 다른 작업으로 전환할 때 실제로 한 방의 도파민을 보상으로 받기 때문이다. 결론적으로 '스위치태스킹'은 단기적으로는 당신을 기분 좋게 만들지만 장기적으로는 큰 대가를 치르게 한다.

나도 팝콘 브레인일까?

상상해 보자. 중요한 발표를 듣다가 문득 아침에 고양이에게 밥을 주지 않았다는 사실이 떠오른다. 바로 룸메이트에게 메시지를 보내려 한다. 스마트폰을 켠 순간 화장품 세일 알림이 뜬다. 알림만 눌렀을 뿐인데 어느새 장바구니에 제품 여섯 개를 담아두고, 머릿속에서는 테일러 스위프트의 노래 'Wildest Dreams'의 테크노 버전이 네 번 정도 재생되었으며, 심지어 주말에 볼 영화표까지 예매해 버렸다. 다시 정신을

나의
집중력 그래프

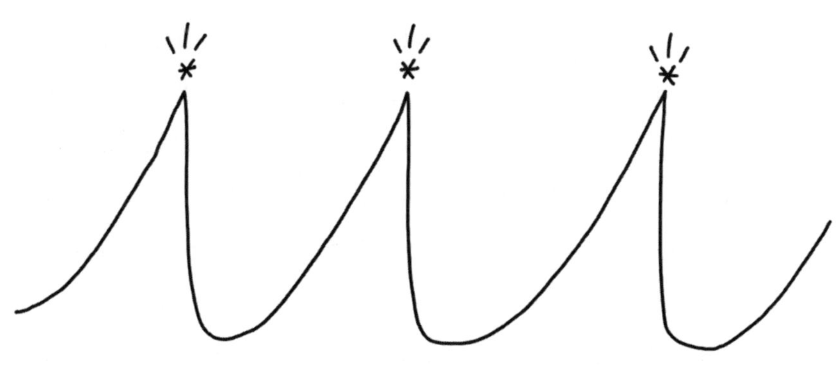

* - SNS 볼 때

차려 발표에 집중했을 땐, 이미 회의의 맥락은 놓쳤고 배고픈 고양이 생각은 온데간데없다. 이게 바로 전형적인 '팝콘 브레인Popcorn brain'의 사례다.

팝콘 브레인은 디지털 기기에 주의가 산만해져서 생각과 집중력이 여기저기로 튀는 순간을 묘사한 표현이다. 마치 뇌가 자극에 데워져 팝콘처럼 톡톡 튀는 것이다. 알림과 온라인 속에 가득한 유혹이 끊임없이 뇌를 자극해서 벌어지는 현상이다.

이 용어는 미국의 컴퓨터 과학자 데이비드 레비David Levy가 처음 명명한 것으로, 현대 기술이 우리의 집중력과 생산성을 약화시킬 수 있음을 보여준다.

나는 인기 팟캐스트 〈CEO의 다이어리The Diary Of A CEO〉에서 처음 팝콘 브레인에 대해 알게 되었다. 어느 한 회차에 물리학자이자 스트레스 전문가 아디티 네루르카Aditi Nerurkar 박사가 나왔다. 그녀는 거의 모든 사람이 이 현상을 언젠가는 겪게 된다고 말했다. 맞는 말이다. 한번 생각해 보라. 버스나 전철을 기다릴 때 무엇을 하는가? 바로 휴대폰을 본다. 커피를 기다릴 때도 마찬가지고, 식당에 제일 먼저 도착해 친구들을 기다릴 때도, 심지어 화장실에 있을 때도 계속해서 체크, 체크, 체크를 한다. 당신도 분명 팝콘 브레인을 갖고 있을 것이다. 하지만 걱정할 필요는 없다. 팝콘 브레인은 인터넷 중독과는 다르다. 인터넷 중독은 일상을 송두리째 뒤흔들지만, 팝콘 브레인은 현대 생활에서 자연스럽게 따라오는 현상일 뿐이다.

팝콘 브레인이 흥미로운 점은 이 현상이 선사시대와 연관이 있다는 것이다. 당시 인류는 사바나를 돌아다니고 동굴에서 살고 있었다. 밤이 되면 항상 누군가 경계를 서야 했다. 잠든 부족을 위험으로부터 보호하기 위해 망을 보는 '파수꾼'이 있어야 했던 것이다. 오늘날 우리는 모두

파수꾼이 되었다. 계속해서 휴대폰을 스크롤하는 이유는, 무의식적으로 위험 신호를 찾아보면서 안전함을 느끼려는 심리 때문이다. 다시 말해 지금의 우리는 잠든 '부족'이자 '파수꾼'인 셈이다.

자, 그럼 우리는 팝콘 브레인에 대해 뭘 할 수 있을까? 단순히 스마트폰 사용을 절제한다고 해서 도움이 되지 않는다. 현대사회에서는 이를 지속할 수 없기 때문이다. 거의 대부분은 금방 다시 스마트폰을 사용할 것이다. 현실적으로 효과가 있는 방법은 스마트폰 의존도를 줄여나가는 것이다. 즉 디지털 경계를 설정하는 것이다. 예를 들어, 침대에 스마트폰을 두지 말자. 사람들의 62%가 아침에 일어난 지 15분 안에 스마트폰을 확인하고, 약 50%는 한밤중에도 스마트폰을 확인한다. 이 습관만 고쳐도 스트레스가 줄어들 것이다.

그렇다면 의존도를 줄이기 위해 무엇을 할 수 있을까? 하루에 세네 번 스마트폰 없이 쉬는 시간을 10분 정도 가져보라. 짧은 휴식도 쌓이면 스트레스 해소에 큰 도움이 된다. 휴식은 생산성을 높이고 기분을 좋게 하며 에너지를 올려준다. 마지막 팁, 스마트폰에 손이 갈 때마다 그 사실을 의식해 보라. 좋은 방법은 왜 스마트폰을 들었는지 매번 이유를 생각하거나 적어보는 것이다. 이렇게 하면 자신의 행동을 바로 인식할 수 있고, 별다른 이유 없이 스마트폰을 드는 습관도 자연스럽게 줄어들어 디지털 기술과 좀 더 건강한 경계를 세울 수 있다.

멀티태스킹은 허상이다

＊＊＊

여성이 멀티태스킹에 능하다는 오래된 클리셰가 있다. 이제 나는 그 클리셰를 신화의 영역으로 보내고 싶다. 많은 여성이 해야 할 일이 많은 건 사실이다. 특히 아이가 있는 경우에는 더 그렇다. 회의 도중 장보기 목록을 적는다든지 다음 날 학교 준비물을 챙기면서 생일 파티를 계획한다든지 마치 여러 일을 거의 힘들이지 않고 해내는 것처럼 보인다. 하지만 그건 겉보기만 그럴 뿐이다. 과학은 이를 명확하게 보여준다. 실제로 멀티태스킹을 잘하는 사람은 아무도 없다. 여성도 예외가 아니다. 과학 저널 〈플로스 원PLOS ONE〉에 발표된 한 독일 연구에 따르면, 여러 가지 일을 동시에 할 때 여성의 뇌가 남성보다 더 효율적으로 작동하지는 않는다고 한다.

그렇다면 젊은 세대는 어떨까? 내 주변의 젊은이들을 보면 자신이 6~7가지 미디어를 동시에 다룰 수 있다고 확신한다. 드라마를 보면서 동시에 틱톡과 스냅챗을 한다니… 쉽다고 하는데 과연 그럴까? 미국 심리학자 래리 로젠은 현대 뇌의 역학을 연구하면서, 젊은 세대가 미디어 및 기술과 어떻게 상호작용하는지를 집중적으로 살펴보았다. 공부를 하면서 동시에 휴대폰을 확인하고, 음악을 듣고, 친구 메시지에 답하며, 소셜미디어를 스크롤하는 10대를 관찰했다. 이들은 동시에 여러 일을 하면서도 공부에는 지장이 없다고 믿었다. 그러나 로젠의 연구 결과는 전혀 다른 이야기를 들려주었다. 뇌파 검사와 행동 관찰 결과, 젊은 세대의 뇌 역시 동시에 많은 정보 흐름을 처리하도록 설계되어 있지 않았음을 분명하게 보여주었다. 그들 역시 일을 전환할 때마다 집중력 저하, 반응 속도 지연, 생산성 감소로 이어지는 '스위치 비용'을 치르고 있었다.

우리를 더 피곤하게 하는 주의 잔여물

우리가 하루 종일 이 일 저 일 옮겨 다니며 바쁘게 지낸 뒤 (당연하겠지만) 엄청난 피로감을 느끼는 이유 중 하나는 '주의 잔여물attention residue' 때문이다. 이를 설명하기 위해 글로리아 마크가 말한 '정신적 화이트보드'를 떠올려보자. 새로운 과제로 전환할 때마다 정신적 화이트보드에서는 이전 과제를 지우고 새로운 과제를 적는다. 하지만 완전히 지운 뒤에도 처음의 글씨가 옅은 흔적으로 여전히 남아 있다.

그래서 새로운 일을 하고 있더라도 뇌 속에는 여전히 이전 글씨의 흔적이 남아 있다. 주의 잔여물이 꼭 나쁜 것만은 아니다. 어떤 일을 기억하고 있다가 나중에 다시 이어가는 데 도움을 준다. 예를 들어 보고서를 작성하던 중 화재 경보가 울렸다고 해보자. 상황이 정리되고 다시 자리로 돌아왔을 때 주의 잔여물은 뇌가 무엇을 하고 있었는지 기억나게 해준다. 문제는 우리가 이 메커니즘을 하루 종일 사용한다는 점이다. 아니, 더 정확히 말하면 남용한다는 데 있다.

내가 학생이었을 때 시험 문제를 풀다가 답을 모를 때는 바로 다음 문제로 넘어갔다. 그런데 적극적으로 답을 찾으려 하지 않아도 조금 지나면 이전 문제의 답이 곧잘 떠오르곤 했다. 왜 그럴까? 뇌가 백그라운드에서 계속 작동하고 있었기 때문이다. 마치 스마트폰 앱처럼 말이다. 물론 이런 건 좋은 점이지만 시험이 끝날 즈음이면 정신적으로 완전히 지쳐버리곤 했다.

가끔은 시험 볼 때처럼 뇌에 도전 과제를 주는 것이 나쁜 일은 아니다. 하지만 우리가 그걸 하루 종일 하고 있다면 어떨까? 이전 과제에서 남은 주의 잔여물을 끊임없이 처리해야 한다면? 과제를 바꿀 때마다 우리는 정신 에너지를 조금씩 잃어간다. 그 결과 문제 해결 능력과 창의적 사고력이 눈에 띄게 저하되고 기억력도 약해진다. 계속 일을 전환하느라 바빠서 정작 뇌에는 기억의 흔적을 남길 에너지가 남아 있지 않다. 그리고 그 결과는 명확하다. 스위치태스킹을 하는 사람은 한 번에 한 가지 일에 집중하는 사람보다 생산성이 최대 40% 낮다는 추정치가 있다. 그러니 이제는 주의를 분산시키는 습관을 멈추고, 의식적으로 한 번에 하나의 일에 집중할 때다.

스위치태스킹이 부른 '에너지 누수'

***

네덜란드 심리학자 마크 티흐헬라르Mark Tigchelaar는 스위치태스킹을 하면 네 가지 에너지가 누수된다고 한다.

1 **에너지 손실:** 스위치태스킹은 계속해서 과제를 전환해야 하므로 많은 정신 에너지를 소모해 전반적인 에너지를 고갈시킨다.

2 **시간 손실:** 과제를 바꾸는 데 시간이 들기 때문에 개별 과제를 효과적으로 끝내기 어렵고 전체 생산성이 떨어진다.

3 **질적 손실:** 스위치태스킹 중에는 각 과제에 온전히 집중할 수 없기 때문에 실수 가능성이 커지고 작업의 질이 낮아진다.

4 **기억 손실:** 과제를 계속 전환하다 보면 정보를 제대로 처리하고 저장하기 어려워져, 기억력과 학습 능력이 손상될 수 있다.

우리 뇌는 뒤에서 부지런히 일하고 있다

싱글태스킹을 자주 하고 싶은가? 그렇다면 지금 왜 계속 작업을 전환하는지 고민해 보는 것이 중요하다. 왜 그렇게 자주 그리고 쉽게 산만해질까? 이 질문에 대한 답은 사람마다 다르지만, 우리는 방해 요인을 크게 두 가지 유형으로 구분할 수 있다. 바로 외부적 요인과 내부적 요인이다.

외부적 방해 요인은 대체로 눈에 보이기 때문에 해결하기가 비교적 쉽다. 이메일 알림은 끌 수 있고, 스마트폰 알림 또한 끌 수 있다. 물론 개방형 사무실에서 방해 요인을 없애는 것이 쉽지는 않겠지만 방법은 있다. 이 내용은 5장에서 더 자세히 다루겠다.

내부적 방해 요인은 눈치채기 더 어렵고, 그래서 우리의 집중력에 더 큰 위협이 된다. 우리 뇌는 바쁜 것을 좋아해서 공백을 채울 방법을 찾는다. 솔직히 말해 보자. 지난 10분 동안 읽은 내용이 무엇인지 물어본다면 상세히 대답할 수 있겠는가? 물론 대답할 수 있기를 바라지만 그 내용 중 일부가 기억나지 않을 가능성이 크다. 외부적인 요인에 의해 방해를 받았을 수도 있지만, 당신의 마음 때문일 가능성 또한 꽤 높다. 이는 당신이 읽는 속도보다 생각하는 속도가 훨씬 빠르기 때문이다. 읽는 속도는 분당 단어가 약 200~250개인 반면, 생각하는 속도는 분당 단어가 1,400개에 달한다. 말하기도 마찬가지다. 우리 뇌는 말로 표현하는 것보다 훨씬 빠르게 연결고리를 만든다. 다행히도 이 공백을 생산적으로 채울 수 있는 요령들이 있다.

조금 더 빨리 읽기

글을 몇 줄만 읽어도 마음이 엉뚱한 곳으로 가버리는 일을 겪어본 적이 있는가? 한 단어가 갖가지 사고의 연쇄 반응을 일으키고, 정신을 차리고 보니 언제 자동차 정비를 맡길지 생각하고 있는 것이다. 정말 따분한 책을 읽고 있을 수도 있다. 그렇다 하더라도 내용은 어느 정도 파악해야 하지 않겠는가? 자주 이런 상황에 처한다면 속독을 시도해 보자. 적절한 방법을 활용해 더 빠르게 읽으면, 생각이 삼천포로 빠질 기회를 차단할 수 있다.

상식에 반하는 거 아닌가 싶겠지만 더 빨리 읽을수록 뇌가 더 효과적으로 집중할 수 있다. 원리는 명확하다. 분당 더 많은 단어를 읽는 것이 뇌에 더 많은 주의력을 요구하기 때문이다. 독서에 몰입할수록 다른 사고나 정보 처리 과정이 침입할 여지가 줄어든다. 이렇게 예리해진 집중력은 읽고 있는 내용을 더 효과적으로 파악하도록 돕는다. 다만 속독할 때는 각 페이지를 다 훑은 후 반드시 잠깐 멈춰서 방금 읽은 내용을 머릿속으로 되새기는 활동이 필요하다. 이렇게 하지 않으면 내용이 머릿속에서 빠져나갈 수도 있다.

음악으로 마음을 진정시키기

집중력을 예리하게 만드는 또 다른 방식은 편안한 음악을 듣는 것이다. 이상적으로는 가사가 없는 연주곡이 좋다. 가사가 들어가면 뇌의 언어 처리 영역이 작동해 도리어 방해가 될 수 있기 때문이다. 또한 익숙한 음악을 선택하자. 생소한 멜로디는 뇌의 호기심을 유발해 오히려 주의가 분산될 가능성이 높다. 음악의 주파수가 핵심이다. 뇌는 40Hz에서 가장 효과적으로 집중할 수 있다. 플레이리스트가 필요하다면 '엔델Endel' 앱을 활용해 보라. 이 애플리케이션은 지금 하고 있는 활동에 특화된 맞춤형 사운드스케이프(소리의 풍경)를 제공한다. 집중력을 향상시키는 사운드스케이프뿐만 아니라 반대로 긴장을 완화하는 플레이리스트도 준비되어 있다.

집중 잘되는
음악 좀
틀어야겠다

~ 5분 뒤 ~

우와아아아~
춤추고 싶어!!!

몸을 움직이기

청각 정보에 집중하는 게 힘들다고 느끼는가? 팟캐스트나 녹음한 회의 내용을 들을 때, 산책이나 가벼운 러닝 같은 활동과 병행해 보라. 단, 익숙한 경로를 택하자. 개인 신기록을 세우듯이 뛰면 안 된다. 운동은 뇌의 공백을 채워주고 현재 하고 있는 일에 몰입하도록 도와준다. 다만 너무 많은 것을 동시에 하지는 말자. 곧 한계를 느낄 것이다. 팟캐스트에 빠져든 나머지 운전 중 길을 잘못 든 적이 있지 않은가? 반대로 꽉 막힌 도로에서 운전에 집중하다가 오디오북의 맥락을 완전히 놓쳐본 적도 있을 것이다.

끄적거리기

정보를 받아들이는 데 도움이 되는 또 다른 방식은 바로 *끄적거리기*doodling(두들링)다. 학교 다닐 때 수업 시간에 *끄적*이거나 노트에 그림을 그리다가 선생님께 혼난 적이 있을 것이다. 하지만 그때 선생님은 몰랐겠지만 *끄적거리기*는 생각의 속도와 듣기의 속도 사이의 격차를 줄여주어 수업에 더 몰두할 수 있게 한다. 내 수업 시간에 학생들이 *끄적*거리고 있는 모습을 보면, 그들이 집중을 유지하려고 노력하고 있다는 것을 알 수 있다. 그렇다면 우리는 동시에 두 가지 일을 할 수 있는 걸까? 정답은 '그렇다'이다. 단, 두 일이 서로 방해하지 않는다면 말이다. 강의를 들으면서 *끄적*거리거나, 전화를 하면서 그림을 그리는 건 멀티태스킹도, 스위치태스킹도 아니다. 그렇다면 이건 무엇일까?

젊은 성인을 대상으로 한 연구에 따르면, *끄적거리기*는 듣고 이해하는 능력에 긍정적인 효과를 준다. 정보를 기억하는 데도 도움이 된다. 단순히 듣기만 한 학생들보다 끄적거린 학생들이 주요 내용과 관련된 세부 사항을 더 잘 기억했다. 끄적거리는 학생들은 정보를 모니터링하고 처리하는 능력에서도 더 뛰어난 모습을 보였다.

끄적거리기가 긍정적인 효과를 보이는 가장 그럴듯한 설명은, 그것이 몽상에 빠지는 것을 막아주고 각성 상태로 유지해 주기 때문이라는 것이다. 듣기 이해력에서 작업 기억은 소리를 단어나 구로 바꾸고, 그 단어와 구에 의미를 부여하는 데 결정적인 역할을 한다. 추론(장기 기억의 지식 활용), 정보 모니터링 그리고 이해력 또한 작업 기억에서 이루어진다. 몽상에 빠지면 제한된 작업 기억 용량을 음성 텍스트를 처리하는 데 쓰지 못하고 자신의 생각에 사용한다. 따라서 끄적거리기로 몽상에 빠지는 것을 막는다면 듣고 이해하는 능력을 향상시킬 수 있는 것이다.

마인드스윕

또 다른 팁은 바로 마인드스윕mindsweep이다. 집중하고 있을 때 머릿속에 전구가 켜지듯이 갑자기 어떤 생각이 떠오를 때가 종종 있다. '맞다, 이따가 가게에 들러서 우유 사야지.'와 같은 생각이 계속 떠올라 당신의 집중을 방해하는 것을 막으려면 그 생각을 적어두는 것이 좋다. 적어둠으로써 당신의 뇌는 그 생각을 놓아줄 수 있다. 식당 종업원들이 주문을 일일이 적는 것에는 다 그럴 만한 이유가 있다.

스위치태스킹이 아닌 싱글태스킹은 우리의 생산성과 웰빙에 엄청난 변화를 가져올 수 있다. 완전한 집중력을 가지고 일을 시작하고 싶다면 적절한 몰입 상태에 진입하는 것이 중요하다. 그 몰입 상태에 한번 빠지면 한 번에 한 가지 일에 집중하는 것이 더 쉬워진다. 물론 핵심은 어떻게 몰입 상태에 들어갈 것인지다.

나만의 집중 의식을 만들자

스페인의 테니스 선수 라파엘 나달Rafael Nadal은 그냥 코트에 들어서지 않는다. 경기 중 휴식 시간마다 물병을 정확히 같은 위치에 놓고, 병의 라벨이 자신이 경기할 쪽을 향하도록 맞춘다. 다시 경기에 들어갈 때는 수건을 광고판 두 개 위에 걸친 뒤, 모서리를 당겨 팽팽하게 만든다. 다시 한번 확인한 뒤 오른쪽 모서리를 살짝 잡아당기고 수건을 톡톡 두드린 다음에야 베이스라인에 서서 서브를 받을 준비를 한다.

최고의 테니스 선수들은 뇌를 예열하는 데 15분이나 쓸 여유가 없다. 베이스라인에 서는 순간부터 완전히 집중해, 단 몇 번의 정확한 샷으로 상대를 몰아붙여야 한다. 그래서 나달 같은 많은 엘리트 운동선수가 '집중 의식attention ritual'이라는 지름길을 사용한다. 이 의식은 뇌에 '이제 100% 집중할 시간이다.'라는 신호를 보내는 역할을 한다. 나달이 수건을 두드릴 때, 그의 뇌는 이미 전투 모드인 것이다. 나달은 이렇게 말했다. "솔직히 이런 의식이 없었으면 좋겠어요. 하지만 테니스는 정신적으로 굉장히 공격적인 스포츠라서, 집중을 흐릴 수 있는 모든 요소를 없애야 해요. 이 의식들이 경기에 집중하는 데 도움을 주죠."

자세히 보면 우리 모두에게는 조금씩 나달 같은 면이 있다. 예를 들어 내 친구 중에는 회의에 들어가기 전에 항상 빗으로 머리를 단정하게 빗는 친구가 있다. 또 다른 친구는 차에 구두약 상자를 두고 다니면서 중요한 행사를 앞두고 차에서 내리기 전에 마지막으로 구두를 닦는다. 이런 습관들은 사회적 규범 때문이기도 하다. 동료나 고객에게 좋은 인상을 주고 싶어서일 것이다. 또 다른 측면에서 이런 습관은 마음을 다잡고 전문가로서의 자아에 몰입하게 만드는 결정적인 역할을 한다.

집중 의식의 원리는 간단하다. 한 가지 일에서 다른 일로 전환할 때, 마음을 먼저 차분하게 해야 한다. 그래야 완전히 다시 집중할 수 있기 때문이다. 마치 다음 화살을 쏘기 전에 활시위를 잠시 풀어주는 것과 같다. 다시 말해 이런 의식들은 뇌의 '리셋' 버튼인 셈이다. 잡다한 생각들을 정리하고 정신 에너지를 재충전하는 데 도움이 된다. 어떤 행동을 하느냐는 중요하지 않다. 중요한 것은 의식적으로 이런 '휴식의 순간'을 만드는 것이다. 나는 강의를 하러 가면 건물에서 조금 떨어진 곳에

차를 세우는 습관이 있다. 강의 전 10분 정도 걷는 것은 곧바로 몰입 상태에 들어가는 가장 좋은 방법이다. 책상에서 어떤 일에 집중하고 싶을 때는 레너드 코헨의 음악을 듣는데, 그의 음악은 언제나 집중력을 되찾는 데 도움이 된다. 그의 노래 'Take this waltz'를 들을 때, 첫 몇 음절만 들어도 내 뇌에는 신호가 온다. '정신 차리자, 집중할 시간이야!'라고 말이다.

그런데 이런 의식들이 재택근무를 하는 사람들에게서 더 두드러지게 나타난다는 것을 아는가? 많은 사람이 재택근무자는 하루 종일 잠옷 차림으로 앉아 있을 거라고 생각하지만 그렇지 않다. 풀타임 재택근무자들은 종종 매우 체계적인 방식으로 업무에 임한다. 그들은 정해진 시간에 일어나 제대로 아침 식사를 하고, 마치 사무실에 출근하는 것처럼 (상의만 입더라도) 옷을 입는다. 하루 종일 아무도 만나지 않더라도 전문가다운 복장은 일을 시작하기에 적합한 마음가짐을 갖게 해준다.

이처럼 작은 집중 의식은 큰 변화를 가져올 수 있다. 머리를 빗고 구두를 닦고 좋아하는 집중 음악을 듣는 순간, 주변의 모든 소음이 잠시 멈추는 것이다. 내가 하는 행동 중에 이런 집중 의식이 있는지 생각해 보자. 더 중요한 것은, 의식적으로 집중 의식 시간을 더 자주 갖는 것이다. 많은 사람이 이미 집중 의식을 실천하고 있지만 인지하지 못하는 경우가 많다. 유감스럽게도 별생각 없이 하는 집중 의식은 숨은 힘이 온전히 발휘되지 않는다. 지금부터라도 그 행동이 집중 의식임을 인지해 보자. 마음속 충동은 잠잠해지고, 더 집중이 잘되며 정신도 맑아질 것이다.

집중 의식은 크고 복잡할 필요가 없다. 중요한 것은 그 의식이 곧 시작할 일에 대해 정신적인 준비를 시켜야 한다는 것이다. 단 몇 분만으로도 머릿속의 잡다한 생각들을 정리하기에는 충분하다. 의식은 마치 카메라의 셔터를 누르기 전에 초점을 맞추는 시간을 갖는 것과 같다. 창의력을 발휘해서 당신에게 맞는 의식을 찾아보라. 짧은 명상도 좋고, 좋아하는 노래를 틀어도 좋다. 혹은 그냥 5분 동안 무의식의 흐름을 따라가도 괜찮다. 단 한 가지 규칙이 있다. 바로 평소에 하는 행동과는 조금 다른 '특별한' 것을 선택해야 한다. 만약 중요한 일을 시작하기 전에만 커피를 마신다면 그것은 훌륭한 집중 의식이 될 것이다. 하지만 하루 종일 커피를 마시는 사람이라면 커피를 마시는 것은 집중 의식이라 할 수 없다.

자연스럽게 몰입하라

***

2장에서 몰입에 대해 이야기했지만, 다시 언급하고 싶은 이유는 몰입이 스위치태스킹과 직접적으로 관련되어 있기 때문이다. 자신이 몰입 상태에 있는지 혹은 집중력이 떨어지기 시작했는지 알아차리는 것이 중요하다. 무엇을 읽고 있다가 생각이 다른 곳으로 향하는 것을 깨닫는 것처럼 당신만이 아는 신호일 수도 있고, 외부의 자극일 수도 있다. 여기서 핵심은 자신에게 비현실적인 기대를 하지 않는 것이다. 잘 훈련된 뇌도 한 번에 90분 정도 몰입 상태에 머무를 수 있으며, 하루에 최대 4시간까지만 온전히 집중을 유지할 수 있다. 따라서 처음에는 몰입 시간이 짧은 게 전혀 이상한 일이 아니다. 좋은 소식은 몰입 능력을 연습으로 향상시킬 수 있다는 것이다. 집중력은 정적인 개념이 아니기 때문이다.

5장

개방형 사무실에서는 진중력이 사라질까?

1990년대 영화 속 회사의 모습은 이렇다. 한 사무실에 아주 많은 사람들이 비좁은 칸막이 책상에 앉아 컴퓨터 화면을 응시하고 있다. 이를 보며 의문이 들었다. '어떻게 저런 좁은 공간에서 일할 수 있지? 마음의 안정이 들기나 할까? 동료들이랑 교류는 또 어떻고?' 하지만 그로부터 수십 년이 지난 지금, 상황은 완전히 바뀌었다. 비좁은 칸막이 책상이 사라지고, 개방형 사무실과 자율 좌석제로 바뀐 것이다.

개방적이고 유연한 업무 환경은 언뜻 보기에 재미있고 자유롭고 역동적으로 보이지만, 실제로 즐거움은 오래가지 않았다. 개방형 사무실이 집중력을 앗아간 것이다. 사람들은 금세 좁은 칸막이 자리를 그리워하게 되었다. 물론 교류는 훨씬 적었지만, 최소한 일은 끝낼 수 있었고 지끈거리는 두통을 안고 퇴근하지는 않았으니까 말이다.

과학적인 연구에 따르면, 넓은 개방형 사무실에서 많은 사람과 함께 일하는 직원들은 업무 환경에 대한 만족도가 더 낮은 것으로 나타났다. 그들은 지나친 방해와 스트레스를 경험한다. 가장 큰 문제는 집중력 부족이다. 이는 벨기에의 앤트워프 경영대학원이 1,000명이 넘는 사무직 노동자를 대상으로 실시한 설문조사에서도 확인되었다. 응답자의 56%만이 충분히 집중할 수 있다고 답한 것이다.

시끄러운 개방형 사무실에서 일해 봤다면 알 것이다. 어쩔 때는 노이즈캔슬링 헤드폰조차 도움이 되지 않을 때가 있다. 그렇다면 우리는 개방형 사무실을 없애야 하는 걸까?

개방형 사무실에서 집중하려면

나는 개방형 사무실이 우리에게 도움이 될 수 있는지 그리고 어떻게 활용할 수 있는지에 대해 디자인 컨설팅 회사 '두스제부Deusjevoo'와 '업스페이스Upspace'를 운영하는 조 피터스Jo Peters와 자주 논쟁을 벌인다. 요즘에는 개방형 사무실이 대세이기 때문이다. 당분간은 회사들이 대규모로 새 사무실을 짓지 않을 것 같으니, 우리는 개방형 사무실에서 집중하는 방법을 찾아야 한다.

개방형 사무실은 '새로운 업무 방식' 개념과 '활동 기반 업무(담당 업무에 따라 업무 공간을 선택해 일하는 것)'의 완벽히 맞아떨어졌다. 하나의 큰 사무실에서 함께 일하면 참여도가 높아지고, 소통이 원활해지고, 모든 사람이 업무 현황을 파악하기 쉬워진다는 아이디어였다. 하지만 안타깝게도 이런 공간을 설계할 때 개별 직원에 대한 고려는 이루어지지 않았다. 이는 심각한 결과를 낳았다. 개방형 사무실에서 일하는 것이 업무에 부정적인 영향을 미친다는 확실한 증거들이 점점 늘어나고 있다. 개방형 사무실에 긍정적인 면이 없진 않다. 사람들을 수용하는 가장 비용 효율적인 방법이기 때문이다. 하지만 동시에 그게 유일한 장점이다.

지원들이 사무실에서
최대한 집중할 수
있으면 좋겠어요.
어떤 아이디어가
있을까요?

모든 지원을
하나의 큰 방에
다 같이 모으는
거예요!!!

개방형 사무실과 자율 좌석제는 우리가 유연하게 일하도록 돕지 못한다. 유연한 근무는 대개 더 많은 스트레스만 유발할 뿐이다. 이론적으로는 모두가 매일 아침 개방형 사무실에서 일할 자리를 자유롭게 선택할 수 있으니 좋은 아이디어 같다. 하지만 현실은 어떨까? 인간은 습관의 동물이다. 사람들은 매일 같은 자리에 앉는 것을 좋아한다. 마치 휴가객들이 이른 아침부터 일어나 수영장 옆 선베드를 찜하는 것과 같은 상황이 펼쳐진다. 사람들은 자신이 좋아하는 동료 옆, 커피 머신 근처, 창가 등 그날의 자리를 미리 맡아두기 위해 더 일찍 출근해 업무 영역 표시를 한다. 아침부터 이런 행동은 스트레스를 최고조로 끌어올리게 한다. 그리고 팀워크는 곤두박질치게 된다.

집중을 무너뜨리는 "잠깐 시간 돼요?"

"바쁘다, 바빠!" 이 말은 21세기에 모두가 외치는 주문이다. 한 사업가에게 요즘 일이 어떻게 돌아가냐고 물어보면, 열에 아홉은 바쁘다고 할 것이다. 하지만 그날 정확히 무슨 일을 했고 누구와 이야기했는지 이어서 물어본다면 아마 제대로 대답하지 못할 것이다. 과장처럼 들리는가? 이는 조 피터스가 내게 들려준 이야기다. 그는 두스제부를 설립한 지 10년이 되면서 회사의 성장이 정체되었음을 깨달았다. 쉴 틈 없이 일만 하던 그는 문득 자신의 며칠을 돌이켜 봤다. 이리저리 뛰어다니며 멀티태스킹만 하고 있었던 것이다. 사무실을 가로질러 이동하는 동안 계속해서 "5분만 시간 내줄 수 있어요?"라고 묻는 직원들 때문에 그는 계속 걸음을 멈춰야 했다. 이런 일이 반복되며 집중은 깨졌고 제대로 된 업무를 전혀 할 수 없었던 것이다. 그가 던진 질문은 이것이었다. '어떻게 하면 이 상황을 해결할 수 있을까?'

처음에 그는 더 열심히 일하기 시작했다. 업무를 집으로 가져와 늦은 밤까지 일했고, 아드레날린이 가득한 상태로 잠자리에 들었다. 곧 그는 자꾸만 번아웃 상태가 되는 악순환에 빠져들었다. 하지만 다행히도 그는 흐름을 바꿀 수 있었다.

그의 이야기는 특이한 케이스가 아니다. 많은 사업가와 직원들도 하루 종일 계속해서 집중력을 방해받는다. 이렇게 일하는 것은 비생산적일 뿐만 아니라 몸과 정신의 건강에도 해롭다.

끊임없이 이리저리 뛰어다니며 급한 불을 끄는 것처럼 일할 때 열심히 일하는 것처럼 보이지만 한 가지 부작용이 있다. 그 대가로 도파민을 얻는 것이다. 우리는 쉽게 잡을 수 있는 '토끼'에 정신이 팔린다. 5분만에 이메일 답장하기, 소셜미디어 게시글 반응 확인하기, 급하다고 말하는 동료의 질문에 답하기 같은 것 말이다. 개방형 사무실은 이처럼 많은 방해 요소들을 만들어낸다. 피터스에 따르면, 우리는 평균 2분마다 집중력이 흐트러진다고 한다.

책상 옆을 지나가는 동료, 통화 중인 다른 직원, 윙윙거리는 에어컨, 복사기 등 우리는 알게 모르게 모든 것에 자극을 받는다. 우리의 감각은 끊임없이 정보를 받으며 처리하기 때문에 이것 또한 일종의 멀티태스킹이다. 소리, 냄새, 지나가는 사람. 즉 우리의 감각은 끊임없이 정보를 입력 받고 뇌는 과부하 상태가 된다.

나만의 경계를 만들어라

소음이 집중력을 떨어뜨리는 것을 막기 위해, 조용한 자리에서 일하거나 (사무실에 그런 곳이 있다면) 노이즈캔슬링 헤드폰을 사용할 수 있다. 이 방법은 산만한 소리를 차단하고 업무에 더 집중하는 데 도움이 된다.

하지만 헤드폰이 모든 것을 해결해 주지는 않는다. 개방형 사무실에서 일하다 보면 갑자기 동료가 찾아와 방해받곤 한다. 급한 건 아니지만 확인할 게 있다거나 주말에 뭐 했는지 말하려고 말이다. 인간은 사회적 동물이기에 얘기를 나누다가 시간을 확인하면 10분이 지나 있고, 하던 일을 잊어버리게 된다. 이럴 때는 경계를 설정하는 것이 도움이 된다. 일적으로나 사적으로나 마찬가지다. 동료에게는 하던 일을 마저 끝내고 30분 뒤에 보자고 하거나, 급하지 않은 질문은 쪽지나 이메일로 달라고 말하라. 만약 동료들이 책상에서 팀 회의를 하고 있다면, 용기를 내어 회의실에서 해줄 수 있는지 가볍게 제안해 보라.

물론 처음에는 조금 미안할 수 있지만 동료들 역시 괜찮은 방법이라 생각할 수 있다. 단호하지만 부드럽게 당신의 경계를 만들어나가라. 어쩌면 당신의 행동이 동료에게 좋은 영향을 줄 수도 있다. 그들 스스로 경계를 만들거나 남에게 경계를 지켜 달라고 부탁할 때 조금 더 용기를 낼 것이다!

팀에 '코끼리 타임'과 '브레인 파티'를 정착시켜라

＊＊＊

그때그때 필요할 때마다 집중할 시간을 선언하는 것보다, 팀이나 조직 내에 '코끼리 타임(중요한 일을 하는 몰입 근무 시간)'을 위한 공간을 만드는 것이 훨씬 좋다. 우리는 사무실을 '뇌 친화적인brain-friendly' 업무 공간으로 만들어야 한다. 조용하고 평화로운 환경은 가장 기본적인 최소한의 요건이다. 업무 공간은 다시 도서관처럼 되어야 한다. 즉 모두가 집중할 수 있는 조용한 공간이어야 한다. 물론 동료와의 상호작용은 중요하지만 이상적으로는 그 상호작용이 같은 공간에서 일어나지 않아야 한다.

뇌 친화적인 사무실은 즉각적인 효과를 보여준다. 신경정신과 의사 테오 콤페르놀Theo Compernolle의 저서 《Brain Chains》에 따르면, 이러한 공간은 생산성을 30~40% 향상시키고, 오류율을 약 50% 감소시키며, 스트레스 수준을 절반으로 줄인다. 이 수치들은 지어낸 것이 아니라 과학적 연구에 기반한 자료다.

진정한 뇌 친화적인 사무실을 만들려면 우리는 먼저 집단적 합의를 이루어야 한다. 작은 것부터 시작하자. 예를 들어 지금은 방해받고 싶지 않다는 것을 나타내는 특정 신호를 정하는 것이다. 헤드폰을 착용하는 것이 '질문은 나중에 해달라'는 약속일 수 있다. 일부 회사들은 '코끼리' 비유를 매우 시각적인 방식으로 활용하고 있다. 직원들은 방해받고 싶지 않을 때 말 그대로 작은 코끼리 모형을 책상 위에 올려둔다.

단체로 '코끼리 타임'을 조직하기가 어려울 것 같다면 정기적으로 '브레인 파티(뇌를 위한 시간)'를 열어보라. 예를 들어 하루에 세 번, 사무실에

업무마다 다른 공간이 필요하다

그렇다고 해서 매번 모든 것을 다 바꿔야 할까? 그렇지 않다. 홍보, 영업, 물류 또는 뉴스 편집실처럼 함께 일하는 팀들도 있다. 이런 곳에서는 정반대의 것이 필요하다. 업무 공간 자체가 상호작용을 위한 장소이므로 이를 장려하는 공간으로 만들어야 한다. 물론 이 경우에도 집중할 수 있는 공간을 만드는 것은 중요하다.

만능 해결책은 없다. 사무실의 물리적인 배치는 어느 정도 각자의 필요에 맞게 조정되기 마련이다. 회사는 각기 다르고, 한 회사 내에서 부서마다 큰 차이가 있을 수 있다. 여러 층을 똑같이 배치하는 것은 좋은 생각이 아니다. 업무 공간에는 생각보다 더 많은 다양성이 필요하다.

하룻밤 만에 결정할 필요는 없다. 직원들과 충분히 상의하고 조정하자. 그래야만 진정으로 직원을 중심에 두는 인간 중심의 업무 공간을 만들 수 있다. 각 공간의 목적이 무엇인지 깊게 생각하라. 그 공간에서 일하는 직원이 어떤 마인드셋으로 임해야 하는지도. 그래야 모두가 하나의 공통된 목표를 이룰 수 있을 것이다. '집중'이 목적이라면 핵심은 방해 요소를 최소화하는 것이다. 만약 '협업'이 목적이라면 완전히 다른 업무 환경이 필요할 것이다.

조 피터스는 (거의 모든) 회사에 필요한 공간을 네 가지 유형(네 가지 핵심 업무와 관련되는)으로 구분했다.

- **집중 공간**Focus space 100% 집중해서 일할 수 있는 공간이다. 모든 직원에게 열려 있어야 한다. 당신이 지식 노동자라면 이 조용한 공간이 기본적인 업무 공간이 되어야 한다. 그렇다고 클립 떨어지는 소리도 들릴 만큼 조용한 방에 혼자 있어야 한다는 의미는 아니다. 전화벨이 울리거나 커피잔이 달그락거리는 소리는 괜찮지만, 적절한 선은 있어야 한다. 조 피터스에 따르면 이상적으로는 한 공간에 6~8명만 있는 것이 좋다.

- **휴식 공간**Break space 활시위는 항상 팽팽하게 당겨져 있을 수 없다. 집중을 잘하려면 긴장을 푸는 것 역시 그만큼 중요하다. 따라서 아늑하게 커피 한잔하고 편하게 점심을 먹을 수 있는 휴식 공간이 필요하다. 편하게 일상적인 대화를 나누는 공간 말이다. 점심 먹는 곳을 캐주얼 미팅 장소로 활용해, 회의실의 수를 줄일 수도 있다. 여러 대화가 동시에 오갈 수 있는 편안한 분위기의 대형 카페 공간을 만드는 것은 어떨까?

- **소통 공간**Communication space 제대로 된 토론을 할 수 있는 소통 공간을 만들어보라. 팀 회의든 일대일 미팅이든 인사팀과의 면담이든 깊이 있는 대화를 나눌 수 있는 적절한 장소를 갖추어야 한다. 화상 등의 팀 회의team calls는 소통하기 좋지만, 개방형 사무실에서는 다른 동료들에게 방해되기 때문에 따로 공간을 만드는 게 좋다. 헤드폰을 끼더라도 말소리는 다 들리기 때문이다. 어쩌다 세 사람이 동시에 통화라도 한다면 이를 듣는 동료들은 미쳐버릴지도 모른다. 회사에는 보통 몇 개의 큰 회의실이 있지만 금방 예약이 꽉 차버린다. 영상

통화에 적합한 작은 공간들을 많이 만드는 것이 좋다. 여기에는 얼굴을 돋보이게 하는 조명과 상대방이 내 콧구멍을 볼 수 없도록 노트북을 올려둘 책상이 필요하다. 안정적인 네트워크와 제대로 작동하는 마이크와 스피커도 필요할 것이다.

- **협업 공간**Co-working space 마지막으로 함께 일하고 공동으로 창작할 수 있는 공간이 필요하다. 브레인스토밍, 회의, 교육 등등. 이상적으로는 움직일 수 있고 크기와 높이 조절이 되는 가구를 선택하는 게 좋다. 그 외 필수품으로는 화이트보드, 터치스크린 모니터, 스마트보드(전자 칠판) 또는 포스트잇 벽 등이 있다. 회의 후에는 다음 사람이 깔끔히게 시작할 수 있도록 정리정돈하는 것을 잊지 말자. 좋은 팁을 하나 주자면 커튼을 달아라. 커튼은 음향에도 이상적이며, 회의에 필요 없는 잡동사니를 빨리 숨길 수도 있다.

대성당 효과

***

'대성당 효과cathedral effect'는 천장의 높이가 우리의 사고 과정에 영향을 미친다는 개념이다. 대성당처럼 천장이 높은 공간은 더 추상적이고 창의적인 사고를 키우고, 천장이 낮은 공간은 더 세밀하고 분석적인 사고를 돕는다. 이러한 관찰 결과는 진화 신경생물학에서 비롯되었다. 신경계가 다양한 환경 요인에 어떻게 적응해 왔는지 연구하는 학문이다.

조안 마이어스-레비Joan Meyers-Levy와 줄리엣 주Juliet Zhu 등 학자들의 연구에 따르면, 천장 높이의 작은 차이도 인지 처리 방식에 상당한 변화를 줄 수 있다고 한다. 높은 천장은 추상적인 사고를 활성화하는 반면, 낮은 천장은 세밀하고 집중적인 사고를 장려한다는 것이다.

이 연구 결과는 사람들이 원하는 인지 작업의 유형에 따라 업무 환경을 전략적으로 선택할 수 있음을 시사한다. 예를 들어 창의적인 작업이 필요한 때에는 천장이 높은 방을 예약하고, 분석적인 작업이 필요한 때에는 천장이 낮은 방을 예약하는 것이다.

혼자서도 시야 높이를 조절함으로써 대성당 효과를 만들어낼 수 있다. 예를 들어 후드티나 모자를 써서 시야를 좁고 낮게 해 낮은 천장의 효과를 인위적으로 만들어내는 것이다.

"직원들이 조용히 일하고 싶으면 회의실을 예약하면 되지 않을까요?" 내가 교육을 할 때 자주 듣는 말이다. 특히 작은 회사의 경우, 업무에 맞는 다양한 공간을 제공하는 것이 쉽지 않다. 창의력을 발휘해 예산을 줄이는 방법도 있다. 물론 회사는 저마다 자유롭게 원하는 부분에 중점을 두면 된다. 어떤 회사는 다른 회사보다 더 많은 집중 공간이 필요하다. 하지만 직원들에게서 최고의 성과를 끌어내고 싶다면, 이 네 가지 유형의 공간을 적절히 조합하는 게 좋다. 또한 직원 개개인의 필요를 반드시 고려하라. 조 피터스의 다음 이야기가 이 모든 것을 잘 요약해 준다. "쉽게 산만해지는 직원 두 명이 있었어요. 각각 맡은 일이 다른데, 한 명은 회계 업무를 하고, 다른 한 명은 주로 창의적인 일을 하죠. 어느 날 그들이 작지만 조용한 방에서 같이 일해도 되냐고 물었어요. 조용하면 집중이 잘된다고 하면서요. 당연히 바로 그렇게 해주었습니다. 이런 게 바로 우리가 지향해야 할 부분이에요. 자신의 일을 잘 하려면 무엇이 필요한지 살펴봐야 합니다. 단순히 업무 범위로 사람을 분류하는 방식은 이제 그만해야 해요.”

네 가지 유형의 공간을 개개인의 필요에 최대한 맞춰 적절히 조합하는 것, 이게 바로 우리가 목표로 삼아야 할 일이다. 조 피터스는 이 분야에서 선구적인 일을 하고 있다. 여전히 직원들에게 어떤 종류의 공간이 필요한지 기꺼이 물어보는 관리자들이 너무 적다. 하지만 그것이야말로 '뇌 친화적인 사무실'을 만드는 유일한 방법이다.

이제 우리가 몰입해서 일하는 '딥워크deep work'를 위해 공간을 어떻게 구성해야 하는지 구체적으로 살펴볼 것이다. 물리적 공간은 물론 심리적 공간까지 말이다.

벽에 등을 대고 일하라

자, 이제 업무마다 환경이 달라야 한다는 것을 알았을 것이다. 어떤 곳에서는 바로 집중할 수 없다고 느끼는 반면, 북적거리는 카페에서는 오히려 집중이 잘된다고 느낀다. 완벽한 집중을 위한 공간이 무엇인지 정해진 체크리스트는 없지만 몇 가지 기본 조건은 있다. 그중 핵심은 당신이 안전하다고 느껴야 한다는 것이다.

3장에서 다룬 교감신경계를 기억하는가?(101쪽 참고) 주변 환경을 끊임없이 스캔하며 위험이 있는지 경계하는 시스템 말이다. 이를 달래는 간단한 방법은 벽에 등을 대고 앉는 것이다. 이렇게 하면 주변을 잘 살펴볼 수 있고 누군가가 뒤에서 몰래 다가올 수도 없다. 물론 우리 직장이 위험으로 가득하다는 것은 아니다. 하지만 릴리 번하이머Lily

Bernheimer가 그녀의 흥미로운 저서《The Shaping of Us》에서 언급하듯, 우리의 원시 뇌는 이곳이 위험하다고 생각한다. 릴리 번하이머는 '스페이스 웍스 컨설팅Space Works Consulting'의 창립자로, 건축가, 디자이너, 기업들과 긴밀히 협력해 인간의 심리적 욕구에 기반한 업무 환경을 만드는 일을 한다. 그녀는 닌자가 갑자기 공격할 위험이 없는 곳에 있을 때 더 잘 집중할 수 있고, 결과적으로 더 나은 성과를 낼 수 있다고 말한다. 그리고 사람들은 사생활이 있어야 하므로 누군가 어깨 너머로 자신의 화면을 들여다보는 것을 좋아하지 않는다는 점도 잊지 말아야 한다.

전망이 좋은 방도 좋다. 일하면서 멋진 전망을 보는 사람들은 그렇지 않은 사람들보다 생산성이 6~12% 더 높다고 한다.

지정된 자리가 없이 매일 필요에 따라 자리를 찾아 앉거나 심지어 쟁취해야 하는 '자율 좌석제(또는 핫데스킹hot-desking)'는 추천하지 않는다. 기업이 왜 자율 좌석제를 도입하는지는 이해한다. 선택의 자유가 어느 정도 자율성을 장려하기 때문이다. 하지만 사람은 습관의 동물이라서 정해진 자리가 있을 때 더 안정감을 느끼는 경향이 있다. 자율 좌석제는 전체 직원의 5%에게만 효과가 있다. 나머지 모든 사람에게는, 조 피터스의 말을 빌리자면 '지옥'과 같다고 하니 권장할 만한 것이 못 된다. 자율 좌석제에 대해 업스페이스 회사가 실시한 설문조사에 따르면, 어디서 일하고 싶은지 구체적으로 질문했을 때 직원의 3%만이 자율 좌석제를 선택할 것이라고 답했다.

또한 직원들에게 어디에서 일하고 싶은지에 대해 가능한 한 많은 선택권을 주는 것이 좋다. 생산적인 업무 공간은 철저하게 '사람 중심적'이기 때문이다. 한 사람이 안전하다고 느끼는 공간이 다른 사람에게는 지루하고 영감을 주지 못하는 공간일 수 있다. 3장을 다시 떠올려보라.

벽이 없는 공간에서도 집중할 수 있을까? 그렇다, 할 수 있다!

집중력 개선법 1 개인적인 방해 요인 제거하기

당신이 집중하지 못하는 것이 공간의 문제인지 아니면 다른 이유가 있는지 스스로에게 먼저 물어보라. 솔직해져야 한다. 외부 방해 요인인지 아니면 이메일이나 개인 메시지에 정신이 팔려 있는지를 알아야 한다. 해결책은 간단하다. 모든 알림을 끄고, 불필요한 앱과 브라우저에서 로그아웃하고, 바탕화면을 정리하고, 한 번에 하나의 작업이나 프로젝트만 열어두라. 그리고 가장 중요한 것은 휴대폰을 치워두는 것이다.

"네, 하지만 급하게 처리해야 하는 메일이 오면요? 답장해야 하잖아요!"라고 말할 수 있다. 이때는 동료들과 명확하게 합의하라. 정말 급한 일이 있으면 전화하라고. 급한 게 아니라면 이메일이나 팀 채팅 메시지로 충분하다. 그러면 집중이 필요한 시간이 끝난 후에 이메일들을 한꺼번에 몰아서 답장할 수 있다. 배우자나 자녀에게도 똑같이 엄격하게 해야 한다. 당신이 언제 연락 가능한지 그리고 언제부터 언제까지 방해받고 싶지 않은지 그 시간을 정해라. 배우자에게 장 볼 목록을 보내는 일은 점심시간까지 기다려도 될 것이다.

사무실에서 음악을 틀고 있다면? 음악은 매우 개인적인 것이다. 어떤 사람들은 스피커에서 크게 울려 퍼지는 음악을 들으며 일할 수 있지만, 어떤 사람들에게는 문이 열리고 닫히는 소리만으로도 집중력이 깨지곤 한다.

개방형 사무실 : 소통의 공간

* * *

개방형 사무실 환경에도 장점이 있다는 것을 잊지 말아야 한다. 다른 사람들과 같은 공간에서 일하는 것은 모든 구성원에게 필요한 사회적 통제social control를 가지게 하고, 각자 집중할 수 있도록 동기를 부여한다. 또한 사람들은 직장에서의 소통과 협업을 중요하게 생각한다. 개방형 사무실은 사람들이 서로를 쉽게 찾을 수 있기 때문에 이러한 소통이 원활하게 이루어진다. 이는 긍정적인 업무 분위기를 만드는 데 기여한다. 이러한 이유로 고립감에서 벗어나고자 하는 재택근무자와 프리랜서들을 끌어들이는 공유 오피스와 카페의 인기가 높아진 것이다.

~ 내 머리 ~

집중력 개선법 2 메일함 확인 횟수 줄이기

'읽지 않은 이메일 42개' 30분 뒤에 메일함을 다시 확인하면 65개로 늘어난다. 성가신 '핑' 소리나 제목에 '긴급'이라고 쓰인 이메일 알림에 계속 정신이 팔린다면 어떻게 일을 끝낼 수 있을까? 이메일이 정말 참신했던 시절에는 이메일이 오는 것을 좋아했다. '누군가가 나에게 연락했구나!' 하고 말이다. 하지만 이제 우리는 메일함을 회의처럼 끊임없이 집중력을 방해하는 '필요악'으로 여기게 되었다.

긴급 이메일이 정말 긴급하냐고? 그렇지 않다. 만약 정말 긴급한 일이라면 사람들이 직접 찾아오거나 전화할 것이다. 사무실에 불이 났을 때 이메일을 보내지는 않을 것 아닌가? 조 피터스는 얼마 전 실험 삼아 다음과 같은 자동 응답 메일을 설정했다고 한다. "메시지를 남겨주셔서 감사합니다. 답은 24시간 정도 걸릴 수 있습니다. 정말 급한 일이라면 제 휴대폰으로 전화 주세요."

결과는? 예상했을 것이다. 그는 단 한 통의 전화도 받지 않았다.

이메일을 보내기 전에 ————————————

***

이메일은 급한 연락 수단이 아니라는 것을 유념하자. 다음은 추가 요령이다.

- 웬만하면 참조cc와 숨은 참조bcc는 하지 말라. 참조는 단지 이메일의

중요성을 부각시키는 방법일 뿐이다. 정말 알려야 할 사람에게만 참조를 보내라.

- 16페이지 이상의 파일을 첨부하면서 "참고하세요."라는 메시지와 함께 보내지 말라. 아무도 그런 걸 다 읽고 싶어 하지도 않고, 읽을 시간도 없다. 직원에게 메일을 보낼 때는 무엇을 원하는지 명확히 말하라. 예를 들어 "세 번째 단락의 고객 문의에 대해 예/아니오로 답변해 주세요."처럼 말이다.
- 혼자 해결할 수 있다면? 그럼 먼저 혼자 해결해라.

집중력 개선법 3 효율적으로 회의하기

회의는 거의 모든 직장인에게 골칫거리다. 주변에 물어보라. 회의를 즐기는 사람은 거의 없을 것이다. 아래 방법들은 새로운 건 아니지만 여전히 반복해서 강조할 가치가 있다.

- **회의 시간 정확히 가늠하기** : 15분이 필요할 것 같다면, 15분만 예약하라. 한 시간 전체를 예약할 필요가 없다. 일찍 끝났다면 회의를 마무리하라.
- **미리 회의 준비하기** : 회의에 명확한 안건이 있어야 한다. 그래야 다른 참석자들이 미리 필요한 준비를 할 수 있다.
- **정시에 도착하기** : 10분 늦게 와서 팀원들에게 요약을 해달라고 하는 동료보다 더 짜증 나는 일은 없다. 모두의 시간은 소중하다.

집중력 개선법 4   정리정돈하기

책상을 살펴보라. 엉망진창인가? 어떤 사람은 '책상 위의 고고학자'가 되어 필요한 서류를 발굴하는 모험을 즐긴다. 반면 어떤 사람은 모든 것이 제자리에 완벽하게 놓여 있는 깨끗한 책상에 목숨을 건다. 펜은 여기, 커피잔은 저기, 컴퓨터 화면은 정확히 20도 기울어져 있는 식이다.

어수선한 것을 좋아하는 사람들은 자신의 지저분한 책상을 정당화하기 위해 알베르트 아인슈타인의 말을 인용하곤 한다. "어수선한 책상이 어수선한 정신의 증거라면, 텅 빈 책상은 무엇의 증거인가?" 하지만 안타깝게도 과학은 다르게 말한다. 더 생산적이고 창의적이기를 원한다면 작업 공간을 정리정돈해야 한다. 어수선하고 지저분한 작업 공간은 주의를 산만하게 만들어 스트레스를 받게 하고 집중력을 떨어뜨리기 때문이다.

그러니 지금 당장 책상이나 작업 공간에 불필요한 모든 물건을 치워라. 컴퓨터나 스마트폰 등 디지털 환경도 마찬가지다. 잘 안 보는 파일은 정리해서 폴더에 넣어두어라.

집중력 개선법 5   인간 중심 조명

전구 하나에 의지해 일하거나 강렬한 인공조명 때문에 머리가 아파 본 적이 있는가? 열악한 조명이 집중력을 해친다는 것은 굳이 말할 필요도 없다. 그렇다면 조명을 의도적으로 활용해 집중력을 높일 수 있다는 것을 알고 있는가? 빛은 우리가 깨어 있거나 잠자는 상태에 큰 영향을 미친다. 요즘 '인간 중심 조명 HCL(Human Centric Lighting)'이라는 원칙을 채택하는 회사가 늘어나고 있다. 사무실의 조명이 하루의 리듬을 따라가도록 하는 것이다.

아침 햇살을 만끽하라

첫 번째이자 가장 중요한 것은 자연광이 항상 최고라는 것이다. 가능하다면 책상을 창문 근처에 두어라. 자연광은 기분을 좋게 해줄 뿐만 아니라 눈의 피로와 두통도 줄여준다. 가장 좋은 방법은 자연의 햇빛을 그대로 받는 것이다.(이상적으로는 일어난 후 30분에서 60분 사이) 햇빛이 주는 에너지 충전 효과는 어떤 것도 따라올 수 없다. 햇빛의 다양한 스펙트럼은 우리의 생체시계와 에너지 수준에 직접적인 영향을 미친다. 햇빛을 많이 받을수록 성과가 높아진다.

창문을 통해 들어오는 햇빛은 직접 받는 햇빛 효과의 50분의 1밖에 안 된다. 그러니 정기적으로 밖에 나가서 에너지를 충전하자.

사무실에서 직접 햇빛을 받을 수 없다면, 자연광을 흉내 내는 따뜻하거나 차가운 인공조명을 사용하는 것이 좋다. 밝은 형광등은 피로와 두통을 유발할 수 있으니 피하는 게 좋다. 두뇌 활동에 빛이 필수적이라는 것은 당연한 얘기인데, 빛이 망막 하반부에 있는 신경절 세포의 멜라놉신을 자극하기 때문이다. 바로 이 세포들이 각성도를 높이고 인지능력을 향상시킨다. 특히 어두운 겨울철에는 빛이 생명줄과 같다. 빛은 꼭 필요한 집중력을 높여줄 뿐만 아니라 도파민과 노르아드레날린 같은 신경전달물질의 분비를 촉진하고, 건강한 스트레스 반응에 필수적인 코르티솔 수치를 조절한다.

가능하면 책상 조명과 천장 등 같은 여러 광원을 섞어서 사용하라. 링 라이트 ring light나 밝은 LED 조명을 추가해서 최적의 조명 환경을 만들어보라. 블루라이트를 차단하곤 하지만, 낮에는 신경절 세포멜라놉신을 자극해서 각성도와 인지 능력을 높여주는 좋은 빛이다.

정오 이후에는 조명을 따뜻하게

활시위는 항상 팽팽할 수 없다. 앞서 말했듯이 집중을 풀어주는 것이 집중하는 것만큼 중요하다. 자연광(또는 자연광과 비슷한 인공조명)은 인지 능력을 높여주지만, 그 후에 뇌를 쉬게 해주는 것도 똑같이 중요하다.

깊은 집중을 마친 후에는 잠시 주변 조명을 어둡게 하는 것이 좋다. 완전한 어둠 속에 앉아 있지는 말자. 자칫하면 빠져나오기 힘든 무력감에 빠질 수 있다. 천장 조명을 어둡게 하되 가까운 곳에 따뜻한 조명을 두자. 이 시간 동안에는 창의적이고 추상적인 사고를 이끌어내고, 새로운 가능성과 혁신에 마음을 열어줄 것이다.

활동의 종류에 따라 다른 조명이 필요하다. 두스제부와 업스페이스 회사는 여러 휴게실이 있으며 휴게실마다 조명의 색온도가 다르다고 한다. 집중을 부르는 차가운 조명이 있는 휴게실, 창의성을 자극하는 따뜻한 조명이 있는 휴게실, 두 조명을 직접 조합하는 휴게실까지 있다고 한다.

오후 4~5시부터는 빛 노출을 줄여야 하는데, 특히 고에너지 블루라이트를 줄여야 한다. 블루라이트를 과하게 받으면 밤에 잠을 못 자기 때문이다. 편안한 저녁을 준비해 주는 부드럽고 따뜻한 광원으로 바꾸는 게 좋다. 기기 화면을 어둡게 해서 블루라이트의 영향을 줄이거나, 더 좋은 방법으로는 스마트폰을 최대한 멀리 두는 것이다.

이러한 빛 조정은 하루 종일 창의적 사고와 생산성에 큰 차이를 만들 뿐만 아니라 수면의 질도 크게 개선한다.

야간 근무할 때는

교대근무를 하는 사람들은 저녁과 밤에도 각성 상태를 유지해야 한다. 빛이 필요하지만 야간 근무 중에 지나치게 밝은 빛은 피해야 한다. 너무 밝은 빛은 멜라토닌 수치를 크게 떨어뜨려 생체시계를 교란할 수 있다. 그 영향은 시차증과 비슷하다. 그리고 얼마나 오래 지속되느냐에 따라 수면, 신진대사, 전반적인 건강에 영향을 줄 수 있다. 물론 야간 근무 중 밝은 빛이 각성 상태를 유지하는 데 도움이 되는 것은 사실이다. 그러니 적절한 균형을 맞추는 것이 중요하다.

이처럼 가끔씩 밤을 새우는 사람들이나 밤을 새워 공부하는 학생들은 밤에 밝은 빛이 도움을 받을 수도 있다. 하지만 밤샘 공부는 대부분의 경우 더 나은 결과를 가져다주지 않는다. 오히려 그 반대다. 뇌에는 정보를 처리할 시간이 필요하고 충분히 쉰 상태로 시험을 치르는 것이 성공 가능성을 높인다.

집중력 개선법 6 녹색식물 기르기

여러 연구에 따르면 식물은 스트레스를 줄이고, 집중력을 높이며, 전반적인 건강 증진에 도움이 된다. 또한 실내 공기 질과 습도 균형도 개선해 준다. 다육식물, 스파이더 플랜트, 몬스테라 같은 식물은 관리가 쉽고 인공조명 아래에서도 잘 자라기 때문에 좋은 선택이다.

살아 있는 식물을 키우기 어렵다면 인조 식물도 좋다. 인조 식물도 스트레스는 줄이고 집중력을 높일 수 있다. 다만 저렴한 플라스틱 재질은 피하자. 식물 디자인이 들어간 그림이나 사진도 스트레스를 낮추는 것으로 나타났다.

집중력 개선법 7 인체공학이 핵심이다

앉았을 때 몸이 구부정해지거나 불편한 의자는 최악이다. 하루 종일 책상에 앉아 있으면 몸에 많은 부담이 가고, 불편한 자세는 육체적 피로와 생산성 저하로 이어질 수 있다. 또한 올바른 자세를 찾지 못해 계속 몸을 이리저리 흔드는 것은 당신의 집중력에 나쁠 뿐만 아니라 동료들에게도 방해가 된다. 따라서 의자와 책상을 포함해 편안하고 인체공학적인 작업 공간을 설계하는 것이 필수다.

편안한 작업 공간을 위한 기본 요소는 무엇일까? 적당한 허리 받침, 높이 조절이 가능하고 팔걸이를 갖춘 의자로, 당신의 몸에 맞게 인체공학적으로 조절할 수 있어야 한다. 앉았을 때 반듯한 자세가 나오도록 조절하자.

책상 높이도 중요하다. 이상적으로는 몸을 앞으로 숙이거나 팔에 부담을 주지 않고 편안하게 일할 수 있는 높이여야 한다. 책상이 너무 높거나 낮지 않게 조절하고, 무릎은 90~110도 정도로 유지하자. 발 받침대를 사용해도 좋다.

책상 높이 외에 또 다른 중요한 요소는 몸과 모니터, 키보드의 거리다. 모니터는 보기 편한 거리에 있어야 하며, 화면 상단이 눈높이에 있거나 약간 아래에 위치해야 한다. 키보드와 마우스는 팔꿈치를 옆구리에 편안하게 둘 수 있는 높이에 있어야 한다.

마지막으로 작업 공간을 전반적으로 점검하자. 화면을 볼 때마다 계속 목을 돌리고 있는가? 그렇다면 화면의 높이와 각도를 조절할 수 있는 모니터 암monitor arm(모니터를 공중에 띄우는 장치) 사용을 고려해보라.

편안하고 인체공학적인 작업 공간을 설계하는 데 시간을 투자하면,

육체적 피로와 불편함의 위험을 줄일 뿐만 아니라 당신의 몸과 마음을 지지하는 공간에서 일함으로써 생산성을 높일 수 있다.

집중력 개선법 8 자주 일어서라!

'앉아 있는 것은 새로운 흡연이다!'라는 말을 들어봤는가? 이는 지난 수십 년간 좌식 업무가 일상이 된 현대인에게 그 위험성을 경고하며 등장한 말이다. 컴퓨터 관련 업무가 늘면서 몸을 많이 움직여야 했던 육체노동은 줄어들었나. 컴퓨터와 로봇이 일자리를 대신하고 있다. 로봇은 우아하고 정밀하게 몸을 비틀고 회전하지만, 우리는 그저 앉아 있다. 의자에 구부정하게 앉아 화면을 바라보고 있다. 이는 건강은 물론이고 집중력에도 좋지 않다.

과학 저널리스트 제임스 네스터James Nestor는 자신의 책《호흡의 기술Breath: The New Science of a Lost Art》에서 컴퓨터 작업이 우리 건강에 얼마나 해로운지에 대해 이야기한다. '스크린 무호흡증screen apnoea'이라고 들어봤는가? 이는 마이크로소프트 전 부사장 린다 스톤Linda Stone이 만든 용어다. 스톤은 이메일을 열 때 자신의 호흡이 계속 얕아지다가 때로는 숨을 멈추는 증상을 발견했다. 당신도 겪어봤을 것이다. 노트북에는 여러 개의 탭이 열려 있고, 휴대폰의 알림이 계속 울리고, '긴급'이라고 표시한 이메일에 주의를 뺏기는 상황 같은 것이다. 우리는 끊임없이 자극에 시달리고 있지만 우리 뇌는 이런 자극들을 처리하도록 설계되지 않았다.

네스터에 따르면, 과학자들과 의사들은 스크린 무호흡증이 우리 몸이 스트레스를 받아 나타나는 반응이라고 한다. 우리의 신경계는 끊임없이 들어오는 자극을 탐색하고 어떤 것을 위협으로 간주해야 할지 결정하는데, 이때 필요한 정신적 노력은 다양한 생리적 과정을 촉발한다. 우리 몸은 집중하거나 뭘 하려고 할 때 호흡과 심장 박동이 느려진다. 이는 투쟁-도피 반응의 축소판과 비슷하다. 포식자가 먹잇감을 몰래 쫓는 모습을 상상해 보라. 공격하기 직전에 잠시 멈춰서 얕게 호흡한다. 우리가 이메일이나 메시지를 받을 때도 똑같은 일이 일어난다.

이것이 집중력이나 주의력 상실과 어떤 관련이 있는지 궁금할 것이다. 이 질문에 답하기 위해 잠시 3장으로 돌아가 보자. 3장에서 우리 주변에 아주 작은 위험한 조짐만 보여도 뇌가 어떻게 생존 모드로 전환되고, 신피질의 활동을 중단시키는지 설명했다. 하지만 우리는 집중하는 데 신피질이 필요하다. 게다가 하루 종일 끊임없이 경계 태세를 유지한다면 결국에는 완전히 지쳐버릴 것이다. 스트레스를 받지 않았다고 느꼈더라도 말이다.

연구에 따르면 하루 중 앉았다 일어서기를 번갈아 하는 사람들이 장시간 앉아만 있는 사람들보다 전반적으로 업무 효율이 높고 더 건강한 것으로 나타났다. 높낮이 조절 책상이라는 정말 좋은 옵션이 있지만, 아쉽게도 직장에서 많이 사용되지 않는다. 있더라도 제대로 활용되는 경우가 별로 없는 듯하다. 이럴 때는 의자를 바꿔보자. 서서 일할 때는 일반적인 사무용 의자 대신 발 받침대가 있는 높은 의자를 두자. 책상을 높여놓았을 때도 앉아서 일할 수 있기에, 두 자세를 번갈아 가며 일하기가 수월해진다.

높낮이 조절 책상이 없다면 자주 일어나라. 예를 들어, 전화 통화를 할 때 서서 하거나 걸으면서 하자. 비공식적인 대화라면 고객과 함께 걸으면서 이야기하는 것은 어떨까? 그리고 다소 야박하게 들릴지 모르지만, 동료가 복사기에 복사본을 두고 갔으면 그냥 놓아두자. 동료는 한 번이라도 더 일어날 수 있다. 연구에 따르면 하루 중 앉아 있는 시간을 조금만 줄여도 상당한 이점이 있다. 앉아 있는 시간이 줄어들면 목과 어깨 통증이 감소하고, 건강이 좋아지며, 활력이 넘치고, 인지 능력이 향상된다.

많은 일이 그렇듯, 핵심은 균형이다. 하루 종일 서 있어야 하는 사람들도 서 있는 것이 좋은 것만은 아니라고 할 것이다. 이상적인 상황은 근무 시간의 절반은 앉아서, 나머지 절반은 서서 보내는 것이다.

한 단계 더 나아가고 싶으면 러닝머신이나 사이클링 데스크 같은 활동적인 워크스테이션을 고려해 볼 수도 있다. 물론 모든 사람에게 실현 가능한 것은 아니지만 말이다. 일하면서 움직이는 것은 주의력과 인지적 통제력을 향상시킬 수 있다. 하지만 예리한 언어적 기억이 필요한 작업의 경우에는 움직이는 것보다 앉아 있거나 서 있는 것이 더 좋다는 점을 잊지 말자. 복잡한 프로젝트를 어떻게 해결할지 동료들과 상의한다면 앉아서 하는 것이 가장 좋다. 반면 브레인스토밍은 서서 할 수 있다. 중요한 것은 훌륭한 아이디어들을 기록하는 것이다.

집중력 개선법 9 모니터 높이 맞추기

스마트폰, 태블릿, 노트북 화면 같은 디스플레이 배치는 단지 바른 자세(인체공학적 자세)를 위해서만 필요한 게 아니라, 우리 뇌가 얼마나 각성하고 있는가에도 상당한 영향을 끼친다. 사람의 시각 체계는 상당히 정교하다. 눈은 신경계를 거쳐 뇌와 연결되는데, 그 일부는 눈의 운동을 제어하는 데 특별히 관여한다. 특정 신경 그룹은 '하향 응시 동작'을, 또 다른 신경 그룹은 '상향 응시 동작'을 관리한다. 흥미롭게도 이러한 눈 운동은 우리의 각성 정도에도 영향을 끼친다. 우리가 시선을 아래로 둘 때, 뇌는 마치 '이제 좀 휴식해도 괜찮아.'라는 메시지를 받은 것처럼 안정 모드로 진입한다. 반면 시선을 위로 둘 때, 뇌의 다른 영역이 자극되며 더욱 경계하고 몰입하는 상태로 변화한다. 요약하면, '상향 응시=각성, 하향 응시=안정'이라는 식이 만들어진다. 그러므로 화면 상단을 눈높이에 맞추거나 살짝 낮은 곳에 맞추어야 한다. 목과 어깨 컨디션에도 훨씬 좋다. 이는 사소한 방법이시만 근 변화를 민든다.

앱도 도움이 된다 ——————————

***

모든 팁을 다 써봤어도 여전히 집중하는 게 어렵다면, 방해 요소를 제거하는 앱을 사용해 보자. 갑자기 휴대폰에 생산성 관련 앱 20개가 설치되는 일이 없도록, 두 가지만 추천해 보겠다. '포커스 앳 윌Focus@Will'은 집중하는 데 도움이 되는 음악을 제공하며, '포레스트Forest' 앱은 일정 시간 동안 집중을 유지하도록 격려해 생산성을 게임화한 앱이다.

집중력 개선법 10 환경을 바꾸어라

집중력을 높이는 효과적인 방법은 작업 환경을 자주 바꾸는 것이다. 예를 들어, 개방형 사무실에서 2~3시간 일한 후에는 회의실로 이동해라. 이렇게 함으로써 뇌가 마치 오랫동안 일하지 않은 것처럼 느끼도록 속이는 것이다. 또한 앉은 자세를 바꾸는 것도 좋다. 자세를 조정하고 주변 환경을 바꿈으로써 우리 몸의 하중을 다른 부위로 분산시키고 신체적 피로를 줄일 수 있다. 몰입해서 일한 뒤에 집중력을 회복하는 데도 도움이 된다.

집에서도 적용할 수 있다. 책상에서 몇 시간 일한 후 거실로 가서 계속 작업하는 것이다. 이러한 환경 변화는 뇌에 신선한 자극을 주어 피로를 줄이고 더 오래 집중하게 한다.

이 전략의 핵심 아이디어는 작업 환경을 바꿈으로써 시간에 대한 인식을 바꾸고 뇌가 다시 집중하도록 격려하는 것이다. 이는 생산성을 높이고 한자리에서 한 작업을 오래 할 때 발생하는 집중력 저하를 방지하는 실용적인 방법이다.

뭐 해?
집중력
찾고 있어.

6장

연결에서 집중으로

오늘날 우리는 많은 면에서, 그 어느 때보다도 더 나은 시대를 살고 있다. 스웨덴의 저널리스트 요한 노르베리Johan Norberg는 저서 《진보: 우리가 미래를 기대하는 10가지 이유Progress: Ten Reasons to Look Forward to the Future》에서 인류가 건강, 부, 자유, 안전, 영양, 교육 측면에서 인류 역사상 가장 훌륭한 시기를 살고 있다고 한다. 나 역시 그의 의견에 동의한다. 물론 전 세계적으로 커다란 도전에 직면하고 있지만, 우리의 현대 생활을 증조부모 세대와 비교해 보면 세계와 인류 모두 크게 도약하고 진화한 것이 명백하다.

특히 지난 수십 년 동안 세계는 극적인 변화를 겪었다. 월드와이드웹www이 등장하면서 혁명적인 변화를 일으켰다. 2000년대 초반 인터넷이 보급되면서 프랑스 한 도서관의 디지털 저장고 깊은 곳에 있는 심리학 자료를 몇 번의 클릭만으로 찾아볼 수 있다는 것이 놀라웠다. 그 전에는 관련 자료를 찾으려면 도서관 자료실을 직접 뒤져야 했지만, 이제는 클릭 몇 번이면 찾을 수 있다.

이후 디지털화의 속도는 급격히 빨라졌다. 인터넷과 그 뒤를 이은 수많은 디지털 애플리케이션 덕분에 우리는 전 세계 모든 것, 모든 사람과 연결되어 있다. 우리 친구들은 모두 주머니 속에 있고, 스와이프 한 번으로 연애를 시작하며, 온라인에서 거창한 계획을 세우다가도 빠르게 취소하기도 한다. 이처럼 초연결hyper-connected 상태이지만, 정작 서로 진정으로 연결되는 능력은 예전보다 훨씬 떨어진 듯하다.

소셜미디어에서
10만 명과의
상호작용
사랑하는
사람과의
한 번의 포옹

진정한 연결을 이루면

온라인 친구와 팔로워가 수천 명에 달하고 게시물마다 수백 개의 '좋아요'를 받는다 해도, 당신은 여전히 외롭고 고독할 수 있다. 가상의 우정이 행복 호르몬을 잠시 불어넣어 줄 수는 있지만 그것이 우리를 진정으로 행복하게 만들어주지는 않는다.

수많은 팔로워와 소셜미디어상에서 상호작용하는 것이 사랑하는 사람과의 단 한 번의 뜨거운 포옹만큼 감동을 줄 수 없다는 사실은 누구나 알고 있다. 팔로워 수가 많으면 남들에게 놀라운 인상을 줄 수 있지만 진정한 인간관계에서 오는 진심 어린 감동과는 비교할 수가 없다.

인간은 수많은 연결로 이루어진 아주 복잡한 시스템이다. 우리 몸과 마음, 세포들은 끊임없이 서로 소통하는 네트워크를 구성한다. 연결이야말로 인류의 존재를 지탱하는 근간이라고 말해도 과언이 아니다. 연결의 힘은 우리 내면뿐 아니라 세상과의 관계 그리고 사회생활까지 이어진다. 우리는 타인과, 환경과, 자연과 심지어 우리 자신의 생각과도 깊은 유대감을 이루고 살아간다. 이 모든 것은 행복에 필수적이다.

당신도 직접 경험해 본 적이 있을 것이다. 타인과 연결되어 있다고 느낄 때 우리는 꽃처럼 활짝 핀다. 서로 지지하고, 이해하고, 존중하는 느낌이 든다. 그리고 주변 환경이나 자연과 하나된 느낌을 경험할 때, 조화로움과 깊은 충만함을 느낀다. 자기 생각과 감정과의 연결을 튼튼히 다지는 것만으로도 내면의 평화와 만족을 찾을 수 있다.

진짜 연결을 위해서는 자신의 내면을 잘 살피고 중심을 잘 잡은 다음에 타인을 대하는 것이 중요하다. 알고리즘과 기술이 끊임없이 우리의 주의를 흩트리는 이 세계에서 '지금 여기here and now'에 집중해 타인과 진정으로 연결되는 것이 때로는 쉽지 않다.

연결은 인간에게 필요할 뿐만 아니라 우리의 장기적인 회복탄력성을 위해 필수적인 요소임을 잊지 말아야 한다. 또한 집중력이 높아지면 스스로를 돌보거나 일을 대하는 태도가 달라진다. 대인 관계에서도 큰 변화가 일어난다.

타인과 연결되는 것은 업무에도 큰 도움이 된다. 최근 나는 국제 콘퍼런스에서 강연을 하기 위해 아테네로 출장을 갔다. 호텔로 가는 택시 안에서 기사와 나눈 대화에서 깊은 감명을 받았다. 그는 나에게 관심을 보이며 자신의 인생 이야기를 들려주었다. 자신은 학위가 없는 것을 아쉬워한다며, 자녀들을 대학에 보냈다고 했다. 택시 기사는 그가 꿈꾸던 직업은 아니었지만, 세계 각지의 손님들과 의미 있는 대화를 나누고 배움을 얻으며 자신의 경험을 극대화하고 있었다. 그가 관계를 대하는 방식은 연결 중심이었고 정말로 존경스러웠다. 이처럼 직업이 무엇이든, 매일의 삶을 최대한으로 활용하는 완벽한 본보기였다.

진정한 관심을 기울이거나 집중력을 끌어올릴 때, '지금 여기'에 더욱 몰입할 수 있으며 이는 돈독한 관계를 형성하는 데 필수적이다. 당신의 존재감을 드러내면서 타인의 요구를 이해하고 공감대도 넓어진다. 이는 더 깊고 만족스러운 상호작용으로 이어지고 주변 사람들과의 유대를 강화한다. 집중력이 높아지면 소통 능력도 극대화된다. 자신의 생각과 감정을 더욱 명확하게 전달해 오해를 줄이고 관계의 화합을 증진한다.

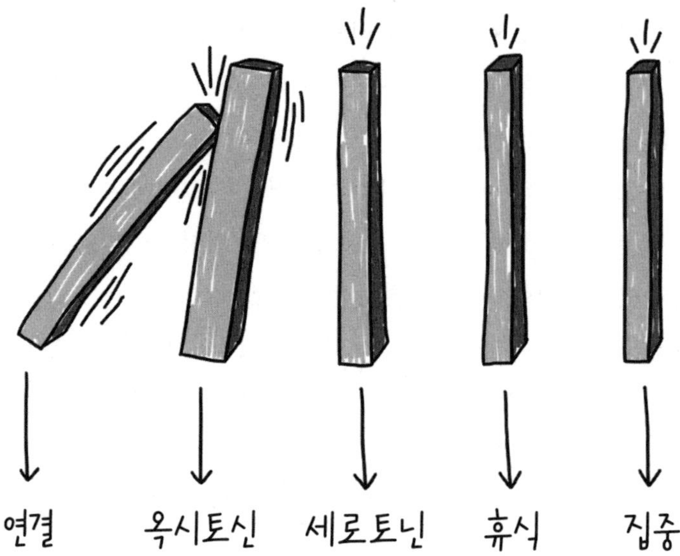

연결
옥시토신
세로토닌
휴식
집중

연결감이 주는 행복 호르몬

다른 사람과 연결되었다고 느낄 때 몸에는 어떤 변화가 일어난다. 행복 호르몬인 옥시토신이 분비되고, '기분이 좋아지는 화학물질'이라고 불리는 세로토닌의 생산을 촉진한다. 옥시토신과 세로토닌은 스트레스, 불안, 심지어 우울증의 위험까지도 줄일 수 있다. 또한 세로토닌은 소화, 식욕, 수면, 기억, 성 건강과도 연관되어 있다.

하지만 진정한 연결을 이루려면 안전하고 안심할 수 있어야 한다. 불안하거나 두려움을 느끼면 뇌는 즉시 생존 모드로 전환되고 연결을 만들 수 있는 여지가 사라진다. 예를 들어 아무도 모르는 파티에 간 것처럼 불안함을 느낀다면 연결되기 어렵다. 반대로 편안함을 느끼면 대화가 자연스럽게 흘러간다. 뇌의 반응을 잘 통제하면 주변 사람들과 의미 있는 관계를 만들어갈 수 있다. 전전두피질을 활성화하면 스스로 어느 정도는 영향을 줄 수 있다. 뇌의 이 영역은 감정을 조절하고, 합리적 사고를 하게 하며, 평온함을 유지하도록 돕는다.

연결에서 집중으로

왜 '집중'에 관한 책에서 '연결' 이야기를 하는 걸까? 집중과 연결에는 분명한 관계가 있기 때문이다. 타인과 연결되어 있다고 느낄 때 뇌는 차분해진다. 뇌가 안전 모드로 들어가면 생존 모드에서 벗어나 이완되며 더 많은 경험과 관계에 마음을 열 수 있다. 그 결과, 주변에서 일어나는 일에 더 집중하고 주의를 기울일 수 있다. 타인과의 관계뿐 아니라 자기 자신과의 의미 있는 관계를 형성하는 데도 도움이 된다.

연결감을 느끼려면

＊＊＊

집중해서 연결감을 느끼는 몇 가지 팁이다. 지금 당장 실천해 보자.

- **감사하기:** 감사하게 생각하는 것, 사람, 경험을 떠올리는 행동은 뇌에 활력을 준다. 이는 합리적 사고 능력을 강화할 뿐만 아니라 스트레스와 불안을 줄여서, 당신이 통제력을 유지하고 부정적인 충동에 덜 휩쓸리게 한다.

- **심호흡:** 의식적으로 깊이 호흡하라. 깊은 호흡은 뇌에 당신이 안전하다는 신호를 보내, 지금 이 순간을 살 수 있게 해준다. 심호흡은 심박수를 늦추고 혈압을 낮춰서 자연스럽게 평온함을 느낄 수 있다.

- **미소:** 누군가 당신에게 미소를 지으면 당신은 행복해진다. 이렇게 간단하다. 미소 짓기는 다른 사람들과 연결되는 재미있고 효과적인 방법이다. 진심 어린 미소는 긍정의 도미노 효과를 만들어내고 진정한 연결감에 기여할 수 있다.

"하지만 앞에서 직장에서 동료들과 함께 일하는 것이 종종 집중력을 방해한다고 말하지 않았나?" 하고 반문할 수 있다. 그렇다. 어떤 면에서는 딜레마다. 여러 가지 이유로 사무실에서 집중하기 어렵기 때문에, 집에서 일하는 것을 선호하지만 동시에 연결의 기회를 놓치고 있는 것이다. 해결책은 하이브리드 근무다. 하이브리드 근무는 두 세계의 장점을 결합할 수 있다. 단, 제대로 해야 한다. 대부분의 문제는 제대로 하지 않아서 생기기 때문이다.

하이브리드 근무는 계속될 것이다

제2차 세계대전 이후 영국의 정치가 윈스턴 처칠은 이렇게 말했다. "좋은 위기를 낭비하지 말라." 위기가 특별한 발전을 불러온다는 뜻으로, 당시의 결과물은 유엔의 창설이었다. 몇 년 전, 또 다른 전 세계적 위기가 찾아와 우리가 일해온 방식을 면밀히 검토하게 만들었다. 코로나 팬데믹 기간에 사무실은 텅 비었고 대부분의 사람이 재택근무를 해야 했다. 어떤 이들에게는 저주였고, 어떤 이들에게는 축복이었다. 개인적 선호를 제쳐두고 보면, 코로나 위기와 그에 따른 재택근무는 우리가 일하는 방식을 다른 각도로 바라보게 만들었다. 우선 우리는 제대로 일하기 위해 반드시 사무실에 있을 필요가 없다는 사실을 발견했다. 많은 고용주가 우려했던 것과 달리 재택근무가 직원들을 태만하거나 일을 대충 하게 만들지는 않았다. 마감일은 지켜졌고, 재정 수치는 건전하게 유지되었으며, 일은 완수되었다. 더불어 많은 직원이 스트레스를 훨씬 덜 받고 일과 삶의 균형을 맞출 수 있어서 행복했다는 사실은 엄청난 보너스였다.

팬데믹 이후에도 하이브리드 근무는 여전히 많은 지지자를 확보하고 있다. 나는 두 세계의 장점을 잘 결합한 하이브리드가 일의 미래가 될 것이라고 믿는다. 재택근무가 절정이었던 시기에 몇 가지 문제들이 드러난 것은 사실이다. 예를 들어, 이동 시간과 불가피한 교통 체증이 없어진 대신, 일정을 연속적인 온라인 회의로 빼곡히 채울 수 있게 되었다. 지금도 재택근무를 하는 사람들은 쉴 틈 없이 회의한다. 이메일과 회사 채팅을 모니터링하면서 계속해서 화상회의를 예약한다. 동료들이 말하는 것을 한 귀로 듣고 흘리면서 급한 보고서를 마무리하는 것이다. 이렇게 우리는 하나의 정신적 마라톤을 끝내자마자 또 다른 마라톤에 나가 전력 질주하고 있다. 이는 세계 최고의 운동선수라면 절대 하지 않을 일이다. 선수들은 각 운동 후에 조용히 시간을 가지면서 근육을 풀고 잠시 휴식을 취할 것이다. 하지만 우리는 어떻게 하고 있는가? 스스로 채찍질하고 정신력으로 버티며 정신적 능력을 한계까지 몰아붙이고 있다.

이런 식의 근무는 지속 가능하지 않다. 우리는 하이브리드 근무를 제대로 하는 방법을 배워야 한다. 사무실에서 할 일과 집에서 할 일을 잘 구분해 그 둘의 균형부터 찾아야 한다.

때로는 집에서 일하는 것이 낫다

재택근무가 직장과 사생활에서 많은 장점을 제공한다는 것은 부인할 수 없는 사실이다. 많은 직원이 정기적으로 재택근무를 하면 모든 일들을 균형 있게 처리할 수 있을 것이라고 말한다. 예를 들어 이동하는 시간이 줄어들면 아침과 저녁 시간을 훨씬 여유롭게 보낼 수 있다.

~ 다이어리 엿보기 ~

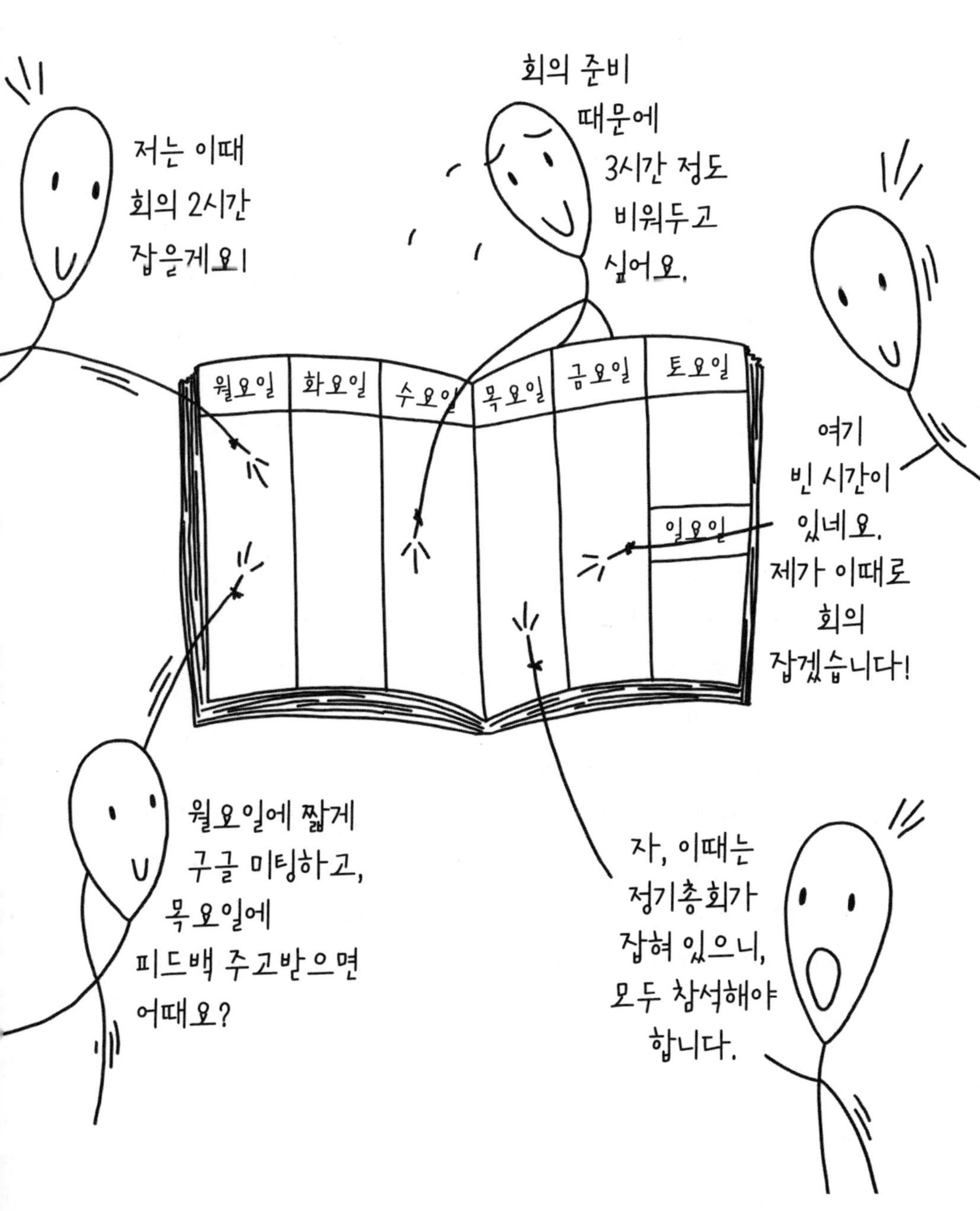
저는 이때 회의 2시간 잡을게요!
회의 준비 때문에 3시간 정도 비워두고 싶어요.
여기 빈 시간이 있네요. 제가 이때로 회의 잡겠습니다!
월요일
화요일
수요일
목요일
금요일
토요일
일요일
월요일에 짧게 구글 미팅하고, 목요일에 피드백 주고받으면 어때요?
자, 이때는 정기총회가 잡혀 있으니, 모두 참석해야 합니다.

또한 우리는 직장보다 집에서 더 생산적으로 일하는 경향이 있다. 5장 개방형 사무실에서 말했듯이, 집에서는 내게 맞는 주변 환경과 이상적인 집중 공간을 만드는 것이 훨씬 쉽다. 하지만 이것이 모든 사람에게 똑같이 적용되지는 않는다. 우리는 집에서 일할 때 더 많은 일을 처리하기 때문에, 집과 일 사이의 경계가 점점 더 모호해진다. 저녁에 잠깐 노트북을 열어보거나 저녁 준비를 시작하기 전에 잠깐 업무 전화를 하곤 한다.

이러한 유연성은 많은 장점을 제공하지만, 집중력을 잃지 않도록 주의해야 한다. 작가 크리스토프 자케Christophe Jauquet는 그의 저서인 《Trends in the Transformation Economy》에서 집에서 하는 활동들의 수가 업무부터 휴식, 요리, 운동까지 계속해서 늘어나고만 있다고 말한다. 이 모든 활동 가운데서, 지속적으로 방해받지 않고 우리가 하는 일에 집중할 방법을 찾는 것이 쉽지는 않다. 따라서 집에서도 집중력과 맑은 정신이 필요하다.

사무실에서도 내게 맞는 환경을 조성해야 하는 것처럼 집의 작업 공간도 마찬가지다. 여기서도 집중력과 맑은 정신을 갖게 하는 환경을 만들어야 한다. 이케아의 〈라이프 앳 홈 보고서Life at Home Report〉에 따르면 사람들은 중요한 것에 집중하기 위해 자신의 생활 공간을 통제하고 싶어 한다고 한다.

모든 사람이 집에서 각 활동에 맞는 별도의 방을 가지는 사치를 누리는 것은 아니다. 우리 대부분에게는 주어진 공간을 현명하게 활용하는 것이 중요하다. 가구를 만드는 대기업에서 다중 기능을 지닌 유연한 디자인에 점점 더 집중하는 것은 결코 우연이 아니다. 긴 하루 일과가 끝나면 일이 안 보이도록 책상을 접고 싶을 수도 있다. 퇴근하고 나서 방을 미니 요가 스튜디오로 바꾸고 싶을 수도 있다. 중요한 것은 우리

집이 외부 세계의 혼란에서 벗어날 수 있는 안식처로 만드는 것이다. 집중력과 맑은 정신을 유지하면서 동시에 잘 쉴 수 있는 공간이어야 한다.

우리에게 집이란 긴장을 풀고, 재충전하고, 본래의 자기 자신이 될 수 있는 최고의 장소다. 다행히 집을 편안하게 만들고 스트레스와 불안을 낮추기 위해 시도할 수 있는 많은 방법이 있다. 편안함과 마음의 평화를 주는 차분한 색상을 사용하거나 고요하고 안전한 환경을 만드는 재팬디Japandi(일본과 북유럽 인테리어의 결합한 스타일) 같은 인테리어 디자인 스타일을 고려해 볼 수 있다. 최근 들어 집안으로 자연을 들이는 것을 많이 볼 수 있다. 식물과 나무, 오가닉 소재와 향을 활용하고 야외의 아름다운 풍경을 감상할 수 있는 넓은 통창을 선호하는 경향이 강해지고 있다.

사람들의 활동이 급증하는 가운데, 집은 쉴 수 있는 안식처로 남아 있다. 사람들이 정돈되고 체계적인 생활 환경의 중요성을 점점 더 인식하고 있다. 연구에 따르면 어수선한 환경은 스트레스를 악화시키는 반면, 깔끔한 집은 우울감을 줄일 수 있다. 평화와 맑은 정신을 찾을 수 있는 집. 바로 이것이 우리 모두가 추구하는 것이 아닐까.

재택근무의 이면

더 많이 쉴 수 있고 집중할 수 있는 재택근무라는 빛나는 메달, 그러나 여기에도 그 이면이 있다. 출퇴근의 번거로움과 시끄러운 직장에서 살아남기 경쟁 대신 재택근무는 매력적으로 들릴 수 있지만, 큰 단점이 있다. 집에서는 보통 혼자라는 것이다.

사무실 근무

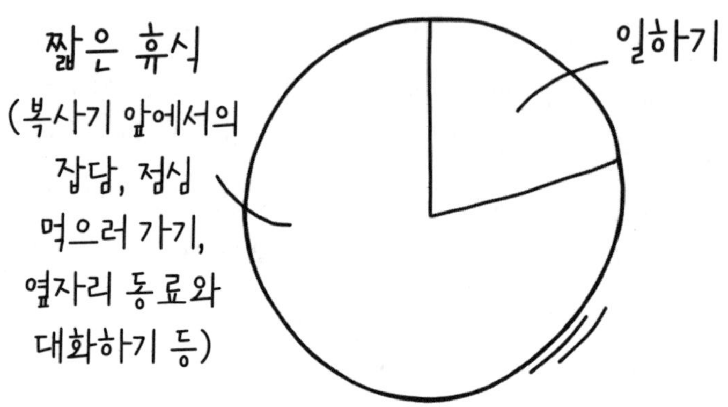

재택근무

재택근무는 마치 물고기가 마른 땅에 올라온 것과 같다. 잠시 숨을 쉴 수는 있지만 결국 말라버리고 마는 운명이다. 출퇴근 정체를 피할 수 있고 유연하게 일할 수 있지만, 혼자 일할 때는 다른 사람과 연결되지 않는다. 동료들과도, 조직과도, 심지어 자신과도 연결되지 않는다.

물고기가 다른 물고기들과 어울릴 수 있는 연못에서 잘 자라듯, 우리 인간도 연결감을 느낄 수 있는 환경에서 잘 지낸다. 우리는 커피머신 옆에서 잡담을 나누고, 회의실에서 브레인스토밍을 하고, 팀 미팅에서 함께 성공을 축하하며 에너지를 충전한다. 이런 연결의 순간들은 동료들과 강한 유대감을 형성하는 데 필수적이다. 연결이 없으면 헌신도 없다. 헌신이 없으면 안정감을 덜 느낀다. 계속 강조했듯이 안전과 안정감은 집중의 핵심 전제 조건이다.

집중과 연결은 떼려야 뗄 수 없는 관계다. 서로 균형을 맞추는 무도회 파트너인 것이다. 생산적이면서도 기분 좋게 일하려면 집중과 연결, 이 두 가지가 필요하다.

팀 내의 소통이 하이브리드 근무의 성공을 결정짓는다

겉으로 보기에는 하이브리드 근무가 완벽한 해법처럼 보인다. 집에서는 조용히 몰입해서 일할 수 있고, 사무실에서는 동료들과 연결감을 유지하면서 함께 프로젝트를 진행할 수 있으니까 말이다. 집에서는 혼자 세밀한 부분을 마무리하고, 사무실에서는 같이 머리를 맞대고 협업한다. 완벽하지 않은가? 그럼에도 '하이브리드 근무'라고 하면 많은 사람이 한숨을 쉬곤 한다. 왜일까?

가장 큰 이유는 명확한 원칙을 정하지 않았기 때문이다. 집에서 일하면서도 화상회의를 계속 잡아두고, 사무실에서는 오히려 집중이 필요한 일을 하려고 한다. 결국 하이브리드 근무는 두 가지 방식의 장점을 합친 게 아니라 오히려 단점을 합친 꼴이 되는 경우가 많다.

사실 하이브리드 근무의 가장 큰 장점은 자신만의 스케줄을 자유롭게 짤 수 있다는 것이다. 이를 위해 먼저 팀과 분명한 합의를 봐야 한다. 예를 들어 집에서 집중해서 일하고 있는데 계속 동료들에게서 전화가 온다면 방해가 될 수밖에 없다. 반대로 동료 입장에서는 보고서를 마무리해야 하는데 당신에게 꼭 필요한 자료를 받지 못하면 답답할 것이다.

하이브리드 근무는 팀에게는 도전이며, 서로에게 무엇을 기대하는지 그리고 언제 서로가 필요한지에 대해 개방적이고 명확하게 소통해야만 극복할 수 있다. 팀으로서 누가 언제 논의가 가능한지 그리고 어떤 상황에서 누군가를 방해해도 되는지 또는 안 되는지에 대해 합의하는 것은 정말 효과가 있다. 작은 부분도 신경을 써야 한다. 예를 들어 이메일을 보낼 때 불필요하게 많은 사람을 참조에 넣지 말고, 급하지 않은 질문들은 모아두었다가 하루 업무가 끝날 때쯤 한 번에 보내는 것이 좋다. 그래야 동료가 그때그때 바로 답을 해야 한다는 압박감을 덜 느낀다. 이때 큰 도움이 되는 것이 바로 '팀 차터team charter'다. 팀 차터는 서로의 기대를 명확히 하고, 함께 일할 때 따라야 할 가이드라인을 미리 정리해 두는 것이다. 이런 공동의 합의를 통해 팀원들은 같은 가이드라인 위에서 움직일 수 있고, 서로를 더 잘 지원하면서 최고의 성과를 낼 수 있다.

그럼에도 여전히 많은 사람이 자신의 경계를 지키는 것을 어려워한다. 어떤 사람들은 주로 다른 사람을 웃게 하거나 행복하게 만드는 데 집중하는데, 그 과정에서 자신의 시간과 정신건강은 뒷전인 경우가 많다. 다행히 자신의 경계를 부드럽게 표현하는 방법도 많다. 예를 들어 미묘한 신호를 주거나 타임블로킹을 활용해 일정표에 시간을 지정하거나 팀원과 솔직하게 대화를 나누며 자신의 선호를 명확히 표현하는 방법이 있다. 이는 나를 위한 것만이 아니다. 모든 사람이 서로의 말을 들어주는 느낌을 받고 존중받는 환경을 만드는 것이다.

'베터 마인즈 앳 워크Better Minds at Work' 같은 컨설팅 회사를 통해 팀 전체가 함께 동기적synchronous 작업과 비동기적asynchronous 작업을 분석해 보는 것도 흥미로울 수 있다. 동기적 작업이란 팀원들의 물리적 위치와 상관없이 같은 과제나 프로젝트를 동시에 수행하는 것을 의미한다. 예를 들어 같은 시간에 화상회의에 참석하거나 문서 작업을 실시간으로 함께 진행하거나 정기적으로 서로 피드백을 주고받는 경우다. 반대로 비동기적 작업에서는 팀원들이 동시에 같은 과제나 프로젝트를 수행할 필요가 없다. 각자 다른 시간에 프로젝트를 진행하거나, 즉각적인 답변이 필요하지 않아 메시지로 소통하는 경우다.

어떤 업무가 동기적이고 어떤 업무가 비동기적인지 명확히 이해했다면 다음 단계는 모두에게 효과적인 일정을 합의해 정하는 것이다. 예를 들어 월요일 오전은 비동기적 업무를, 오후는 동기적 업무를 배정한다. 이상적인 방식은 사무실에서는 동기적 업무, 집에서는 비동기적 업무를 하는 것이지만 꼭 고정된 것은 아니다. 중요한 것은 팀 전체가 월요일 오전에 비동기적 업무를 배정했다는 사실만으로도 팀원들이 차분하게 집중할 수 있다는 점이다. 동기적 업무도 마찬가지다. 사무실에서 모여서 팀 회의를 하는 것도 좋지만, 가장 중요한 것은 회의를 동기적 업무 시간에 맞춰 배치하는 것이다. 이렇게 하면 누구도 자신이 집중해서 일하는 시간을 회의 때문에 방해받지 않아도 된다.

하이브리드 근무가 내게 맞을까?

* * *

하이브리드 근무가 자신에게 맞는지 궁금할 수 있다. 성급하게 뛰어들지 말고 충분히 시간을 들여 생각해 볼 가치가 있다. 과연 당신은 어디에 속해 있을까?

책상에 노트북을 두고 혼자 앉아 일하는 것을 선호하는가? 아니면 동료들에 둘러싸여 활기찬 사무실 분위기 속에서 일하는 것을 선호하는가? 재택근무와 사무실 근무 사이에서 건강한 균형을 잡는 것이 중요하다. 집중력과 몰입이 필요한 업무는 재택근무 날에 하되, 정기적으로 사무실에 출근해 동료들과의 유대감을 강화하고 소속감을 유지하자.

재택근무와 사무실 근무 각각의 장점을 최대한 활용해 하이브리드 근무를 의식적으로 실천한다면 단점들을 없애면서 개인의 필요와 조직의 필요를 모두 충족하는 균형 잡힌, 동시에 지속 가능한 업무 방식을 만들 수 있다. 그리고 잊지 말자. 화상회의는 진정한 소통을 대체할 수 없다.

7장

나만의 선언문을 만들어라

이 장을 시작하면서 작은 과제를 하나 주겠다. 아침에 일어난 순간부터 직장에 도착해서 업무를 시작하는 순간까지, 아침이 어떻게 흘러갔는지 세세히 적어보라. 내가 한 행동 중에 의식적으로 내린 결정이 몇 개나 되는가? 아니면 그냥 평소 루틴을 따랐을 뿐인가?

우리는 잘 인식하지 못하지만 생각보다 더 많이 '자동 조종 모드'로 살아간다. 아침에 알람을 끄자마자 밤새 온 메시지를 확인하고 양치하면서 오늘은 무슨 일을 처리해야 하는지 생각하고 손에 잡히는 대로 옷을 입고 출근한다. (전날 밤 옷을 미리 꺼내 두었을지도 모르지만.) 출근길엔 자연스레 소셜미디어를 스크롤하고 있다.

의식적인 자각은 어디에 있었을까? 아마도 자신의 행동에 주의를 기울이지 않고 무의식적으로 행동했을 것이다. 마치 자동차 운전 같다. 시동을 걸고, 기어를 바꾸고, 브레이크를 밟는 것…. 이미 이 행동들은 루틴으로 굳어져 깊이 생각해 본 적이 없을 것이다.

한번 생각해 보라. 자신의 행동에 주의를 얼마나 기울이고 있는지. 사회적 상황에서의 행동이 아니라, 하루를 보내는 방식 말이다. 지금까지 살면서 자동적으로 하는 행동이 얼마나 많은가? 의식적으로 하는 행동은 어떤 것들인가? 그리고 기계처럼 돌아가는 하루에 만족하고 있는가? 아니면 자신의 삶을 다시 통제하고 싶은가?

내 삶의 주도권을 잡는 법

한번은 어떤 회사를 방문했는데, 복사기가 몇 주째 고장 나 있었다. 직원들은 그것에 대해 불평하면서 기술자만을 기다리고 있었다. 그걸 고치는 건 자신들 일이 아니라고 생각했던 것이다. 나는 5분 만에 걸린

종이를 빼내고 복사기를 다시 작동시켰다. 단편적인 상황일 수 있지만, 이는 그 회사의 지배적인 문화를 보여준다. 직원들이 수동적인 역할에 갇혀 있던 것이다. "예전이 더 나았어. 내 책임이 아니야. 상사가 좋아하지 않을 거야." 직장에서 너무나 자주 듣는 말이다. 많은 사람이 자신의 상황에 대해 주인 의식을 갖지 않는다. 예를 들어 관리자가 아니기 때문에 자율권이 없다고 생각한다. 그리고 이는 그들 스스로를 수동적인 역할에 가둔다. 이와 반대로 스스로 책임을 지는 것은 당신에게 힘이 있다는 감각을 준다.

우리는 상황의 피해자에서 자신의 삶을 통제하는 영웅이나 주인공이 될 수 있다. 중요한 첫걸음은 우리가 왜 이렇게 자주 무의식적으로 행동하는지 이해하는 것이다. 왜 어떤 선택은 하고, 다른 선택은 안 하는 걸까? 이를 설명하기 위해 노벨 경제학상 수상자인 대니얼 카너먼Daniel Kahneman과 그의 동료 심리학자 아모스 트버스키Amos Tversky의 '이중시스템이론Dual Systems Theory(또는 두 체계 이론)'을 빌려오고 싶다. 이 이론은 우리가 인간의 인지와 의사결정을 이해하는 데 아주 중요한 기여를 했다.

이중시스템이론에 따르면, 우리에게는 사고하고 의사결정을 하는 두 가지 시스템이 있다. 빠른 사고 시스템과 느린 사고 시스템이다.

'시스템 1'은 빠른 사고로, 뇌의 자동 조종 모드로 볼 수 있다. 직관적이며 우리가 의식적으로 생각하지 않아도 작동한다. 2+2 같은 간단한 계산을 해야 한다고 해보자. 생각하기도 전에 답이 머릿속에 떠오른다. 이런 종류의 빠른 사고는 얼굴 인식이나 위험한 상황에 반응하는 것 같은 일상적인 일에 유용하다. 분명히 가치 있는 시스템이지만 우리의 완전한 인식 없이 빠르고 충동적인 결정을 내리게 할 수도 있다.

'시스템 2'는 그 반대다. 느리고, 신중하며, 노력이 필요하다. 이는 복

루틴
변화

잡한 문제 해결이나 전략적 결정과 같이 더 많은 주의와 집중을 요구하는 복잡한 일에 사용하는 사고방식이다. 정말로 집중하고 깊이 생각해야 할 때 시스템 2가 작동한다.

두 사고 시스템의 차이점을 이해하는 것이 중요하다. 사람들은 종종 자신이 의식적인 결정을 내린다고 믿지만, 자신들의 사고가 주로 시스템 1의 영향을 받는다는 것을 잊어버린다. 복잡한 상황에서 이는 실수와 오해로 이어질 수 있다.

중요한 재무 의사 결정을 내려야 한다고 해보자. 초기의 충동적인 반응에 기반해서 빠르게 행동한다면 실수를 저지를 위험이 있다. 시간을 들여 차분히 생각하고 상황을 다양한 각도에서 바라본다면 좀 더 정보에 입각한 결정을 내릴 수 있다. 다시 말해 시스템 1과 시스템 2를 이해한다면 삶의 복잡함을 더 잘 헤쳐나가고, 더 나은 결정을 내리며, 우리의 사고와 행동에 대해 더 많은 통제력을 얻을 수 있다. 이를 통해 더 의식적으로 행동하고 목표지향적으로 살 수 있게 되며, 궁극적으로는 삶의 다양한 측면에서 더 큰 성공과 만족을 얻을 수 있다.

카너먼의 두 사고 시스템 간의 경쟁을 잘 보여주는 좋은 예가 바로 '야구배트와 야구공 문제'다. 생각해 보자. 배트와 공을 합쳐서 1달러 10센트다. 배트는 공보다 1달러 더 비싸다. 그렇다면 공은 얼마일까? 빠르고 직관적인 사고(시스템 1)는 공이 10센트라고 답하게 한다. 예상했겠지만 그 답은 틀렸다.

더 느리고 의식적인 사고(시스템 2)가 나중에 작동해 초기의 충동적인 결정을 재고한다. 논리적 추론을 통해 공이 10센트라면 배트는 1달러 10센트여야 하고, 총합이 1달러 20센트가 되어 1달러 10센트가 아님을 깨닫게 된다. 따라서 정답은 공이 5센트다.

카너먼은 하버드 대학교 학생들처럼 고등교육을 받은 사람들조차 종종 직관적이지만 틀린 답을 한다고 지적하며, 이러한 현상이 지능과 관련이 없음을 보여준다. 이 문제가 강조하는 것은 정확한 결론에 도달하기 위해 우리의 직감을 의식적으로 점검하고, 더 느리고 비판적인 사고 시스템을 활성화해야 한다는 것이다.

나는 지금 무슨 생각을 하고 있지?

* * *

우리는 생각보다 훨씬 더 많은 시간을 자동 조종 모드에 의존하며 보낸다. 이는 대부분의 사고 역시 무의식적으로 이루어지기 때문이다. 예를 들어 우리가 하루에 4만~6만 개의 생각을 한다고 가정해 보자. 이 생각들 대부분은 빠르게 사라지거나 구름처럼 흘러간다. 하지만 때로는 생각이 오래 머물며 우리를 부정적인 쪽으로 끌고 간다. 예를 들어, 운전하고 있는 사람은 길거리에서 사람을 만났을 때보다 훨씬 더 부정적인 모습을 보이는 경우가 많다. 차 안에서 쉽게 지루함을 느끼고, 감정을 조절하는 전전두피질이 덜 활성화되기 때문이다. 뇌의 스트레스 시스템이 주도권을 잡으면서 부정적인 생각이 우위를 점하기 쉽다. 그 결과, 우리의 원시뇌는 주변 운전자들에게 욕을 하거나 손짓을 하도록 만든다.

내가 마트에 가면 종종 겪는 일이다. 계산대에서 제일 느린 줄에 선 것이다. 줄이 천천히 줄어들면 부정적인 생각들이 꼬리에 꼬리를 물고 내 머릿속을 침범한다. '그럼 그렇지, 왜 나는 맨날 이럴까? 저 할아버지는 왜 이 시간에 장을 보는 거지? 낮에 시간이 아주 많았을 텐데? 그리고 저 계산원은 열심히 안 하는 것 같아, 그러니까 줄이 안 줄어들지.' 그저 자신의 일을 하고 있는 사람을 보고 스스로 그렇게 무례한 생각을 했다는 것에 충격을 받았다. 나는 길길이 날뛰는 원시 뇌를 잠재우기로 결심하고 스스로에게 이렇게 말했다. '저 계산원을 웃게 만들어주겠어.' 나는 계산원에게 의식적으로 몇 마디 농담을 건넨 후, 가게를 나섰다. 원시 뇌가 제멋대로 날뛰던 때와 매우 다른 기분이었다. 내 생각을 관찰하지 않았다면 온 가게와 모든 사람에게 분노를 품었을 것이다.

이처럼 당신도 부정적인 생각의 소용돌이에 휩쓸려본 경험이 있을 것이다. 이럴 땐 스스로에게 적극적으로 물어보라. '나는 지금 무슨 생각을 하고 있지?', '내 행동과 신념 그리고 내 삶의 방식을 결정하는 이면의 생각들은 무엇일까?' 이 기술은 '웨잇 WAIT'이라고 부르며 'What Am I Thinking? (나는 무슨 생각을 하는가?)'의 약자다. 이 간단한 질문을 스스로에게 던지면 뇌에서는 특별한 일이 일어난다. 시스템 1(자동 조종 모드)에서 시스템 2(전전두피질)로 전환된다. 전전두피질은 당신에게 전반적인 시야를 제공하며, 계산대 줄이 다른 줄보다 더 빨리 움직이는지 아닌지는 순전히 통계적인 문제일 뿐이라는 것을 상기시켜 준다. 물론 당신이 항상 가장 느린 줄만 선택하는 것은 아니다. 단지 우리의 원시 뇌가 주로 부정적인 것들을 기억하도록 맞춰져 있기 때문이다. 즉 과거에 5분 안에 계산을 끝낸 때를 기억하지 않을 뿐이다.

우리의 생각 대부분은 우리가 알아차리지 못하는 동안 이리저리 방황한다. 그래서 적극적으로 자주 개입해 스스로에게 '나는 지금 무슨 생각을 하고 있지?'라고 물어봄으로써, '메타 인식 meta-awareness'을 만들어낼 수 있다. 이는 머릿속을 맴도는 생각의 흐름을 파악하는 것이다. 이를 통해 생각의 노예가 되는 대신, 의식적으로 긍정적인 사고방식을 선택할 수 있다.

더 나은 결정을 내리는 방법

야구배트와 야구공 문제는 우리 뇌가 문제를 풀 때 종종 직관이라는 지름길을 택하는 방식을 잘 보여준다. 사람들은 '더 비싸다'는 복잡한 조건을 무시하고 문제를 단순화하는 경향이 있다. 이 때문에 사람들은 배트가 공보다 1달러 비싸다고 생각하기보다, 배트 가격이 1달러라고 생각한다. 계산이 간단해 보이는 것이다. 배트가 1달러, 공과 배트의 총합이 1달러 10센트라면, 공의 가격은 10센트여야 한다고 말이다.

물론 직관이 항상 잘못된 것은 아니다. 바스티앙 트레몰리에르Bastien Trémolière와 빔 드 네이스Wim De Neys는, 직관적인 답이 기존 지식과 충돌하는 상황에서 사람들이 어떻게 반응하는지 연구했다. 연구자들은 참가자에게 야구배트와 야구공 문제를 변형한 문제를 풀게 했다. 비싼 자동차가 나오는 문제였다. 한 버전에서는 참가자들이 다음 질문을 받았다. "롤스로이스와 페라리를 합쳐 19만 달러다. 롤스로이스는 페라리보다 10만 달러 더 비싸다. 페라리의 가격은 얼마인가?" 다른 버전의 질문은 이러했다. "페라리와 포드를 합쳐 19만 달러다. 페라리는 포드보다 10만 달러 더 비싸다. 포드의 가격은 얼마인가?"

결과는 어땠을까? 두 번째 버전에서는 참가자들이 포드의 실제 가격 지식과 직관적인 답이 충돌했기 때문에, 더 신중하게 생각해 문제를 올바르게 푸는 경향을 보였다. 이는 사람들이 직관적인 답이 기존 지식과 어긋날 때 더 깊이 사고한다는 사실을 보여준다.

정리하자면 직관이 항상 틀린 것은 아니다. 그러나 직관이 우리를 잘못된 방향으로 이끌 수 있는 상황을 의식하는 것이 중요하다. 보다 의식적으로 사고하고 직관을 점검함으로써, 복잡한 문제를 잘 해결하고 더 나은 결정을 내릴 수 있다.

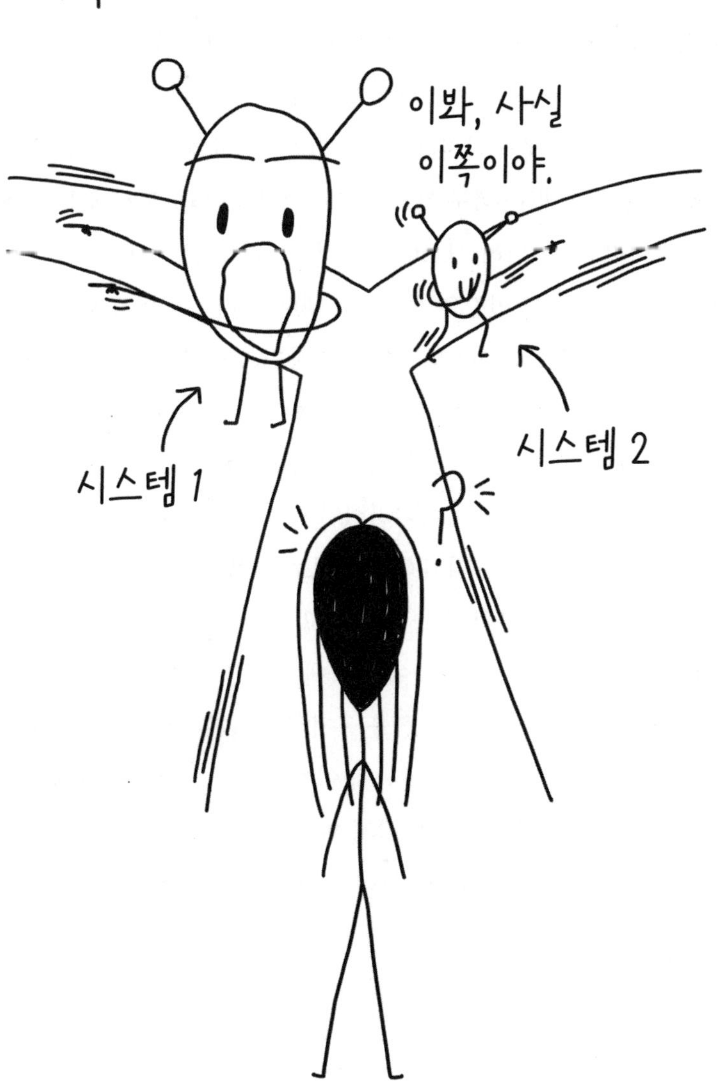
"이쪽이야!!!"
이봐, 사실 이쪽이야.
시스템 1
시스템 2

의식적으로 느리게 살아보기

당신이 차를 운전하다가 비보호 좌회전을 해야 한다고 상상해 보자. 이때 대부분의 사람은 좌회전 타이밍에 완전히 집중해야 하기 때문에 대화를 멈춘다. 혹은 낯선 동네에서 주차 자리를 찾을 때 듣고 있던 노래 소리를 줄인 적이 있지 않은가? 이 두 가지 모두 우리의 두 번째 시스템(시스템 2)이 작동하는 전형적인 사례다.

우리가 어떤 문제에 진지하게 집중할 때 몸 안에서는 다양한 변화가 생긴다. 혈압, 심박수, 피부 전도성이 바뀐다. 다가올 도전에 몸이 대비하는 것이다. 다시 말해 시스템 2를 작동시키는 것은 꽤 큰 노력이 든다. 그리고 불행히도 인간은 게으른 존재다. 우리는 에너지를 거의 쓰지 않는 직관적 사고, 즉 시스템 1에 의존하는 것을 선호한다. 그러나 이 때문에 기존의 패턴에 갇히기 쉽고, '자동 조종 모드'로 움직이게 된다.

시스템 1을 잠시 꺼두는 아주 좋은 방법이 있다. 바로 의식적으로 속도를 늦추는 것이다. 앞서 이야기했던 아침 루틴으로 다시 돌아가 보자. 당신의 아침 루틴을 의식적으로 깨보는 것이다. 알람이 울리면 끈 다음 몇 분 동안 차분히 숨을 들이쉬고 내쉬면서 하루를 의식적으로 계획한다. 양치질할 때는 칫솔이 치아에 닿는 감각을 제대로 느껴보고, 샤워기의 물줄기가 주는 상쾌함을 온전히 즐겨본다. 옷을 고를 때도 그날의 기분을 반영한 옷을 고른다. 즉 아침을 무심코 서두르며 흘려보내지 말고, 루틴을 어떻게 만들어갈지 의식적으로 선택하며 당신이 내리는 모든 결정에 주의를 기울여 보라는 것이다.

카너먼 이론 실천하기 ——————————

＊＊＊

카너먼의 연구는 심리학자뿐 아니라 더 충만하고 의식적인 삶을 살고 자 하는 모든 사람에게 의미가 있다. 그렇다면 이를 일상에 어떻게 적용 할 수 있을까? 몇 가지 예시를 보자.

- 당신은 아마도 출근하거나 가족을 만나러 갈 때 늘 같은 길을 이용할 것이다. 눈을 감고도 찾아갈 수 있을 정도로 익숙한 길이다. 주변 풍경 은 이미 오래전부터 눈에 들어오지 않았다. 다른 길을 선택해 보자. 새 로운 풍경이 보이고, 눈길을 끄는 장소들을 발견하며, 주변과 더 연결 되는 느낌을 받을 것이다. 루틴을 깨뜨리는 것은 삶에 다양성을 더할 수 있다.
- 소셜미디어 사용 습관은 어떤가? 우리는 자주 무의식적으로 스크롤하 고, 소비하는 정보가 우리에게 어떤 영향을 주는지 생각하지 않는다. 디지털 습관을 돌이켜 보고, 소셜미디어 사용 시간을 줄이면 어떨까? 영감을 주거나 긍정적인 반응을 이끌어내는 계정만 팔로우하면, 디지 털 환경은 우리에게 스트레스와 부정적인 감정을 주는 대신 기쁨과 동 기를 주는 공간이 될 수 있다.
- 카너먼의 발견은 우리가 더 나은 소통을 하고 타인과 연결될 수 있도 록 돕는다. 갈등이나 긴장 상황에서 즉각적인 반응을 하기보다는, 의식 적으로 공감하고 이해하는 쪽을 선택할 수 있다. 상대방의 말을 듣고 그들의 관점에서 사태를 바라봄으로써 갈등을 줄이고 관계를 더 깊게 만들 수 있다. 또한 편안한 곳을 벗어나 새로운 경험을 얻는 것은 흥미

환경이 행동을 낳는다

행동을 바꾸는 것은 시스템 2가 더 개입하게 만드는 좋은 방법이지만 가장 쉬운 방법은 아니다. 따라서 대니얼 카너먼은 먼저 자신의 환경을 면밀히 살펴볼 것을 권한다. 내가 이 책을 쓸 때는 주로 집에서 작업했다. 하지만 집에서도 항상 방해 요소가 널려 있기 때문에 가끔은 가까운 공유 오피스로 자리를 옮겼다. 그곳에서는 들쑥날쑥 자란 잔디나 가득 찬 빨래 바구니, 전날 밤에 남겨둔 설거짓거리와 마주하지 않아도 되었다. 다른 곳에서 일하는 것은 또 다른 종류의 집중력을 제공해 주었고, 앉아 있던 곳이 때로는 조금 시끄러웠어도 상당한 양의 작업을 해낼 수 있었다.

환경을 바꾸는 건 우리가 흔히 말하는 집중법과는 매우 다른 접근이다. 이성적으로는 보통 계획을 세우고, 목표를 정하고, 보상을 주라고 한다. 하지만 카너먼은 그런 이성적인 방법을 높이 평가하지 않는다. 그는 집중력의 비밀이 환경에 있다고 본다. 즉 원하는 행동을 하기 쉽게끔 환경을 바꾸는 것이다. 행동을 바꾸는 가장 쉬운 방법은 원하는 행동을 자연스럽게 실천하기 쉬운 환경을 만드는 것이다. 운동을 더 하고 싶다면? 러닝화를 침대 옆에 두고 일어나자마자 신어라. 고객을 잘 관리하고 싶다면 금요일마다 미팅 공간을 예약해 두자.(고객이랑 한 번이라도 더 만나게 될 것이다.) 회사에서 더 단단한 팀워크를 원한다면? 팀원끼리 함께 앉을 수 있도록 자리 배치를 바꾸어라.

계속 시도하고 다시 일어나라

나는 레너드 코언의 음악을 즐겨 듣는다. 특히 그의 목소리는 바쁜 하루를 보낸 뒤에 평온함을 느끼게 해준다. 코언은 시적 영감을 아름다운 선율로 빚어내어 깊은 울림을 주는 아티스트다. 1960년대에 그는 《아름다운 패자Beautiful Losers》라는 실험적인 소설을 썼는데, 그는 이렇게 물었다. "내 안에 어제의 모든 것이 그대로 남아 있는데, 어떻게 새로운 것을 시작할 수 있을까?" 이것은 그의 연애사를 암시하는 말이었다. 코언은 가벼운 관계에서 또 다른 가벼운 관계로 쉽게 옮겨다녔고 종종 겹치는 기간도 있었다. 이 문장은 우리의 습관 전반에도 잘 적용된다. 과거가 새로운 시작을 방해할 수 있다는 생각은 많은 사람이 공감하는 바다.

습관에서 벗어나고 싶지만 오랫동안 해온 것을 바꾸기는 어려울 수 있다. 우리는 종종 일상에 인질로 잡혀 있다. 심지어 그 일상이 우리에게 도움이 되지 않는다는 것을 알면서도 말이다. 여기서 중요한 것은 너무 엄격해지지 않는 것이다. 하룻밤 사이에 변할 수도 없고 그럴 필요도 없다. 코언의 연애사가 겹쳤던 것처럼 우리의 습관도 마찬가지다. 새로운 좋은 습관을 들이는 동안 낡고 나쁜 습관은 한동안 잠복해 있겠지만 괜찮다.

습관을 바꾸는 것은 시행착오의 과정이다. 넘어지는 것은 중요하지 않다. 중요한 것은 계속해서 다시 일어나는 것이다. 당신의 과거가 당신이 누구이고 무엇을 이룰 수 있는지를 규정하지 않는 것처럼 어제 무슨 일이 있었든 상관없이 당신에게는 항상 새로운 길을 선택하고 새로운 습관을 만들 자유가 있다. 그러니 어제가 완벽하지 않았더라도 (완벽한 사람이 어디 있겠는가?) 오늘 다시 시작하면 된다. 과거의 실수와 잘못을 앞으로 나아가기 위한 배움의 기회로 여기고, 새로운 에너지와 결단력으로 나아가라.

큰 변화를 부르는 작은 습관들

"단 하나의 결정이 당신의 삶을 완전히 바꿀 수 있다." 수많은 동기부여 워크숍이 이렇게 말하고 믿게 한다. 마치 습관을 '결정'만으로 바꿀 수 있는 것처럼 말이다. 하지만 《습관의 디테일Tiny Habits》의 저자 BJ 포그B. J. Fogg는 그렇게 생각하지 않는다. 물론 언젠가는 첫걸음을 내디뎌야 한다. 변화를 원하는 마음은 좋지만, 새로운 도전을 시작할 때 느꼈던 열정은 어느 순간 시들기 시작한다. 새로운 것을 시작하는 즐거움과 어떤 일을 실제로 끝냈을 때의 만족감의 사이 어딘가에서 우리는 포기하게 된다. 왜일까? 의지력 하나만으로 계속 나아갈 수는 없기 때문이다. 의지력은 근육과 같아서 지치고 결국엔 소진된다. 처음의 좋은 의도는 햇볕 속의 눈처럼 녹아내린다.

로마가 하루아침에 이루어지지 않았듯 뿌리 깊은 습관이 하룻밤 사이에 바뀌기를 기대할 수는 없다. 어떤 패턴을 바꾸거나 새로운 습관을 들이는 데는 시간이 걸린다. 새로운 습관을 들이려 할 때 생각보다 크게 도움이 되는 것은 즉각적이고 영구적인 결과를 보겠다는 목표를 세우지 않는 것이다. '오늘부터 연말까지 이걸 할 거야.'라는 식의 계획 말고 3일마다 평가하는 계획을 짜라. 더 짧고 달성 가능한 목표를 세우고, 처음부터 모든 것을 완벽하게 해내려는 욕심에 압도되지 않도록 노력하자. 종종 여러 번의 작은 발걸음이 하나의 큰 발걸음보다 훨씬 멀리 가게 해준다.

베스트셀러《아주 작은 습관의 힘Atomic Habits》의 저자 제임스 클리어James Clear는 이렇게 말했다. "당신이 반복해서 하는 행동이 결국 당신이라는 사람을 만들고, 당신이 믿는 것을 형성하며, 당신이 즐기는 결과를 낳는다. 습관을 바꾸면 당신의 삶이 바뀔 것이다."

그럼 어떻게 해야 할까? 비밀은 새로운 일상을 만드는 데 있다. 제임스 클리어는 이를 위해 네 가지 요소가 필요하다고 말한다.

1 **신호**Cue : 행동을 시작할 시간임을 알려주는 시작 신호.
2 **갈망**Craving : 새로운 행동을 하도록 이끄는 내적 동기.
3 **반응**Response : 신호에 따라 실제로 수행하는 행동.
4 **보상**Reward : 과제를 완료했을 때 느끼는 만족감으로, 다음에도 그 행동을 다시 하도록 격려해 줌.

새로운 습관을 기르기 위해 위 네 가지 요소를 의식적으로 활용할 수 있다. 예를 들어 아침에 짧은 산책으로 하루를 시작하고 싶다고 가정해 보자. 실행 계획은 다음과 같다.

- **신호**: 아침 6시 45분에 알람을 맞춘다. 알람이 울리면 운동복으로 갈아입으라는 신호다.
- **갈망**: 알람이 울리자마자 침대에서 바로 나오고 싶다면 목표를 명

확히 하는 것이 좋다. 당신의 동기는 무엇인가? 왜 아침에 걷고 싶은가? 이를 말로 표현해 보라. 예를 들어 "나는 아침 산책에서 얻는 에너지가 필요해. 매일매일 하루를 상쾌하게 시작하고 싶으니까."

- **반응 :** 알람이 울리자마자 침대 옆에 미리 준비해 둔 운동복으로 갈아입고 운동화를 신어라. 밖으로 나가 동네를 15분 동안 걸어본다.
- **보상 :** 산책을 마친 후 상쾌함과 활력을 느낀다. 하루는 이제 막 시작이지만 건강하고 활동적인 일을 해냈다는 사실에 행복하다. 이 긍정적인 감정은 다음 날 아침에도 산책을 하도록 동기를 부여해 습관을 강화한다.

신호, 갈망, 반응, 보상, 이 네 가지 요소가 없으면 새로운 행동은 결코 습관이 되지 못한다. 좋은 점은 일단 어떤 행동이 습관이 되면, 의식적인 노력 없이도 저절로 하게 된다는 것이다. 이것이 습관의 강력한 힘이다. 습관은 우리가 누구인지 그리고 삶에서 무엇을 성취하는지를 결정하는 기반이 된다.

다시 한번 말하지만 작고 단순한 습관을 들여라. 작은 변화를 목표로 삼아야 한다. "나는 매일 과일 네 개를 먹을 거야."라고 말하지 말고 "나는 매일 사과를 한 입이라도 먹을 거야."라고 말하라. 한 입 먹기 시작하면 사과 하나를 다 먹게 될 가능성이 높아진다. 물론 한 입만 먹고 멈추더라도 당신은 여전히 초기 의도를 달성한 것이다. 이 성공적인 경험은 더 많은 것, 즉 다음을 향한 의욕을 불러일으킨다. 집중해서 일하는 것도 마찬가지다. 달성 가능한 작은 목표를 정하라. 만약 당신이 세 시간 동안 한 가지 일에 집중하겠다고 다짐했는데 몇 분 후에 주의가 흐트러진다면 당신은 실패했다고 느낄 것이다. 다음번에는 아예 시작도 하지 않을 수 있다.

열정
으아악!!!
저리 가!
시간 수고

이는 자신에게 관대해지라는 말이 아니다. 어려운 목표에 도전하고 싶을 수 있다. 그러려면 컴포트존 밖으로 나가야만 성장할 수 있다. 고통스러운 급성장보다 작은 단위로 성장하는 것이 당신을 더 멀리 나아가게 할 것이다. 매일 1%씩 개선하는 것은 시간이 지나면서 당신의 삶에 엄청난 변화를 가져온다. 그렇다. 시간이 좀 걸릴 수 있지만, 그럴 만한 가치가 있고 오래 유지할 수 있는 전략이다. 만약 당신이 항로를 단 0.5도만 바꿔도, 10년 후에는 직진했을 때와는 완전히 다른 곳에 도착해 있을 것이다.

작더라도 좋은 습관은 바로 그 1%의 차이를 만들어낼 수 있다. 추상적이고 부담스러운 목표에 집중하는 대신, 작고 일상적인 행동들을 꾸준히 실행하자. 생산성을 높여주고 진정한 행복을 가져다줄 것이다.

습관 굳히기

＊＊＊

작은 습관은 당신의 삶에 의미 있고 지속적인 변화를 가져올 수 있다. 아침 식사 전에 물 한 잔 마시기, 1분간 명상하거나 심호흡하기, 매시간 책상에서 스트레칭하기, 매일 밤 감사한 일 세 가지 적어보기 등이 있다. 이것들은 단기적으로나 장기적으로나 우리의 행복과 건강을 충만하게 해줄 것이다. 하지만 핵심 질문은 여전히 남아 있다. 아무리 작은 습관이라도 어떻게 장기적으로 유지할 것인가?

만약 이러한 새로운 습관들을 계속하기 위해 항상 의식적으로 수행해야 한다면, 다시 말해 매번 할 때마다 의식적으로 결정해야 한다면, 습관을 지속하지 못할 것이다. 그 습관들은 본능적으로 바뀌어야 한다. 습관화시킬 고정점들을 찾아라. 익숙한 루틴에 새로운 습관을 연결하는 것이다. 기존 루틴이 새로운 행동을 유발할 수 있다. 몇 가지 예시를 들어보자.

- **일어나자마자**: 물 한 잔 마시거나 짧은 명상하기
- **샤워하면서**: 감사한 일 생각하기 또는 긍정적인 확언 반복하기
- **아침 식사 직후**: 간단한 스트레칭 또는 하루 목표를 시각화하기
- **전화 통화 후**: 긴장을 풀기 위해 심호흡 몇 번 하기 또는 나중에 할 일 직어두기
- **컴퓨터 부팅 후**: 하루 업무 계획하기 또는 할 일 목록 만들기
- **현관문을 닫은 후**: 긍정 주문 외우기 또는 하루의 목표 설정하기
- **식사 전후**: 마음챙김을 위한 시간을 갖거나 무슨 생각하고 있는지 성찰하고 짧은 보디 스캔(몸의 감각을 알아차리기)하기, 감사 일기 쓰기

이미 가지고 있는 작은 비생산적 습관들을 더 건강한 대안으로 바꿈으로써, 작은 습관 만들기 과정을 역으로 활용하는 것도 고려해 볼 수 있다. 예를 들어, 앉자마자 휴대폰을 확인하는 대신 먼저 심호흡을 몇 번 하거나 자세를 고쳐 앉는 것이다.

마지막 팁으로는 2장에서 언급했던 비아 네가티바를 다시 생각해 보면서, 새로운 습관을 추가하는 대신 작은 나쁜 습관들을 없앨 수 있는지 살펴보라. 항상 새로운 습관으로 바꿔야 하는 것은 아니다.

우리 머릿속엔 노이즈가 있다

새로운 스마트폰이 필요하다고 상상해 보자. 여러 스마트폰을 검색해 보고 사고 싶은 모델을 정했다. 그러나 매장에 들어서는 순간, 방대한 선택의 폭에 압도당한다. 원하는 것을 알고 있는데도 갑자기 새로운 가능성의 바다가 펼쳐진다. 450달러짜리 스마트폰도 좋아 보인다. 리퍼비시 제품도 좋은 선택 같다. 몇 년 전에 나오긴 했지만 생각했던 모델보다 훨씬 저렴하다. 머릿속은 혼란스러워지고, 내 결정이 맞았는지 의심하다가 결국 스마트폰을 사지 못한 채 집에 돌아간다.

언뜻 보기에는 쉬워 보이지만 결정을 내리기 어려울 때가 있다. 대니얼 카너먼은 이를 '노이즈Noise'라고 명명했다. 스스로 의심하게 만들고 결단력 있게 행동하지 못하게 하는 것이다. 이 '노이즈'를 인식하고 줄이기 위한 구체적인 조치를 취한다면 우리는 더 나은 결정을 내릴 수 있다. 어떻게 하는지 살펴보자.

먼저 판단의 원칙을 세워라. 카너먼에 따르면, 스스로 절제하고 좋은 결정을 내리기 위해 시간을 가지라고 한다. 한 가지 접근법은 적절한 체크리스트를 작성하는 것이다. 예를 들어 새로운 전략이 실현 가능성, 비용, 영향 측면에서 어떤 기준을 충족하는지 체크리스트를 작성하는 것이다. 전문가와 업계 종사자들로부터 의견을 구해 작성하자. 그들의 다양한 관점은 당신이 보지 못한 사각지대를 보여주고 사실과 정보에 입각한 결정을 내릴 수 있게 해줄 것이다. 그런 다음 시간을 들여 상황의 모든 측면을 분석하고 평가하라. 장단점을 비교 검토하고 이용 가능한 정보를 바탕으로 예비 결정을 내려라. 하지만 그것으로 끝이 아니다. 최종적으로 실행에 옮기기 전에, 시간을 내어 예비 결정을 테스트하자. 수집한 모든 정보를 다시 살펴보고 놓친 부분이 있는지 자문해

보라. 새로운 전략을 실행하기 전에 실제로 어떻게 작동하는지 보기 위해 시험 운영을 해보기로 결정할 수도 있다.

집중력과 헌신을 요구하는, 훈련이 필요한 판단 과정이지만 일관되고 효과적인 의사 결정을 이끌어낼 수 있다. 철저히 분석하고, 의견을 수렴하고, 결정을 테스트하는 데 시간을 투자함으로써 '노이즈(불필요한 정보)'를 줄이고 궁극적으로는 충분한 정보를 바탕으로 결정을 내려 성공 가능성을 높일 수 있다.

자기 선언문을 작성하라

모든 관리자나 CEO는 미션 선언문의 중요성을 알고 있다. 미션 선언문에는 회사가 지향하는 바와 하는 일의 본질이 담겨 있다. 미션 선언문의 목적은 회사의 결속력과 일관성을 증진시키는 것이다. 이를 읽는 누구든 회사가 무엇을 지향하는지 알 수 있어야 한다. 회사 내에서 중요한 결정에 직면했을 때, 미션 선언문은 올바른 선택을 내리는 근거가 된다.

개인에게도 미션 선언문이 있다면 좋지 않을까? 당신에게 중요한 것은 무엇인가? 무엇을 지향하고 싶은가? 당신의 목표와 가치는 무엇인가? 자신의 삶을 주도하고 싶다면 어느 방향으로 가고 싶은지 알아야 한다. 자기 선언문은 거친 바다에서도 당신을 올바른 항로로 이끌어주는 중요한 나침반이 될 수 있다. 때로는 역류에 거슬러 헤엄쳐야 한다는 뜻이다. 내 동료 에릭 프랑크Erik Franck의 말처럼, "아무것도 바꾸지 않으면, 아무것도 바뀌지 않는다." 성장과 변화를 추구한다면 제자리에 머무르는 것은 선택사항이 아니다.

나를 위한 자기 선언문

＊＊＊

나의 가치와 목표가 무엇인지 생각은 해봤지만, 실제로는 아무것도 실천하지 않았을 수 있다. 그래서 자기 선언문을 종이에 적어보아야 한다. 다음과 같이 시작하면 어떨까?

나 ○○○은, 자기 선언문을 '내가 누구인지에 대한 간결한 요약'으로 정의한다. 여기에는 내가 어디에 사는지, 내 일이나 파트너와 같은 요인에 관계없이 나의 핵심 가치와 포부를 포괄적으로 담는다.

나의 자기 선언문은 '노력하겠다'나 '아마도'와 같은 모호한 표현을 하지 않는 능동적인 선언문이다. 내 열정과 내가 에너지를 얻는 원천을 명확히 반영한다.

낯설게 느껴질 수 있지만, 따라해 보라. 자기 선언문을 종이에 적기 전까지는 공허한 말로 남아 있을 수 있다. 적어야만 비로소 현실이 된다. 그러니 스스로 개인적인 미션이 무엇인지 물어보라. 당신의 나침반이 어느 곳을 가리키고 있는지 또한 나침반이 당신의 항로 결정에 어떻게 도움을 주고 있는지 말이다.

집중하는 리더가 성공할 수밖에 없는 이유

2013년, 미국의 심리학자이자 작가, 과학 저널리스트인 대니얼 골먼Daniel Goleman은 〈하버드 비즈니스 리뷰Harvard Business Review〉에 집중력과 지능이 리더십에 얼마나 영향을 미치는지, 개인적 발전에 어떤 영향을 줄 수 있는지에 대한 흥미로운 기사를 발표했다. 그의 첫 번째 요점은 리더들이 자기 인식self-awareness을 가져야 한다는 것이다. 자기 인식이 감성 지능Emotional Intelligence. EI의 기초이기 때문이다. 사실 리더뿐 아니라 누구에게나 필요하다. 더 구체적으로 당신은 자신의 감정, 강점과 약점, 목표와 가치를 이해하고 올바르게 평가할 수 있어야 한다. 건전한 수준의 자기 인식이 없다면 당신이 다른 사람들에게 어떻게 비치는지, 자신의 감정이 의사 결정에 어떻게 영향을 미치는지 파악하기 어렵다. 또한 내면의 목소리, 즉 내 안에서 보내는 심리적 신호에 귀를 기울이고 그에 따라 행동하는 것도 중요하다.

이를 뒷받침하는 좋은 사례 연구가 있다. 런던에 있는 네 곳의 투자 은행에서 일하는 118명의 전문 트레이더와 10명의 고위 관리자를 대상으로 한 설문조사다. 잘나가는 트레이더들(평균 연봉 50만 파운드)은 오로지 분석에만 의존하는 사람도 아니고, 단순히 직감만 따르는 사람도 아니었다. 그들은 다양한 감정의 스펙트럼에 집중한 후, 그 감정을 이용해 자기 직관의 가치를 평가하는 사람들이었다. 손실에 직면했을 때, 그들은 자신의 두려움을 인정하고 더 신중해졌다. 반면 실적이 저조한 트레이더들(평균 연봉 10만 파운드)은 자신의 두려움을 무시하고 계속 나아갔으며, 그 결과는 좋지 않았다. 그들은 내적 신호를 무시했기 때문에 결국 잘못된 방향으로 가고 말았다. 다시 말해 내면의 심리적 과정과 신호에 집중하는 사람들이 더 나은 결정을 내린다는 것이다.

물론 이게 전부가 아니다. 자기 인식과 더불어 자기통제self-control는 효과적인 리더십의 필수 조건이다. 자기통제, 즉 인지적 통제cognitive control는 주의력을 집중된 상태로 유지하고 방해 요소에 저항하는 능력을 의미한다. 바로 그 집중력이 뇌의 실행 기능을 담당하는 중요한 부분을 형성하며, 종종 '의지력'과 같은 맥락에서 언급된다. 인지적 통제는 특히 리더들에게 중요한데, 방해 요소와 좌절에도 굴하지 않고 목표를 추구할 수 있게 해주기 때문이다. 인지적 통제가 잘 발달된 사람들은 위기 상황에서 침착함을 유지하고, 자신의 내적 혼란을 잘 다스리며, 좌절이나 패배 후에 빠르게 회복한다.

인지적 통제 또는 의지력의 중요성을 잘 보여주는 흥미로운 연구가 있다. 1970년대에 뉴질랜드 더니든시에서 태어난 1,037명의 아이들은 어린 시절 여러 차례에 걸쳐 의지력 테스트를 받았다. 심리학자 월터 미셸Walter Mischel이 고안한 유명한 '마시멜로 테스트marshmallow test'가 포함되었다. 아이들은 지금 바로 마시멜로 하나를 먹을지, 아니면 먹지 않고 15분을 기다려 두 개를 받을지 선택해야 했다. 아이들의 약 3분의 1은 마시멜로를 바로 먹었고, 다른 3분의 1은 잠깐 기다렸으나 먹었고, 나머지 3분의 1은 15분을 모두 버텼다.

수년 후, 연구진이 30대가 된 연구 참가자들을 재방문했다. 결과는 이러했다. 마시멜로를 먹지 않고 오래 참았던 사람들이 기다리지 못했던 사람들보다 훨씬 더 건강하고, 경제적으로 더 성공했으며, 더 높은 지위를 차지하고 있는 것으로 나타났다. 실제로 통계 분석 결과, IQ, 사회적 계층, 가족 환경보다 어린 시절의 자기통제 정도가 경제적 성공의 더 강력한 예측 인자였다. 월터 미셸은 우리가 의지력을 발휘하기 위해서는 주의력을 어디로 향하게 할지 조절하는 능력이 필수적이라고 강조했다.

골먼이 언급하는 두 번째 요점은 타인에게 집중하는 능력이다. 다시 말해 공감 능력이다. 골먼은 '공감의 3단계empathy triad'를 제시했다.

- **인지적 공감**Cognitive Empathy: 다른 사람의 감정 상태와 관점을 이해하는 능력. 인지적 공감이 있다면, 다른 사람의 눈으로 세상을 보고 그들의 생각, 견해, 감정을 이해할 수 있다. 인지적 공감은 다른 사람들이 경험하고 있는 것을 정확하게 해석하기 위해 어느 정도의 자기 인식과 분석 능력을 필요로 한다.
- **감정적 공감**Emotional Empathy(또는 정서적 공감Affective Empathy): 다른 사람이 느끼는 것을 감성적으로 감지하는 능력. 다른 사람의 감정 상태에 반응해 그 사람과 같거나 비슷한 감정을 경험한다. 감정적 공감은 다른 사람들과 깊이 연결되어 있다고 느끼고 그들의 감정적 필요에 공명하는 공감적 반응을 보일 수 있게 해준다.
- **공감적 관심**Empathic Concern(또는 연민적 공감Compassionate Empathy): 공감의 행동 중심적 구성 요소. 연민을 보일 뿐만 아니라 어려운 상황에 있는 다른 사람들을 돕기 위해 구체적인 조치를 취한다. 공감적 관심은 위로하는 동시에 실질적인 지원을 제공하고, 문제에 대한 해결책을 찾아주는 것이다.

공감의 3단계는 이해와 감정뿐만 아니라 적극적인 참여와 지원을 포함하는, 공감에 대한 전체적 접근법의 중요성을 강조한다. 리더가 공감의 3단계를 실천하는 것은 매우 중요하다. 효과적인 관계를 구축하고, 팀 역학을 개선하며, 긍정적이고 지원적인 업무 환경을 만들 수 있기 때문이다. 인지적 공감을 사용해 다른 사람들을 더 잘 이해하고, 감정적 공감으로 그들의 감정과 연결되며, 공감적 관심으로 실질적인 도움을 제공할 수 있다. 리더들은 자신의 감성 지능을 강화하고 팀을 이끄는 효율성도 향상시킬 수 있다.

골먼뿐만 아니라 다른 많은 과학자도 그의 비전을 공유하며 다른 사람들의 감정을 이해하기 위한 자기 인식의 중요성을 강조한다. 예를 들어, 베를린의 막스플랑크협회 사회신경과학 연구소 전 소장이었던 타니아 싱어Tania Singer는 이렇게 말했다. "다른 사람들의 감정을 이해하기 위해서는 먼저 자신의 감정을 이해해야 한다."

싱어는 감정적 공감을 발전시키기 위해서 두 가지 유형의 주의력이 필요하다고 믿는다. 다른 사람들의 감정에 대한 목적 지향적 집중(내가 그 사람의 상황이라면 어떻게 느낄지 인식하는 것을 포함)과 외부 신호에 대한 열린 인식(표정, 목소리 억양, 감정 등 외적으로 나타나는 징후들)이다. 이 두 가지 유형의 주의력을 가질 수 있다면, 다른 사람들의 감정적 경험에 대해 더 깊은 이해와 공감을 보일 수 있다.

지위가 높을수록 주의력은 낮아진다 ─────────

* * *

모범을 보이는 것. 리더십을 가장 잘 요약한 말이다. 좋은 본보기를 보여주고, 다른 직원들에게 영감을 주어 동기부여하고 격려하는 것. 자기 인식, 공감 능력, 열린 마음, 이것들이 성공적인 비즈니스 리더의 핵심 자질이다. 하지만 연구에 따르면, 사람들은 지위가 올라가고 권력을 얻을수록 타인을 인식하고 관계를 유지하는 능력이 점점 약해지는 경향이 있다고 한다. 캘리포니아대 버클리의 심리학 교수 다처 켈트너Dacher Keltner는 고위직에 있는 사람들이 하위직 사람들을 덜 주시하고, 대화를 끊거나 독점하는 경우가 더 많다는 사실을 발견했다. 즉 상대방에게 주의를 덜 기울임으로써 권력의 위치를 만들어낸다는 것이다. 비슷한 맥락에서 회사 내 권력의 균형은 이메일이나 메시지 답변 속도에서도 드러난다. A가 B에게 답변을 얼마나 늦게 하느냐가 A의 상대적 우위를 보여준다. 조직 전체의 답변 시간을 지도처럼 그려보면 놀라울 만큼 사회적 지위를 정확하게 보여준다. 최고 경영진은 몇 시간 동안 이메일을 확인하지 않지만, 조직의 하위 직원들은 몇 분 안에 바로 답한다. 우리가 사회적 사다리에서 어디에 서 있는지가 다른 사람에게 기울이는 주의의 정노를 설정하는 깃이다. 이는 매우 중요한 문제다. 왜냐하면 최고 관리자들은 뛰어난 아이디어가 꼭 높은 자리에서만 나오는 것이 아니라, 조직의 하위 단계에서도 발견될 수 있음을 알아야 하기 때문이다.

골먼이 강조하는 세 번째 요점은 더 넓은 세계에 집중하라는 것이다. 리더는 단순히 일상 업무에만 집중해서는 안 되며, 조직의 전략적 목표와 방향에 대한 더 폭넓은 이해가 필요하다. 철저한 전략적 집중은 리더가 장기적인 목표를 설정하고 이를 달성하기 위한 효과적인 계획을 개발할 수 있게 한다. 그리고 여기에서도 창의성과 혁신은 핵심 개념이다. 리더는 새로운 아이디어에 개방적이어야 하고, 기존의 프로세스에 도전하며 문제에 대한 새로운 해결책을 고안할 수 있어야 한다. 혁신적인 리더는 팀 내에 창의성과 실험의 문화를 조성하며, 이는 조직 내의 혁신과 개선으로 이어질 수 있다.

이 모든 것이 전적으로 타당하다고 느껴지는가? 상식처럼 보이지만 골먼이 글을 발표한 지 10년이 지난 지금도 주의력과 리더십 사이의 연관성은 아직 충분히 인식되지 않고 있다. 주의력은 감성 지능, 조직 지능 그리고 전략적 지능과 같은 핵심적인 리더십 기술의 기반이다. 그리고 바로 이 주의력이 오늘날 심각한 압박을 받고 있는 것이다. 우리가 기업의 어떤 직급에 있든 우리 모두는 끊임없이 정보에 파묻혀 일을 제대로 못하고, 좋은 아이디어나 핵심 정보를 놓치곤 한다. 우리는 이메일이나 기사도 제목만 훑어보고, 음성 메시지를 건너뛰며, 메모와 보고서마저 대충 읽는다.

앞서 정리한 세 가지 요점에 주목하자. 이를 발전시키는 리더는 더 효율적으로 일할 수 있고, 그들의 팀과 조직에도 긍정적인 영향을 미칠 것이다. 자기 인식과 자기통제는 더 나은 결정과 감정 조절 능력으로 이어진다. 공감을 보여주고 강한 관계로 발전시키는 것은 협력적이고 지원적인 환경을 조성한다. 그리고 전략적 집중과 혁신이 있다면 리더들은 변화하는 조직 환경에 잘 적응하고 미래의 도전 과제에 대처할 수 있을 것이다.

셀프 리더십을 위한 필수 기술

일단 개인 선언문을 만들고 나면, 일에서의 경력뿐만 아니라 자신의 삶까지도 주체적으로 이끌어가기가 더 쉬워진다. 이러한 주체성은 단순히 자신의 행동에 책임을 지는 수준을 훨씬 뛰어넘는다. 임원 전문 코치인 캐롤리언 반 덴 보쉬Carolien Van Den Bosch는 내게 셀프 리더십에 필요한 필수 기술을 가르쳐주었다. 본질적으로 자신의 선택을 인식하고, 목표와 가치를 파악하며, 자신이 상상하는 방향으로 삶을 능동적으로 이끌어가는 것이다. 이는 자신의 꿈과 열망에 부합하는 결정을 내리는 것을 포함하며, 컴포트존에서 밖으로 나가는 것도 포함한다.

잠시 카너먼의 느린 사고 시스템(시스템 2)을 살펴보자. 만약 자동 조종 모드로 살아가고 있다면, 당신은 시스템 1에 기반해 맹목적으로 앞으로만 나아가고 있는 것이다. 즉 직관에 따라 살고 있는 것이다. 이는 매력적으로 들릴 수 있지만 어느 순간 당신이 정말로 원하지 않는 곳에 좌초될 가능성이 매우 높다.

셀프 리더십은 의식적으로 시스템 2를 작동시킬 때만 가능하다. 따라서 카너먼이 말했듯이 필요할 때는 느린 사고 시스템을 의식석으로 선택해야 한다. 다시 한번 말하지만 작은 것부터 시작하자. 이전에 언급한 계산대 이야기를 기억하는가? '지금 내가 무슨 생각을 하고 있지?'라는 말 한마디만으로도 자동 조종 모드에서 벗어나 '지금 여기'로 돌아올 수 있다. 더 많은 메타 인식을 가진다면, 즉 자신의 생각과 내면의 정신적 과정을 더 잘 인식한다면 당신은 생각과 행동에 대한 통제권을 되찾을 수 있다. 생각 속의 '노이즈'를 더 쉽게 걸러내고, 개인적 가치와 목표에 부합하는 정보에 입각한 결정을 의식적으로 내릴 수 있을 것이다.

거대한 유리 엘리베이터 ─────────

＊＊＊

때로는 거리를 두고 바라보는 것이 좋다. 로알드 달Roald Dahl의 소설 《찰리와 거대한 유리 엘리베이터Charlie and the Great Glass Elevator》에서 찰리와 그의 가족은 별난 초콜릿 공장장 윌리 웡카와 함께 커다란 유리 엘리베이터를 탄다. 하지만 갑자기 웡카가 공황 상태에 빠지면서 공장으로 가는 버튼을 누르지 못해 엘리베이터는 그들을 우주로 날려보낸다. 우주에서 흥미진진한 모험을 한 뒤 다시 돌아온다는 이야기다.

우리는 얼마나 자주 '유리 엘리베이터'를 탈까? 일상의 쳇바퀴에 갇혀 너무 바쁘게 살아가느라 자신의 삶과 일을 거리를 두고 바라볼 시간을 갖지 못한다. 하지만 더 큰 그림을 보기 위해서는 거리를 두고 바라볼 필요가 있다. 그날그날의 문제들을 뒤로하고 '유리 엘리베이터'에 올라타는 것은 엄청난 깨달음을 주는 경험이 될 수 있다.

어떤 대상에서 멀어질수록 그 주변의 더 큰 그림을 볼 수 있는 능력은 인간으로서의 우리를 특별하게 만든다. 이러한 추상적인 사고는 미래에 더욱 중요해질 것이다. 우리를 로봇과 컴퓨터와 차별화할 뿐만 아니라 우리가 그것들을 통제할 수 있게 해주기 때문이다.

거대한 유리 엘리베이터라는 비유는 언뜻 추상적으로 보이는 다양한 질문에 대해 더 명확한 그림을 얻는 데 도움을 준다. 당신의 꿈과 궁극적인 목표에 대해 더 나은 시각을 갖고 싶은가? 그렇다면 꼭대기 층까지 올라가 보는 건 어떨까? 그곳에서 보이는 풍경은 어떠한가? 세상의 꼭대기에 있을 때 기분은 어떤가? 그리고 당신의 삶을 멀리서 바라볼 때 어떤 생각이 드는가? 사소한 일들에 파묻혀 있다고 느낀다면 꼭대기 층은 무엇이 중요하고 무엇이 중요하지 않은지에 대한 더 나은 통찰을 줄 수 있다. 물론 소매를 걷어붙이고 구체적인 결정을 내리기 위해 몇 층 아래로 내려가는 것도 필요하다.

'거대한 유리 엘리베이터'에 올라탄다는 것은 지금 내 삶에서 무슨 일이 일어나고 있는지 그리고 내가 무엇을 바꾸고 싶어 하는지 자각하는 데 도움이 된다. 그렇게 하면 내 목표와 꿈을 좇으면서 그 이유도 놓치지 않을 수 있다.

《나는 왜 이 일을 하는가Start with Why》 책의 저자이자 비즈니스 리더십에 대한 영감을 주는 강연가 사이먼 시넥Simon Sinek은 우리가 무엇을 해야 하는지와 어떻게 할 것인지에만 몰두하고, 정작 왜 해야 하는지는 묻지 않는다고 지적한다. '유리 엘리베이터'에 올라서면 당신만의 '왜'를 발견할 수 있다. 이는 진정으로 중요한 것, 당신의 성장과 성취를 위해 꼭 붙잡아야 할 것을 상기시키는 강력한 도구다.

행복을 찾기 위한 세 가지 질문

아직 '거대한 유리 엘리베이터'라는 은유가 다소 추상적으로 느껴질 수도 있다. 그렇다면 내가 매일 사용하는 또 다른 도구를 소개하고 싶다. 매일 저녁 나는 세 가지 질문을 스스로에게 던지며 하루를 되돌아본다. 세 가지 질문은 '해결중심치료solution-focused therapy' 분야에서 존경받는 세계적 권위자인 루크 이세바르트Luc Isebaert 박사가 고안한 질문이다. 내 삶을 포함해 많은 사람의 삶을 더 나은 방향으로 바꾸어주었다.

첫 번째 질문은 다음과 같다. '오늘 내가 한 일 중에서 나를 행복하게 또는 감사하게 만든 것은 무엇인가?' 이 질문은 당신의 삶을 의미 있게 만드는 것과 만족을 주는 것이 무엇인지 되돌아보게 한다. 인간관계일 수도 있고, 개인적 성취나 타인을 돕는 행위 혹은 개인적 성장일 수도 있다.

두 번째 질문이다. '오늘 다른 사람의 어떤 행동 덕분에 감사함을 느꼈는가?' 다시 말해 오늘 내 하루에 긍정적인 에너지를 더해 준 사람이 누구이며, 어떻게, 왜 그렇게 해주었는지를 돌아보는 것이다.

마지막 세 번째 질문이다. '오늘 내가 보고, 듣고, 느끼고, 맡고, 맛본 것 중에서 나를 행복하게 또는 감사하게 만든 것은 무엇인가?' 즉 다시 기본으로 돌아가 오감을 통해 경험한 순간들을 떠올리고, 앞으로 내 일상에서 어떻게 하면 이런 감각들을 의식적으로 더 자주 느끼며 살아갈 수 있을지 묻는 것이다.

내가 스스로 질문했을 때, 세 가지 답변에 강연이나 발표 내용은 없었다. 내 마음의 답변은 딸들과 함께한 순간들이었다. 학교에 데려다주는 길에 함께 농담을 주고받거나 잠들기 직전에 나눈 따뜻한 대화 같은 순간들 말이다. 그때 깨달았다. 내 삶의 목적을 더 깊이 느끼려면 해외 강연을 줄이고 딸들과 더 많은 시간을 보내야 한다는 것을. 그래서 실제로 그렇게 했다.

이 세 가지 질문은 지금도 내 삶의 나침반이다. 세상에서 어떤 일이 벌어지든 매순간 의식적으로 행복한 삶을 선택하도록 돕고, 내 목표와 가치에 집중할 수 있게 해준다. 매일 밤 나는 내 삶을 한 단계씩 끌어올릴 기회를 얻고 있으며, 삶 속에 의식적으로 행복을 단단히 새기며 이 과정에 계속 집중하고 있다.

피해자에서 영웅으로

***

아마 당신도 부정적인 생각의 소용돌이에 갇힌 기분을 잘 알 것이다. 한번 소용돌이에 빠지면 무엇을 하든 결국 실패할 것이라고 확신하게 되고, 당신의 초점은 더 이상 재능이나 강점이 아니라 한계에만 맞추어진다.

하지만 '거대한 유리 엘리베이터'에 올라 조금 더 넓은 시각으로 상황을 바라본다면, 당신이 '능력이 부족해서'가 아닌 어떤 특정한 패턴에 갇혀 있음을 발견할 수 있을 것이다. 부정적인 소용돌이와 그 패턴에 빠지게 만드는 트리거를 인식한다면 앞으로는 부정적인 편향을 더 빨리 알아차리고 적절히 대응할 수 있게 된다. 예를 들어 회의에서 동료가 당신에게 창의적인 해결책을 요구할 때, '나는 창의적이지 않은데.'라는 생각부터 떠올릴 수 있다. 그런 생각을 떠올리는 순간, 그 생각 자체가 뇌를 마비시켜 훌륭한 아이디어가 떠오르는 것을 막아버린다.

이럴 때는 또 한 번 '메타 인식'을 적극적으로 작동시키는 것이 도움이 된다. '나는 이걸 못해.', '나는 절대 잘할 수 없어.'라는 생각이 계속 떠오를 때, 그 부정적인 생각들을 단순히 관찰하라. 그것만으로도 다음과 같은 의문이 생겨날 수 있다. '정말 그럴까?' 그리고 그다음에는 그 생각들이 어디에서 비롯된 것인지 스스로에게 물어보라. 아마도 그 뿌리가 두려움, 불안 혹은 자기 회의에서 나왔음을 발견할 수도 있을 것이다.

이렇게 부정적인 생각을 분명히 인식하게 되면, 이제는 그 패턴을 바꾸는 작업을 적극적으로 할 수 있다. 예를 들어 부정적인 생각을 긍정적인 확언으로 바꾼다거나 의식적으로 자신의 성공과 성취에 집중하는 방식이 있다. 부정적인 사고 패턴을 인식하고 뒤집는 일은 스스로 성장하고 자율권을 되찾는 아주 중요한 첫걸음이다. 이를 통해 자신의 미션이나 목표를 더 명확히 정의하고, 삶에서 긍정적인 변화를 적극적으로 추구할 수 있다. 무력한 피해자 사고방식에 갇히는 대신 내면의 힘을 찾아 목표를 이루어내는 '영웅적 사고방식'으로 바꿔보자.

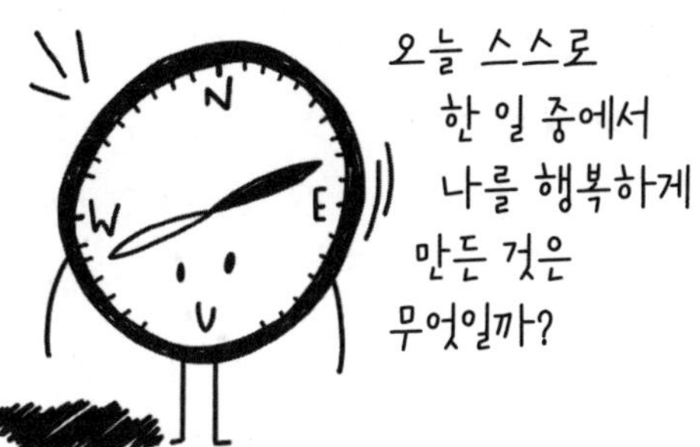

오늘 스스로
한 일 중에서
나를 행복하게
만든 것은
무엇일까?

오늘 네가
고마움을 느꼈던
다른 사람의
행동은 무엇일까?

오늘 내가 보고,
듣고, 느끼고,
맡고, 맛본 것 중
좋았던 것은 무엇일까?

FOCUS IS THE NEW GOLD

내가 이 책의 마지막 장을 쓰고 있을 때, 벨기에는 비가 많이 내리는 봄을 지나고 있었다. 창밖으로 쏟아지는 빗소리는 자연스러운 백색 소음이 되어 글쓰기에 집중하는 데 도움을 주었다. 그런데 막상 에필로그를 시작하려 하자 모든 집중력이 사라지고 말았다.

"이 책을 쓴 이유를 간결하게 요약해 주세요." 출판사에서 내게 했던 말이다. '집중'이라는 주제를 깊이 파고들수록 집중이야말로 오늘날 우리가 직면한 다양한 문제를 해결하는 핵심이라는 사실을 더욱 확신하게 되었다. 그러나 이것을 공허한 구호처럼 들리지 않게 요약하려면 어떻게 써야 할지 많은 고민을 했다.

나는 커피 한 잔을 마시며 이 문제를 곰곰이 생각했다. 그때 라디오에서 'AFAS 소프트웨어'라는 회사에 관한 짧은 뉴스가 흘러나왔다. 회사 경영진이 2025년부터 주 4일 근무제를 도입하겠다고 발표한 것이다. 직원들은 임금을 그대로 유지하면서 매주 금요일을 쉬게 되고, 주중에 이를 보충할 추가 근무도 없다고 했다. 그 순간, 이 에필로그를 어떻게 써야 할지 마치 퍼즐처럼 맞춰지기 시작했다.

내 생각은 곧장 요한 하리에게로 향했다. 그의 책《도둑맞은 집중력》에는 직원들에게 더 많은 유급 휴게 시간을 준 뉴질랜드 회사 사례가 나온다. 그 결과는 매우 고무적이었다. 팀은 더 효율적으로 일했고, 집중력을 방해하는 요소도 줄었다. 직원들의 소셜미디어 사용 시간은 35% 줄었으며, 스크린타임의 감소는 팀워크를 30% 향상시키고 몰입도를 훨씬 높였다. 또한 직원들은 충분히 마음의 여유를 가질 수 있었다고 보고했다. 이는 의사결정, 감정 조절, 기획 능력과 같은 인지 기능을 강화하는 데 꼭 필요한 과정이었다.

시간이 많으면 일은 늘어진다

'파킨슨의 법칙Parkinson's Law'을 들어본 적 있는가? 이것은 '일을 끝내는 데는 주어진 시간만큼이 걸린다'는 원리다. 예를 들어 사실 1시간이면 끝낼 수 있는 일을 2시간 잡아두면, 신기하게도 그 일은 2시간이 걸린다. 이 법칙은 영국 해군 역사학자 시릴 노스코트 파킨슨Cyril Northcote Parkinson이 처음 말한 것으로 그는 핵심을 아주 정확하게 짚었다. 1955년 〈이코노미스트Economist〉 잡지에 실린 그의 재미있는 글에서 이런 예가 나온다. 어떤 여자의 하루 할 일은 단 하나, 엽서를 한 장 보내는 것이었다. 사실 엽서 보내는 데는 5~10분이면 충분하다. 다른 일로 바쁘더라도 중간에 금방 할 수 있는 일이다. 그런데 하루 종일 시간이 있다면? 우리도 모르게 엽서 쓰는 일이 엄청 오래 걸릴 것이다. 예쁜 카드를 고르는 데 한 시간, 안경이나 펜을 찾는 데 30분, 글 쓰는 데 90분 그리고 집을 나가면서 우산을 가져갈지 말지 고민하는 데 20분까지….

터무니없이 들릴 수도 있지만, 생각보다 현실에서 이런 일은 많이 일어난다. 대기업에서도 비슷한 일이 자주 벌어진다. 애플은 '홈팟'을 다듬을 시간이 '조금 더 필요하다'는 이유로 출시를 미루었고, 윈도우는 '윈도우 10'에서 선보일 거라던 기능을 계속 미루다가 결국 완전히 백지화했다. 시드니 오페라 하우스도 원래 4년이 걸릴 예정이었지만, 결국 14년이 걸렸다. 이유가 뭘까? 이 모든 것이 바로 파킨슨의 법칙 때문이다.

주어진 업무에 넉넉한 시간을 할애하면 어느새 그 프로젝트는 걷잡을 수 없이 커진다. 당신이 IT 부서에서 버그를 조사하는 일을 한다고 상상해 보라. 버그뿐만 아니라 도중에 발견한 몇 가지 문제들까지 함께 다루게 된다. 그리고 그 문제들의 근본적인 원인을 파악하려다 또 다른 길로 빠지게 된다. 결국 유용한 것을 발견할 수도 있지만 본래의 버그를 고치는 목적과는 점점 멀어진다. 버그를 고치는 단순한 작업이 2주짜리 장기 프로젝트로 커져버리는 것이다.

그리고 이런 일은 모든 회사에서 매일 벌어진다. 2시간짜리 회의를 위해 시간을 할애했지만 1시간 30분 만에 모든 논의가 끝났다고 가정해 보자. 이 경우 회의를 일찍 끝내자고 용감하게 나서는 사람은 거의 없다. 오히려 '더 할 얘기는 없나? 이 2시간을 채워야 해.'라는 생각 때문에 회의와는 관련 없는 다양한 안건과 주제들이 등장하게 된다.

파킨슨의 법칙은 목표 달성을 위해 5일이 주어지면 그 시간을 모두 사용하게 된다고 말한다. 근무 일수나 시간을 단축함으로써, 직원들은 더 짧은 시간 안에 업무를 완수해야 하는 도전을 받는다. 그 결과는 어떨까? 더 깊은 집중력, 더 많은 창의성 그리고 더 높은 생산성을 얻는다.

집중력은 새로운 IQ

고대 그리스인들은 '판타 레이panta rhei'라는 말을 했다. 모든 것은 흘러간다는 뜻인데, 특히 요즘 세상이 그렇다. 인류학자이자 미래학자인 자메이 카시오Jamais Cascio는 우리가 '바니BANI 세계'에 살고 있다고 한다. 바니는 네 가지 단어의 영어 약자로, 부서지기 쉽고Brittle, 불안하며Anxious, 비선형적이고Nonlinear, 또 많은 사람에게는 이해하기 어려운Incomprehensible 세상이라는 의미다. 이런 혼란스러운 시대에는 익숙

한 것에 의존하려는 것이 인간의 본성이나, 지금 우리에게 필요한 것은 아니다. 시계는 자정 5분 전을 가리키고 있다. 우리 뇌를 다시 통제하려면 지금 행동해야 한다. 사람들이 온전한 집중력을 되찾도록 돕는 대형 디톡스 클리닉을 세워야 하는 상황이 오기 전에 말이다.

우리는 점점 복잡해지는 세상을 따라잡기 위해 너무 오랫동안 쉬운 해결책에만 의존해 왔다. 지친 뇌를 쉽게 해주려고 여러 작업들을 외부에 맡겨왔다.

예전에는 순전히 뇌의 힘으로 처리하던 일들을 이제는 컴퓨터, 스마트폰, AI에 맡긴다. 이것은 우리를 악순환에 빠뜨린다. 뇌를 쉽게 해주려고 온갖 새로운 도구들을 만들어내지만, 이 도구들은 오히려 다른 자극을 만들어낸다.

임시방편의 시대는 끝났다. 이 혼란스러운 시대에 단단히 발을 딛고 서려면 우리가 살아가고 일하는 방식을 완전히 바꿀 용기를 내야 한다. 우리의 뇌를 모든 행동의 중심에 두는 것을 의미한다. 나의 첫 번째 책 《Better Minds》에서 뇌를 건강하게 유지하려면 우리는 다시 많은 일을 직접 처리해야 한다고 주장했다. 10년 가까이 지난 지금, 이 메시지가 많은 사람들에게 전달되지 않고 있다는 것이 분명하다. 사람들은 '내 뇌는 피곤해. 하루만 버텨내도 다행이야. 그러니 앱이 내 일을 더 많이 대신해 줄수록 좋아.'라고 생각한다.

여기서 잘못된 점은 사람들이 더 많은 일을 해야 한다고 생각한다는 것이다. 내 메시지는 이것이다. 집중하는 데 전념할수록, 실제로 해야 할 일은 줄어들고 인생의 다른 것들을 할 수 있는 시간이 더 많아진다.

종종 CEO들은 타국으로 향하는 두뇌 유출을 막아 자국 인재를 최대한 붙잡아야 한다고 한다. 불행히도 그들은 훨씬 더 큰 두뇌 유출이 진행 중이라는 것을 모른다. 조직과 회사 내부에서 집중력 부족으로 엄청난 인재들이 낭비되고 있는 것이다.《딥 워크》의 작가 칼 뉴포트처럼, 나는 집중력이 새로운 IQ라고 확신한다. 아무리 똑똑하고 재능이 있어도, 주어진 업무에 집중할 수 없다면 당신이 가진 기술도 활용할 수 없다. 복잡한 정보를 효율적으로 처리하려면 집중해야 한다. 완전히 집중한다면 업무 처리가 더 빨라지며 잘 끝낼 수 있다. 더 이상 야근도, 그에 따른 만성 스트레스도 없는 것이다.

말장난 같지만 '집중에 대한 집중력'은 일을 할 만하게 하고 삶을 살 만하게 하는 데 필요할 뿐만 아니라 새로운 직원들이 일에 적응하도록 돕는 데도 필수적이다. 이제는 죽어라 일만 하는 것을 거부하는 새로운 세대가 등장했다. 틱톡에서 유행하는 '조용한 퇴사Quiet quitting'는 열심히 일할 준비는 되어 있지만 더 이상 가족과 친구와의 시간, 나의 건강을 희생하면서까지 일하지 않겠다는 세대의 조용한 항의다. 당신이 인재 확보 전쟁에서 승리하고 새로운 인재를 찾고자 한다면, 먼저 집중력 전쟁에서 승리해야 한다. 그렇지 않으면 새로운 인재가 들어와도 금방 번아웃을 느끼거나 다른 곳을 찾아 떠날 것이다.

연결은 새로운 EQ

몇 달 전, 오랫동안 보지 못한 친구에게서 연락을 받았다. 우리는 함께 공부했었고, 매일 만나면서 깊은 우정을 쌓았다. 졸업할 때도 적어도 1년에 두 번은 만나자고 약속했다. 하지만 각자의 계획을 세우는 사이에 시간은 흘러가 버렸고, 정기적으로 만나는 것은 쉽지 않았다. 오랜만에 친구가 만나자고 했을 때, 나는 오래된 약속을 지킬 수 있어서 기뻤다. 일정을 비우고 멋진 레스토랑을 예약했다. 레스토랑 옆으로 작은 유람선들이 지나다니는 아름다운 장소였다. 저녁은 훈훈하고 다정한 분위기 속에서 시작되었다. 각자의 삶에 많은 일이 있었기 때문에 나는 정말로 친구와의 대화를 기대하고 있었다.

한창 대화하던 중에 친구가 갑자기 스마트폰을 꺼냈다. 메시지를 보내거나 SNS를 확인하려는 것이 아니었다. 그냥 핸드백에서 폰을 꺼내서 테이블 위에 올려놓았다. 내게는 그 자체로도 방해가 되었다. 테이블 위에 올려둔 폰은 분위기를 바꿔놓았고 우리의 깊은 연결을 망가뜨렸다. 내가 지적해야 했을까? 그래야 했을지도 모른다. 처음에는 그녀의 행동이 너무 자연스럽고 평범해 보여서 신경 쓰지 않았다. 나는 몇 분 후에야 내 기분의 변화를 알아차렸고, 테이블 위의 폰 때문에 불안해졌다. 그 메시지는 '뭔가 중요한 일이 일어날 수도 있다'는 것 같았고, 그것이 우리의 만남보다 우선순위가 될 것이라는 뜻으로 보였다. 그리고 나는 궁금했다. 오늘 밤 이 멋진 장소에서 우리의 재결합을 축하하는 것보다 더 중요한 일이 무엇이 있을까 하고 말이다.

이것은 시대의 징후다. 기술은 끊임없이 우리의 관심을 빼앗아가고, 타인과 진정으로 연결되기 어렵게 만든다. 하지만 모든 책임을 스마트폰에 돌릴 수만은 없다. 정말로 누군가와 연결되고 싶다면, 먼저 자신의 목표와 가치에 대해 나 자신과 소통해야 한다. 그런 시간을 얼마나 자주 의식적으로 만들고 있는가? 나만의 '유리 엘리베이터'에 올라타 본 적이 있는가? 무엇이 자신을 움직이게 하고, 무엇이 자신을 행복하게 만드는지 알고 있는가? 이 질문에 확실히 답할 수 있어야 나와도, 남과도 깊고 진정성 있는 관계를 맺을 수 있다.

지속적인 연결은 개인적인 행복뿐 아니라 커리어의 지속 가능성에도 중요하다. 함께할 때 우리는 더 강해진다. 뻔한 말 같지만 진실이다. 인공지능과 차별화된 존재가 되고 싶다면 우리는 두뇌의 힘을 하나로 모아야 한다. 하이브리드 근무는 유연성과 편리함을 주지만 동시에 동료들과의 유대 및 조직에 대한 충성심을 약화시킬 수 있다. 물론 재택근무 덕분에 교통 체증에 덜 시달릴 수 있어 만족스럽지만 하이브리드 근무에서는 균형을 찾고 동료들과의 연결을 유지하는 것이 중요하다. 기술이 점점 더 많은 인간의 영역을 차지하는 시대에 사람과의 연결은 장기적인 직업 안정성과 차별성을 갖추는 핵심이 될 것이다.

당신에게 48시간이 있다

마지막 도전이다. 이 책을 다 읽고 나면, 48시간 내에 이 책의 조언 중 최소 두 가지를 실천에 옮겨보자. '지금 나는 무엇을 생각하고 있는가?'라고 자신에게 자주 물어보는 것, 일주일 동안 주의력 다이어리를 작성해 보는 것, 이렇게 두 가지로 시작해 보면 어떨까? 연구에 따르면 새로운 정보를 얻은 후 48시간 이내에 아무것도 하지 않으면, 그 정보는 빠르게 사라지고 당신은 다시 자동 조종 모드로 돌아가서 해왔던 것들을 반복하게 된다. 따라서 그 루틴을 깨고 싶다면 핵심은 실천하는 것이다. 그리고 가능한 한 빨리 하자.

당신에게 48시간이 있다. 귀한 시간을 그냥 흘려보내지 말기를!

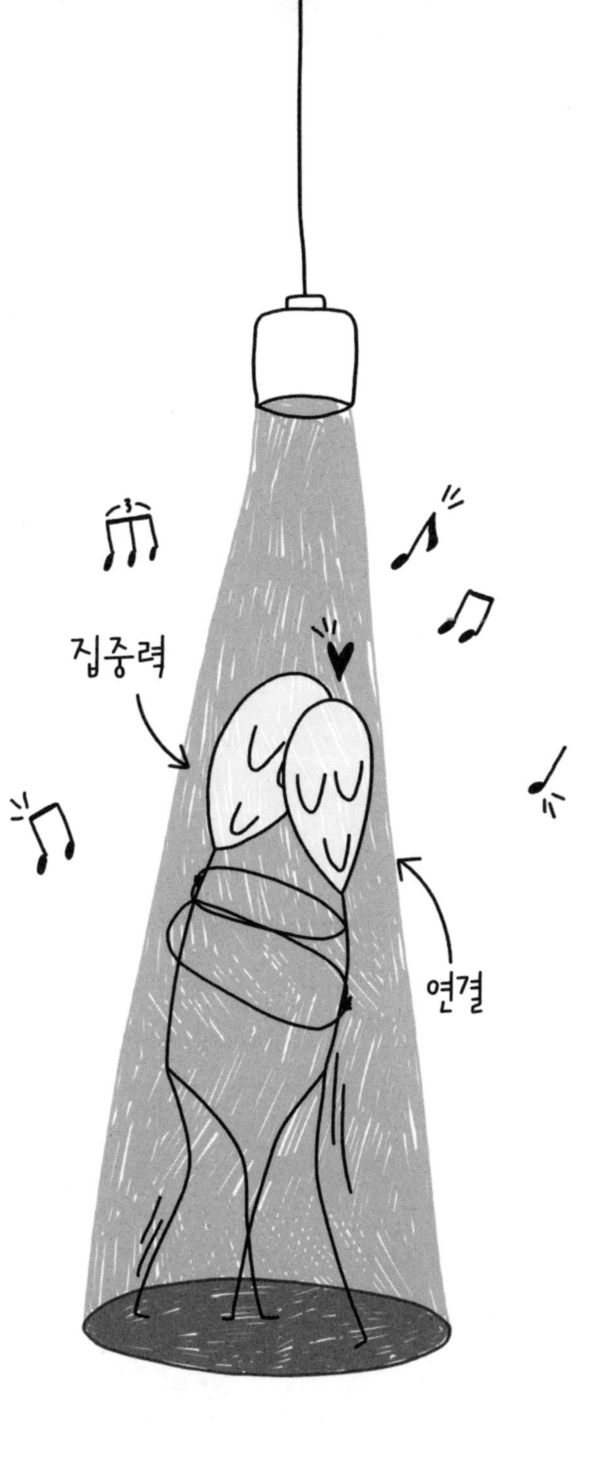

집중력
연결

감사의 말

이 책을 쓰는 데 큰 도움을 준 분들에게 감사의 말을 전한다.

카트린 반 오스트Katrien Van Oost, 새로운 책 작업에 대한 당신의 열정과 내 모든 아이디어를 정확하게 하나로 엮어내는 놀라운 능력이 당신이 뛰어난 출판인이라는 걸 깨닫게 해준다.

스벤 데 포터Sven De Potter, 이 책을 현실로 만드는 데 지원을 아끼지 않고 사려 깊게 도와주어 정말 감사하다. 당신과 함께 일하는 것은 정말 즐거운 경험이었다.

자카리아 함무다Zakaria Hammouda, 당신과 함께 이 책의 토대를 쌓고 관련 내용을 선별하던 작업은 기쁨이었다.

플로어 데닐Floor Denil, 당신의 창의적이고 풍부한 상상력 덕분에 내가 아이디어들을 글로 정리하기도 전에 멋진 일러스트가 완성되었다.

'베터 마인즈 앳 워크'의 동료들, 집중력에 대한 브레인스토밍 세션을 함께해 준 것에 감사드린다. 키노트와 워크숍에서 이 여정을 함께 계속하기를 기대한다.

버트, 당신의 모든 응원에 감사를 표한다. 팀으로서 함께 삶에 몰입을 만들어가는 것이 참 좋다.

사랑하는 독자 여러분, 집중해 주어서 고맙다.

참고문헌

이 책을 집필하는 과정에서 존경하는 동료와 전문가들의 지식을 활용할 수 있었다.

아이샤 코르투스Aïsha Cortoos는 뇌에 대한 전문 지식을 나누어주었고, 마샬리 드 뢰Magali De Reu는 신경 다양성의 세계로 나를 이끌어주었다. 에릭 프랑크Erik Franck는 자기 이해, 자기 인식 그리고 자기통제의 중요성을 일깨워 주었으며, 마리 루프Marie Loop는 젊은 재능이 잠재력을 최대한 발휘하는 방법에 대한 영감을 주었다. 조 피터스Jo Peters는 우리가 뇌 친화적인 방식으로 일하려면 (바라건대 가까운) 미래의 사무실이 어떤 모습이어야 하는지에 대한 그의 비전을 공유해 주었다.

- Abrahamsson, S. (2024), Smartphone Bans, Student Outcomes and Mental Health, nhh Dept. of Economics Discussion Paper No. 01.
- Ahn, J., Ahn, H. S., Cheong, J. H., & Peña, I. D. (2016). Natural Product-Derived Treatments for Attention-Deficit/Hyperactivity Disorder: Safety, Efficacy, and Therapeutic Potential of Combination Therapy. Neural Plasticity, 2016, 1–18.
- Bailey, C. (2020). Hyperfocus. How to Work Less to Achieve More. London: Pan Macmillan. ; 《하이퍼포커스》, 크리스 베일리, MID 엠아이디, 2019년
- Banbury, S., & Berry, D. C. (2005). Office noise and employee concentration: Identifying causes of disruption and potential improvements. Ergonomics, 48(1), 25–37.

- Baumeister, R. et al. (1995). Losing Control. How and Why People Fail at Self-Regulation. Cambridge, Massachusetts: Academic Press.

- Benson, H., & Proctor, W. (2004). The Breakout Principle. How to Activate the Natural Trigger That Maximizes Creativity, Athletic Performance, Productivity, and Personal Well-Being. New York: Simon & Schuster.

- Bernheimer, L. (2017), The Shaping of Us. How Everyday Spaces Structure our Lives, Behaviour, and Well-Being. London: Robinson.

- Bourdeaud'hui, H., Aesaert, K., & Van Braak, J. (2020). Identifying student- and class-level correlates of sixth-grade students' listening comprehension. L1-Educational Studies in Language and Literature, 20, 1-38.

- Brankele, F. (2023). Over de kop. Wat er in je hoofd en lichaam gebeurt bij een burn-out en hoe je er weer van afkomt. Amsterdam: Das Mag.

- Cajun Koi Academy. (2023, 21 februari). How to stay hyper focused in a distracted world [Video]. YouTube. https://www.youtube.com/watch?v=CgHwUONUe-0

- Cascio, J. (2010). Human Responses to a bani World. Medium. Geraadpleegd via https://medium.com/@cascio/human-responses-to-a-bani-world-fb3a296e9cac

- Clear, J. (2018). Atomic Habits. Tiny Changes, Remarkable Results. London: Cornerstone Press. ;《아주 작은 습관의 힘》, 제임스 클리어, 비즈니스북스, 2019년

- Compernolle, T. (2014). Brain Chains. Discover Your Brain and Unleach Its Full Potential in a Hyperconnected Multitasking World. Compublications: Brussels.

- Csíkszentmihályi, M. (2008). Flow. The Psychology of Optimal Experience. New York: Harper Perennial Modern Classics ;《몰입 Flow》, 미하이 칙센트미하이, 한울림, 2004년

- De Lille, A. (2022). Minder werken, meer doen. Tielt: Lannoo.

- De Reu, M. (2021). Aut of the box. Groeien & bloeien in een wereld van verschil. Kalmthout: Pelckmans.

- De Reu, M. (2023). Allemaal Autcasts. Wat ik nog niet wist over mijn autisme en adhd. Kalmthout: Pelckmans.

- Doris, R. (2023, 23 mei). Work 1 minute after waking up. it'll change your life. [Video]. YouTube. https://www.youtube.com/watch?v=XJOsPyyYork

- Doris, R. (2023, 8 mei). How to unlock insane focus on command [Video]. YouTube. https://www.youtube.com/watch?v=l86xggdQcKQ

- Engelbregt, H. et al. (2021). Effects of binaural and monaural beat stimulation on attention and eeg. Experimental Brain Research, 239(9), 2781–2791.

- Ericsson, K. A., Krampe, R., & Tesch-Römer, C. (1993). The role of deliberate practice in the acquisition of expert performance. Psychological Review, 100(3), 363–406.

- Esposito, M. et al. (2021). Smart drugs and neuroenhancement: what do we know? Frontiers in bioscience, 26(8), 347.

- Eyal, N. (2014). Hooked: How to Build Habit-Forming Products. New York: Portfolio. ; 《훅: 일상을 사로잡는 제품의 비밀》, 니르 이얄, 유엑스리뷰, 2022년

- Fogg, B. J. (2020). Tiny Habits: The Small Changes That Change Everything. Boston: Houghton Mifflin Harcourt. ; 《습관의 디테일》, BJ 포그, 흐름출판, 2020년

- Franck, E. (2018). Als je niets verandert, verandert er niets. Ghent: Borgerhoff & Lamberigts.

- Geraerts, E. (2017). Better Minds. How Insourcing Strengthens Resilience and Empowers Your Brain. Tielt: Lannoo.

- Geraerts, E. (2016). Het nieuwe mentaal. Hoe lef je op weg zet naar geluk en succes. Tielt: Lannoo.

- Geraerts, E. (2019). Authentieke intelligentie. Waarom mensen altijd winnen van computers. Amsterdam: Prometheus.

- Geraerts, E. (2022). The Mental Reset. How hybrid work and life strengthen your resilience. Tielt: Lannoo.

- Goleman, D. (2013). The focused leader. Harvard Business Review. Geraadpleegd via https://hbr.org/2013/12/the-focused-leader

- Grant, A. (2021). How to stop languishing and start finding flow | ted Talk [Video]. Geraadpleegd via https://www.youtube.com/watch?v=a3zPgyvCiJI

- Haidt, J. (2023). The Age of Anxiety: How the Internet Is Making Us Sick and What We Can Do About It. New York: Penguin Press.

- Hansen, A. (2023). The Attention Fix: How to Focus in a World that Wants to Distract You. London: Vermilion.

- Hansen, K., & Berger, C. (2011). Speak fast, communicate well? A comparison of speech rates of television news presenters in the 1970s and today. Language & Communication, 31(4), 321-328.

- Hari, J. (2022). Stolen Focus: Why You Can't Pay Attention—and How to Think Deeply Again. New York: Crown. ;《도둑맞은 집중력》, 요한 하리, 어크로스, 2024년

- Hinssen, P. (2017). The Day After Tomorrow: How to Survive in Times of Radical Innovation. Leuven: LannooCampus

- Huberman, Andrew & After Skool. (2023, 25 april). How to quickly improve focus - Andrew Huberman [Video]. YouTube. https://www.youtube.com/watch?v=_Y-7liNT1Ok

- Huberman, Andrew (2021, 13 september). adhd & How Anyone can improve their focus | Huberman Lab Podcast #37 [Video]. YouTube. https://www.youtube.com/watch?v=hFL6qRIJZ_Y

- Huberman, Andrew (2021, 27 september). Controlling your dopamine for motivation, focus & satisfaction | Huberman Lab Podcast #39 [Video]. YouTube. https://www.youtube.com/watch?v=QmOF0crdyRU

- Huberman, Andrew (2022, 31 januari). Optimizing workspace for productivity, focus, & creativity | Huberman Lab Podcast #57 [Video]. YouTube. https://www.youtube.com/watch?v=Ze2pc6NwsHQ

- Jaucqet, C. (2024). Trends in the Transformation Economy. Where health, well-being & happiness matter most. Leuven: LannooCampus.

- iang, H., Farquharson, K., & Language and Reading Research Consortium (2018). Are working memory and behavioral attention equally important for both reading and listening comprehension? A developmental comparison. Reading and Writing, 31, 1449–1477.

- Kahneman, D. (2016). Thinking, Fast and Slow. New York: Farrar, Straus and Giroux ;《생각에 관한 생각》, 대니얼 카너먼, 김영사, 2018년

- Kahneman, D., Sibony, O., & Sunstein, C.R. (2024). Noise: A Flaw in Human Judgment. New York: Little, Brown and Company. ;《노이즈: 생각의 잡음》, 대니얼 카너먼 외, 김영사, 2022년

- Keltner, D. (2017). The Power Paradox: How We Gain and Lose Influence. New York: Penguin Books.

- Kim, Y.-S., & Philips, B. (2014). Cognitive correlates of listening comprehension. Reading Research Quarterly, 49(3), 269-281.

- Kim, Y.-S. (2016). Direct and mediated effects of language and cognitive skills on comprehension of oral narrative texts (listening comprehension) for children. Journal of Experimental Child Psychology, 141, 101-120.

- Kotler, S. (2005). The Rise of Superman. Decoding the Science of Ultimate Human Performance. London: Quercus.

- Lai, Y., & Chang, K. (2020). Improvement of attention in elementary school students through fixation focus training activity. International Journal of Environmental Research and Public Health, 17(13), 4780.

- LeRoy, S. F. (2009). Why is it so hard to do my work? The challenge of attention residue when switching between work tasks. Organizational

Behavior And Human Decision Processes, 109(2), 168–181.

- Levy, D. (2016). Mindful Tech: How to Bring Balance to Our Digital Lives. New Haven, Connecticut: Yale University Press.

- Loop, M. (2020). Generatie Groei. Hoe kennis van het jonge brein de toekomst vormgeeft. Kalmthout: Pelckmans.

- Love, J., Sung, W., & Francis, A. L. (2021). Psychophysiological responses to potentially annoying heating, ventilation, and air conditioning noise during mentally demanding work. Journal of the Acoustical Society of America, 150(4), 3149–3163.

- Ma, J., Ma, D., Li, Z., & Kim, H. (2021). Effects of a workplace Sit–Stand Desk intervention on health and productivity. International Journal of Environmental Research and Public Health, 18(21), 11604.

- Mann, S. (2016). The Science of Boredom: Why Boredom is Good. London: Robinson.

- Mäntylä, T. (2013). Gender differences in multitasking reflect spatial ability. plos one, 8(9), e79713.

- Mark, G. (2023). Attention Span: A Novel. New York: HarperOne. ;《집중의 재발견》, 글로리아 마크, 위즈덤하우스, 2024년

- Meyers-Levy, J., & Zhu, R. (2007). The influence of ceiling height: the effect of priming on the type of processing that people use. Journal of Consumer Research, 34(2), 174–186.

- Mischel, W. et al. (1989). Delay of gratification in children. Science, 244(4907), 933-938.

- Nestor, J. (2020). Breath: The New Science of a Lost Art. New York: Riverhead Books. ;《호흡의 기술》, 제임스 네스터, 북트리거, 2021년

- Newport, C. (2016). Deep Work: Rules for Focused Success in a Distracted World. New York: Grand Central Publishing. ;《딥 워크》, 칼 뉴포트, 민음사, 2017년

- Norberg, J. (2017), Progress. Ten Reasons to Look Forward to the Future. London: OneWorld. ;《진보》, 요한 노르베리, 클, 2018년

- Pérès, F. (2017). Digital Detox. Minder technostress en meer focus dankzij de Touchpoints methode. Tielt: Lannoo.

- Posner, M. I., & Petersen, S. E. (1990). The attention system of the human brain. Annual Review of Neuroscience, 13(1), 25-42.

- Rosen, L. D., & Gazzaley, A. (2016). The Distracted Mind: Ancient Brains in a High-Tech World. Cambridge, Massachussetts: mit Press.

- Rosen, L. D., Lim, A. F., Carrier, L. M., & Cheever, N. A. (2011). An Empirical Examination of the Educational Impact of Text Message-Induced Task Switching in the Classroom: Educational Implications and Strategies to Enhance Learning. Psychology Learning & Teaching, 10(3), 1-12.

- Ross, B., & Lopez, M. D. (2020). 40-Hz binaural beats enhance training to mitigate the attentional blink. Scientific Reports, 10(1).

- S. K. L. Chang, S. K. L., & Mak, C. W. Y. (2012). Walkability, pedestrian environment and pedestrian behaviours: A study in Hong Kong. plos one, 7(9), e44253.

- Strayer, D. (2015). Is the Technology in Your Car Driving You to Distraction?. Policy Insights from the Behavioral and Brain Sciences 2(1).

- Taleb, N. N. (2012). Antifragile: Things That Gain from Disorder. New York: Random House. ;《안티프래질Antifragile》, 나심 니콜라스 탈레브, 와이즈베리, 2013년

- Tigchelaar, M. (2019). Focus aan/uit. Dicht de 4 concentratielekken en krijg meer gedaan in een wereld vol afleiding. Spectrum: Amsterdam.

- Touroutoglou, A., Andreano, J. M., Dickerson, B. C., & Barrett, L. F. (2020). The tenacious brain: how the anterior mid-cingulate contributes to achieving goals. Cortex, 123, 12–29.

- Trémolière, B., & De Neys, W. (2014). When intuitions are helpful: Prior beliefs can support reasoning in the bat-and-ball problem. Journal of Cognitive Psychology, 26(4):486-490.

- Van Den Bosch, C. (2024). C-level minset. De 7 onmisbare C-skills voor de professional van de toekomst. Kalmthout: Pelckmans.
- Walker, M. (2017). Why We Sleep: Unlocking the Power of Sleep and Dreams. New York: Scribner. ;《우리는 왜 잠을 자야 할까》, 매슈 워커, 열린책들, 2019년
- Ward, A. F., Duke, K., Gneezy, A., & Bos, M. W. (2017). Brain Drain: The Mere Presence of One's Own Smartphone Reduces Available Cognitive Capacity. Journal of the Association for Consumer Research, 2(2), 140-154.
- Wilson, T. et al. (2014). Just think: The challenges of the disengaged mind. Science, 345(6192): 75-77.
- Woollett, K., & Maguire, E. (2011). Acquiring 'the Knowledge' of London's Layout Drives Structural Brain Changes, Current Biology, 21(24):2109-2114.

집중력에 관한
또 다른 영감을 얻고 싶은 분들에게

큐알코드는 저자 엘케 헤라르츠의 홈페이지로 연결됩니다.
주의력 다이어리 가이드와
리더십, 집중과 연결에 관한 기조연설 영상을 볼 수 있습니다.

옮긴이 **최유경**

이화여자대학교 사회학과를 졸업했다. 현재 번역에이전시 엔터스코리아에서 번역가로 활동 중이다. 옮긴 책으로는《우리는 다른 미래를 상상할 수 있을까》,《혼자의 시간으로 더 깊어지는 법에 관하여》,《오만과 편견》,《신스: 누구나 알지만, 아무도 모르는》,《소크라테스의 변명·크리톤·파이돈·향연》,《군중심리》,《싯다르타》,《마리메꼬: In Patterns Marimekko》,《뉴욕 최고의 퍼스널 쇼퍼가 알려주는 패션 테라피》,《아이의 영재성을 키우는 부모: 영재에게 보이는 뚜렷한 특징, 그리고 양육법》 등이 있다.

집중력 조절의 기술
산만한 뇌를 길들이는

1판 1쇄 펴낸 날 2026년 5월 20일

지은이 엘케 헤라르츠
옮긴이 최유경
주간 안채원
책임편집 채선희
편집 윤대호, 윤성하, 장서진
디자인 김수인, 이예은
마케팅 함정윤, 김희진

펴낸이 박윤태
펴낸곳 보누스
등록 2001년 8월 17일 제313-2002-179호
주소 서울시 마포구 동교로12안길 31 보누스 4층
전화 02-333-3114
팩스 02-3143-3254
이메일 bonus@bonusbook.co.kr
인스타그램 @bonusbook_publishing

ISBN 978-89-6494-793-7 03190

• 책값은 뒤표지에 있습니다.